理想の追求

理 想 の 追 求

—— バーリン選集 4 ——

福田歓一・河合秀和
田中治男・松本礼二 訳

岩 波 書 店

THE CROOKED TIMBER OF HUMANITY
Chapters in the History of Ideas

by Isaiah Berlin
edited by Henry Hardy

First published in English
by John Murray (Publishers) Ltd, London, 1990

This Japanese edition published 1992
by Iwanami Shoten, Publishers, Tokyo
by arrangement with Isaiah Berlin and Henry Hardy
c/o Curtis Brown Group Ltd, London
through Tuttle-Mori Agency Inc, Tokyo.

[A]us so krummem Holze, als woraus der Mensch gemacht ist, kann nichts ganz Gerades gezimmert werden.

[Out of timber so crooked as that from which man is made nothing entirely straight can be built.]

Immanuel Kant, 'Idee zu einer allgemeinen Geschichte in weltbürgerlicher Absicht' (1784), *Kant's gesammelte Schriften* (Berlin, 1910-), vol. 8, p. 23.

凡　例

一、本選集四巻は、*The Crooked Timber of Humanity: Chapters in the History of Ideas*, edited by Henry Hardy, John Murray, 1990 の翻訳である。各論文の初出は、H・ハーディ氏の「編集者の序文」を参照のこと。第二論文「西欧におけるユートピア思想の衰頽」は第三巻に収録されている。

一、選集一〜三巻は、H・ハーディ氏の編集による四巻著作集(Vol. I, *Russian Thinkers*, Vol. II, *Concepts and Categories*, Vol. III, *Against the Current*, Vol. IV, *Personal Impressions*, 1978-1980, The Hogarth Press)を中心に、福田歓一、河合秀和が、バーリンの全体像を浮かび上がらせるよう、邦訳されていない諸論文を主として、三巻に編集したものである。第一巻では思想史を、第二巻では同時代人論と政治哲学を、第三巻ではロマン主義と政治に関連する諸論文をまとめた。

一、第二巻では福田歓一のバーリン教授の紹介を、第三巻ではH・ハーディ氏作製のバーリン著作目録を掲載する。

一、第一巻、第二巻、第三巻には次の諸論文が収録されている。

第一巻――マキアヴェッリの独創性、自然科学と人文科学の分裂、モンテスキュー、ゲルツェンとバクーニン、ベンジャミン・ディズレーリとカール・マルクス、ヴェルディの「素朴さ」、ジョルジュ・ソレル、ナショナリズム。

第二巻――一九四〇年のウィンストン・チャーチル、フランクリン・D・ルーズヴェルト大統領、カイム・ワイツマン、L・B・ネーミエ、J・L・オースティンと初期のオックスフォード哲学、アインシュタインとイスラエル、ロシアの詩人たちとの会話、哲学の目的、「希望と恐怖から自由に」、平等。

第三巻――西欧におけるユートピア思想の衰頽、反啓蒙主義、ヴィーコの知識概念、ヴィーコと啓蒙の理想、モーゼス・ヘスの生涯と意見、ロシアと一八四八年、注目すべき一〇年間。

目　次

編集者の序文

この本は、別の版で、またこのように別の装幀のもとで刊行されているが、事実上、四巻本の第五巻である。私は一〇年許り前、全体として「著作集」[1]という表題で出た四巻のシリーズに、それまでに公表されたアイザイア・バーリンの論文で著作集という形では入手できなかったものを、ほとんどすべて収録した。彼の多くの著作はしばしば無名の雑誌に散在しており、ほとんどが絶版で、それまでに著作集として再刊されたのは数篇にすぎなかった。[2]この四巻は、そのうちの一巻(*Against the Current*)所収の著作目録とともに、もっと多くの彼の著作を以前よりも簡単に入手できるようにした。

この新しい巻——*Against the Current* と同じく思想史に捧げられている——は、以前に一度も発表されなかった初期の一篇、過去一〇年の間に執筆された三篇、第三巻 *Against the Current* の私の序文で説明した種々の理由でその巻には入れられなかった四篇を収録している。この四篇のうちの三つは、幸い今回の再刊に収めることができた。四つ目の「曲げられた小枝」は同じ主題(ナショナリズム)についての別の論文とよく似ているという理由だけで第三巻から割愛されたのであるが、それでもはっきりそれ自体のものを多く含んでおり、新しい巻で別の作品との組合せでその所を得たのである。

ジョセフ・ド・メストルについての、ここで初めて公にされる論文は、一九六〇年にさらに手直しの要ありとして手許においておかれたものであった。しかし出版できる状態に非常に近く、また価値の高いものであるから、ここに収録してよいと思われたのである。原著者は二、三新しい文章を書き加え、他の文章も稿を改めたが、それ以降に発表されたメストル研究を充分に考慮に入れて体系的に書き改めてはいない。いずれにせよ、他のメストル研究は本篇の中心的命題に影響を及ぼすものではなかった。

他のところで発表されて今回復刻されることになった論文の初出は、以下の通りである。「理想の追求 On the Pursuit of the Ideal」は、短縮されたものが一九八八年二月一五日にトリノで、著者が「先進社会の倫理的次元のための」ジョヴァンニ・アンネッリ上院議員国際賞の第一回授賞を受けた時の式典で発表された。アンネッリ財団からは私的に発表され（英語とイタリア語で）、また一九八八年三月一七日号の *New York Review of Books* にも掲載された。「西欧におけるユートピア思想の衰頽 The Decline of Utopian Ideas in the West」は、一九七八年に東京で日本の国際交流基金から発表され、J. M. Porter and Richard Vernon (eds), *Unity, Plurality and Politics: Essays in Honour of F. M. Barnard* (London and Sydney, 1986: Croom Helm) に再録された。「ジャンバティスタ・ヴィーコと文化史 Giambattista Vico and Cultural History」は、Leigh S. Cauman and others (eds), *How Many Questions? Essays in Honour of Sidney Morgenbesser* (Indianapolis, 1983: Hackett) への寄稿であった。「一八世紀ヨーロッパ思想におけるいわゆる相対主義 Alleged Relativism in Eighteenth-Century European Thought」は、初めに *British Journal for Eighteenth-Century Studies* 3 (1980) に掲載され、改訂を加えた上で L. Pompa and W. H. Dray (eds), *Substance and Form in History: A Collection of Essays in Philosophy of History* (Edinburgh, 1981: University of Edinburgh Press) で再刊された。「ヨーロッパの統一とその変転 European Unity and its Vicissitudes」は、一九五九年一一月二一日、ウィーンのヨーロッパ文化財団の第三回大会での講演で、同年アムステルダムで同財団から発表された。「ロマン主義における「意志」の讃美——理想世界の神話にたいする反乱 The Apotheosis of the Romantic Will: The Revolt against the Myth of an Ideal World」は、イタリア語訳で *Lettere italiane* 27 (1975) に公表され、もとの英語版ではここで初めて発表される。「曲げられた小枝——ナショナリズムの勃興について The Bent Twig: On the Rise of Nationalism」は、*Foreign Affairs* 51 (1972) に発表された。

同じ題材、あるいは同じような題材が異った文脈の中で出てくるために、本巻の議論のいくつかも著作集四巻の場合と同じくある程度重複することは避けられない。各篇はそれぞれ独立の論文として書かれており、前の章に依存したり、後の章を先取りしたりはしていない。必要な訂正を別とすれば、先に発表された論文はここでは基本的にもとの形のままで掲載されており、参考文献も付け足されてはいない(相対主義についての論文は、この点については例外で、初出の時に参考文献が付いており、本巻ではいくつか出所不明だった原資料も挙げられている)。

この巻の原題は、アイザイア・バーリンの好きなカントの引用句、「人間性という歪んだ材木からは、真直ぐなものはかつて何も作られなかった(Out of the crooked timber of humanity, no straight thing was ever made.)」[3]の、バーリン自身の選んだ訳し方に由来している。彼はこの翻訳をいつもR・G・コリングウッドの訳だとしてきたが、しかし、コリングウッド訳に彼が手を加えていたことが明らかになった。当の引用句はコリングウッドの公刊された著作には出てこない。彼の未公刊の文書に一九二九年という日付の歴史哲学についての講義があるが、そこでは次のように訳されている。"Out of the crooked timber of human nature nothing quite straight can be made."[4] アイザイア・バーリンがその講義に出席してこの文章に感銘を受け、やがて記憶の中で訳文が成熟していったと見てよいであろう。

ここでも私は、多くの学者から惜しみない援助を受けた。ロージャー・ハウスヘールが味方しなければメストル論は収録されなかったであろうが、彼はまたいちいち挙げるにはあまりに数多くかつ多様な点で援助してくれた。レオフランク・ホルフォード＝ストリーヴンスはいくつかの解きにくい質問に即座に答えてくれたが、そうでなければ私はそれらの点を解明するのに何時間も費さねばならなかったことであろうし、そしていくつかの場合には、解明できないということになっていたであろう。リチャード・ルブランは、驚嘆するに足る寛大さと効率でもって、彼のメストルについての専門知識を分け与えてくれた。フレデリック・バーナードは、ヘルダーとロックについて大いに助けてくれた。個々の問題を解決するについては、ジョン・バチェラー、クリフォード・ギアツ、デーヴィッド・クリンク、ジャン・オグラディ、ジョン・M・ロブスン、セドリック・ウォッツに感謝したい。私の妻アンは、親切に校正を再点検してくれた。原著者の秘書パット・ウテチンは以前と同じく惜しみなく、なくてはならぬ支持と援助を与えてくれた。

ヘンリー・ハーディ

一九九〇年五月

（1） *Russian Thinkers* (London and New York, 1978), *Concepts and Categories : Philosophical Essays* (London, 1978 ; New York, 1979), *Against the Current : Essays in the History of Ideas* (London, 1979 ; New York, 1980), *Personal Impressions* (London, 1980 ; New York, 1981) の四巻である。

（2） *Four Essays on Liberty* (London and New York, 1969), *Vico and Herdie : Two Studies in the History of Ideas* (London and New York, 1976). 他に著作集が出たのは外国訳としてだけである。

（3） ドイツ語原文は、もっと直訳的な翻訳を付して、巻頭にエピグラフとして掲げられている。

（4） 付け足しておかねばならないが、コリングウッドは初めに「crooked」と書き、次にそれを消して（それでもまだ読めるが）、そして「木目の歪んだ cross-grained」という言葉におき換えている。このおき換えは講義をしてから後に行なわれたのかもしれない。あるいは同じ文章が現存していない別の講義で別の訳し方で用いられたのかもしれない。真実を最終的に復元するのはおそらく不可能であろう。コリングウッドの手稿の当該のところを教えてくれたW・J・ヴァン・デル・デュッセンと、この一節の引用を許してくれたコリングウッドの娘で遺著管理人であるテレサ・スミスに感謝したい。コリングウッド文書はオックスフォード大学ボードレアン図書館にある。問題の講義Ⅱ (T. T. 1929) は第一二箱（棚番号 Ms. Collingwood 12）にあり、当該引用句は第三丁にある。

［河合秀和訳］

理想の追求

I

私の見るところ、二〇世紀の人類史を形成する上で、他の何ものにもまして大きな影響を及ぼした二つの要因がある。一つは自然科学と技術の発展である。それは確かに現代最高の成功談であり、これには各方面からますます大きな関心が寄せられている。もう一つは、言うまでもなくこれまたほとんど全人類の生き方を一変させてきたイデオロギーの大嵐という要因である。つまりロシア革命とその余波――左翼、右翼双方の全体主義的専制であり、ナショナリズム、人種主義、そして所によっては宗教的頑迷の爆発であった。面白いことにこの後者の要因については、一九世紀のもっとも鋭い社会思想家でさえも誰ひとりとして予言していないのである。

二、三世紀後(もし人類がそれまで生存したとしてのことだが)のわれわれの子孫が現代を見た時、この二つの現象が今世紀のもっとも際立った特徴、もっとも強く説明と分析が求められる点になるのではないかと、私は思う。しかし、この二つの大きな運動が人々の頭の中の観念――人々の間の関係が何であったか、現在はどうか、それはどのようなものになり得るか、またどのようなものであるべきかについての観念から始ったということを知っておくべきであろう。また、そのような観念が指導者たち、とりわけ背後に軍事力を有している予言者たちの念頭にある窮極の目標の名においていかに変貌を遂げることになったかを知っておくべきであろう。そのような観念は倫理学の本質的な内容である。倫理思想は人間相互間の関係についての体系的な検討、お互いに人間らしく対処しあう方法が発生してくる根源になっている概念と関心と理想、そしてそのような人生の目的の基礎にある価値体系から成っている。人生をいかに生きるべきか、人間はいかにあるべきか、また何をなすべきか――それについてのさまざまな信念が、道徳研究の対象である。それが集団や国民、さらには人類全体に適用された時には政治哲学と呼ばれる。それは社会に適用された倫理学に他ならない。

われわれの生きている世界、このしばしば暴力的になりがちな世界を理解したいと思うならば(それを理解しようとしないならば、その世界の中で合理的に行動し、かつその世界に合理的に働きかけていくことはとても望めないであろう)、われわれに働きかけてくる大きな物的な力――自然の力、人工の力の両方がある――だけに関心を限る訳にはいかない。人間の行動の指針となる目標と動機を、われわれの知りかつ理解しているすべてのものとの関連で見ていかなければならない。そのような目標と動機の根元とそこから派生したもの、その本質、とりわけその妥当性の一切を、われわれの有しているすべての知的能力を用いて批判的に検討しなければならない。しかもそれを早急に行なわねばならぬということから――人間関係についての真理の発見という倫理学本来の目的はしばらく別として――、倫理学は今ではきわめて重要な分野になった。自分はどこから来たのか、今いるところにどうしてやってきたのか、いったいどこへ行こうとしているのか、そこへ行きたいと思っているのかどうか、もしそう思っているなら、あるいは逆にそう思っていないとしたら何故なのか――このような問題について知りたいと思わないのは野蛮人だけである。

このような価値、このような目的を体現しているさまざまな人生観についての思想を研究し、それを私自身にとって明確にしようとして、私は生涯の四〇年もの期間を過してきた。私がいかにしてこの問題に没頭するようになったのか、特にその問題の核心についての私の思想を変化させた転換点について、いくらかお話ししたい。ある程度はいささか自伝的になるのは避け難いことであろう。この点についてはあらかじめお詫びしておくが、しかしそれ以外にどんな方法でこの問題を説明したらよいのか、私には判らない。

II

私は年少の頃にトルストイの『戦争と平和』を読んだが、年齢的に早すぎたと言ってよいだろう。この偉大な小説の真の迫力を感得したのはもっと後になってのことであった。その時には、トルストイ以外の一九世紀のロシアの著作家たち、小説家と社会思想家の双方の真の迫力も理解できた。これらの著作家が、私の世界観を大きく形成することになった。これは当時そう思ったことで、今もそう思っていることであるが、これらの著作家たちは個人や社会集団や階級の生活と相互関係をリアリスティックに描くことを主たる目的としていなかった。つまり、心理的ないし社会的な分析それ自体を目的とはしていなかった——もっとも、彼らの中の最善の人々はむしろまさにその点で、他に類のないほどの業績を挙げたが。彼らの態度は本質的に道徳的であると、私には思えた。彼らは何が原因で、人間関係における不正、抑圧、虚偽、石の壁によるか大勢順応主義によるかはともかくいわば投獄されている状態——人間が作ったくびきに抗議することもなく屈服している状態——、そして多くの人々の側での道徳的無理解、エゴイズム、残酷さ、屈辱、隷従、貧困、無力さ、苦々しい怒り、絶望が生じているかにきわめて深い関心を抱いていた。要するにこのような経験の本性、それが人間の条件にいかに根ざしているかについて、さし当ってはロシアの状態だけであったが、結果的には全人類の状態に関心を抱いていたのである。同時に彼らは、それとは逆のもの、つまり真理、愛、正直、正義、安全、そして人間の威厳、品位、自立、自由、精神的充足等の可能性にもとづいた人間関係が支配する状態をどうして実現できるのかを知りたいと願っていた。

　トルストイをはじめ何人かの人々は、文明によって汚されていない素朴な人々の世界観の中にそれを発見した。トルストイはルソーと同じく、農夫の道徳的宇宙は子供のそれと似ていて、貪欲、エゴイズム、精神的無理解などの人間の悪から発生した文明の慣習と制度によって歪められてはいないと、信じようとした。また、人々が自分の足下にある真理を見さえすれば、世界は救われる——見る気さえあれば、それはキリストの福音、山上の垂訓の中に見出せると、思っていた。これらロシアの著作家たちのあるものは科学的合理主義や、社会変化についての真の理論にもとづいた社会・政治革命に信頼を寄せていた。またあるものは正統キリスト教神学の教え、あるいは西欧流の自由・民主主義、あるいはまた、ピョートル大帝とその後継者たちの改革によって曖昧にされる以前の古いスラヴ的価値に復帰することの中に、答を求めた。

これらすべての思想に共通なのは、中核的な問題については解決が存在しており、それを発見できるし、充分に献身的な努力をもってすればそれを地上で実現できると信じていたことであった。彼ら思想家たちは皆、人間たることの本質はいかに生きるべきかの選択が可能である点にあると信じていた。充分な熱意と献身ぶりでもって真の理念を信奉すれば、それによって社会を変革できると信じたのである。トルストイと同じく、人間は真に自由ではなく、人間の支配を越えた要因によって規定されていると考えたものもいたが、そのような思想家もこれまたトルストイと同じく、もし自由が幻想であったとしても、その幻想なくしては人は考えることも生きていくこともできないだろうということを、充分に知っていた。このような思想は、どれ一つとして学校で習ったものではない。学校のカリキュラムはラテン語とギリシャ語の著作家たちだけであった。しかしその思想は私の頭の中に残っていた。

私は、オックスフォード大学の学生になると、それら大哲学者たちの著作を読み始めた。そして重要な哲学者、特に倫理・政治思想の分野の哲学者たちもロシアの思想家たちと同じ信念を持っていることを知った。ソクラテスはこう考えた。外的世界についてのわれわれの知識を合理的な方法によって確実なものにできるとすれば(空の月がいかに小さく見えようとも、それはペロポネサス半島よりも何倍も大きいという真理に、アナクサゴラスは到達したではないか)、それと同じ方法で人間の行動という分野——いかに生きるべきか、何であるべきか——においても同じような確実性を得られるだろうと。プラトンの考えでは、そのような確実性に到達したよりすぐりの賢者たちには、人間と社会の諸問題にたいする正しい解決法によって定められた型に従って、知的にあまり恵まれていない他の人々を支配していく権力が与えられるべきであった。ストア派の人々は、理性によって生きようと決めた人々は、誰でもそのような解決方法を知ることができると考えた。ユダヤ教徒、キリスト教徒、イスラム教徒は(私は仏教についてはほんの少ししか知らなかった)、真の答は神から神の選んだ予言者と聖者たちに啓示されたと信じていた。そしてこの啓示された真理についての有資格の教師たちの解釈を受け入れ、自分たちの属する伝統を承認した。

一七世紀の合理主義者たちは、答はいわば形而上的な洞察力、万人に与えられている理性の光明をうまく利用して発見できると考えた。一八世紀の経験主義者たちは、自然科学が数学的技術によって非常に多くの誤り、迷信、独断的なナンセンスを追放して広大な新しい知識の領域を切り拓いたことに深い感銘を受けて、かつてのソクラテスのように、同じ方法によって人間に関する領域においてもそれに似た確固たる法則を確立できないのであろうかと、問いかけた。自然科学の発見した新しい方法によって、社会領域にも秩序を導入できるであろう——規則性を発見し、仮説を立て、実験によって検証できる、それにもとづいて法則を定式化し、特定の経験領域での法則はより広い法則に内包されていると判断できるようになり、その広い法則はさらに一層広い法則に内包されていると見ることができるようになるであろう、こうして上へ上へと登って行って、遂には一貫した論理の鎖でつながった大きな調和の体系――それは精密な、つまりは数学的な形式で表現できる――を確立できるであろうと、いうのである。

社会の合理的再編成とともに、精神的、知的な混乱、偏見と迷信の支配、証明されていない教義にたいする盲従、そしてこのような知的暗黒から生れ、それによって助長されている抑圧的体制の愚かさ、残酷さが終るであろう。足りないのは、人間の必要としている主要なものを確認し、それを充足する手段を発見することだけである。それによって、幸福で自由、公正で有徳な調和のある世界が創出されるであろう。このような世界を、コンドルセは一七九四年、〔死刑を待つ〕獄中にあって感動的に予見したのであった。このような見解は、一九世紀のすべての進歩的思想の基礎に横たわっていた。そして私がオックスフォードの学生として身につけた批判的経験主義の核心にあったのも、それであった。

Ⅲ

私はある時点で、これら一切の見解は一つのプラトン的な観念を共有していることに気付いた。第一に、すべての真の問題には科学におけるのと同じくそれぞれ一つの真の答、ただ一つの答があり、他のすべての答は必然的に誤りであるという観念である。第二に、これらの真の答を発見するための信頼できる道がある筈だという観念である。第三には、これらの真の答が見出されたならば、それは必然的に互いに両立でき、一つの真理がもう一つの真理と両立可能であるならば、これらの真の答は一つの全体を形成している筈であり、このことは経験以前のものとして判っているという観念であった。このようないわば全知の観念が、宇宙的なジグソウ・パズルの解決策だったのである。道徳の場合については、宇宙を支配する法則の正しい理解にもとづけば、何が完全な人生でなければならないかを認識できると考えられていたのである。

たしかに、このような完全な知識の状態には到達できないかも知れない——われわれの理性は乏しく、あるいはわれわれは弱く、あるいは腐敗し、あるいは罪深く、それを実現できないかも知れない。知的な障害、あるいは外的な性質の障害など、障害はあまりにも多いかも知れない。その上、すでに述べたように、どれが正しい道かについて意見があまりにも大きく違っていた——あるものはそれを教会の中に、またあるものは実験室の中に見出した。あるものは直観を信じ、またあるものは実験を信じた。神秘的なヴィジョンを信じるものがいるかと思えば、数学の計算を信じるものもいた。しかし、われわれ自身がこの真の答、そのすべてを織り成している窮極の体系にまでは至れないとしても、答は存在する筈であった——さもなければ、問題の方がおかしかったのである。答は、誰かには判っている筈であった。おそらく楽園のアダムは知っていたであろう。この世の終りになってようやく知ることになるかも知れない。人間には知ることができないとしても、天使は知るであろうし、天使にも知ることができないとしても、神は知っているであろう。このような時間を超えた真理は、もともと知りうる筈なのであった。

何人かの一九世紀の思想家たち――ヘーゲル、マルクス――は、ことはそう簡単ではないと考えていた。時間を越えた真理などはない。歴史的な発展、継続的な変化があり、人間の視界はこの進化の梯子の上で一歩登るごとに変化する。歴史のドラマには何幕もの段階があり、それは思想と現実の両方の世界におけるさまざまな力の対立で動いていく。その対立は弁証法と呼ばれ、戦争、革命、さまざまな民族・階級・文化・運動の激烈な変動という形をとった。しかし、後退、失敗、中断、野蛮状態への復帰などが避け難いことだとしても、それでもコンドルセの夢は実現するであろう。このドラマはハッピィ・エンドで終ることになるであろう――人間の理性は過去において勝利した、それをいつまでも抑えておくことはできないであろう。人間はもうこれ以上、自然の犠牲、自分で作ったもっぱら非合理な社会の犠牲にはならないであろう。理性は勝利し、全宇宙の調和のある協力関係、真の歴史がそこから遂に始まると考えられていた。

もしそうでなければ、進歩の理念、歴史という理念は無意味になってしまうのではないか。いかに苦しかろうと、無知から知識へ、神秘思想と子供じみた夢想から現実を直面した認識へ、事実としての真理だけでなく真の目標、真の価値にむかっての動きというものがあるのではないか。歴史は目的のないたんなる事実の連続、物的な要因と気まぐれな選択の作用の混じり合ったもので動き、何の意味もない空騒ぎなのであろうか。そんなことは考えられない。平凡な男女が自らの生活を自らの手に握り、利己的な人々や彼らには理解できないかくれた諸力にもてあそばれなくなる日が、やがて来るであろう。そのような地上の天国がいかなるものであるかを認識するのは、不可能ではないであろう。そしてもし認識可能ならば、ともかくわれわれはそれに向って進むことができるであろう。古代ギリシャ人から中世キリスト教の夢想家たち、ルネサンス思想から一九世紀の進歩思想にいたるまで、倫理思想の中心にあったのはそのような考えであった。そして今日でも、多くの人々がそう信じているのである。

IV

読書歴のある段階で、私は自然にマキアヴェッリの主要著作に出会った。それは私に深くかつ永続的な感銘を与え、それまでの私の信じてきたことを動揺させた。これらの著作から私の抽き出したのは、マキアヴェッリのごく普通の教え――政治権力をいかにして獲得し保持するか、支配者たるものが社会を再生し、あるいは内外の敵から国家を守ろうとするならば、いかなる力、いかなる策略によって行動しなければならないか、また国家が繁栄するには支配者の主要な資質、市民の主要な資質はいかなるものでなければならないか――ではなく、いくらか別のものであった。マキアヴェッリは歴史主義者ではなかった。彼は共和政期ローマや帝政初期のローマに似たものを復活するのは可能だと考えていた。そのために必要なのは、いかに機会を把え、それを利用するかを知っている、勇敢で機略に富み、知的で才能のある人々からなる支配階級であり、他方で充分な保護を受け、愛国的で自国を誇りにする市民、男らしい異教的な美徳を体現した人々であった。ローマはそのようにして強大になり世界を征服したのであり、それが遂には没落したのは、逆境にあってそのような知恵、活力、勇気、つまりライオンと狐の双方の資質が不在だったからであった。頽廃した国々は、このような美徳を保持している活発な侵入者に征服された。

しかし同時にマキアヴェッリは、このような異教的美徳と並んでキリスト教的な美徳の観念——謙虚さ、苦難の受容、世俗離れ、死後の救済への願望など——を打ち出している。そして、彼は明らかにローマ型の国家を望んでいたが、そのような国家を樹立するにはキリスト教的な美徳では役に立たない、キリスト教道徳の教えによって生きるものは容赦なく権力を追求する人々に踏みにじられるに違いない、むしろこのような権力者だけが彼の望んでいるような共和国を再興させ支配していけるのだと、言う。キリスト教的な美徳を非難しているのではない。二つの道徳は両立していないと指摘しているだけなのである。そして彼は、人間にとっての正しい生き方を定めることができるような何か超越的な基準を認めていない。異教的美徳《ヴィルトゥ》とキリスト教的価値を結び合わせるのは、彼には不可能なことである。そのどちらを選ぶかは、あなたに委ねるのである——彼自身がどちらを好んでいるかは、彼は知っている。

これが私の心に植えつけた考えは、人類が現在、そして過去に追求した最高価値のすべては必ずしも両立する訳ではないという認識であった。これは一種のショックであった。それは、永遠の哲学(philosophia perennis)にもとづいていた私のそれまでの仮定——さまざまな真の目標、人生の中心的な問題についてのさまざまな真の答の間には対立はないという仮定を掘り崩してしまった。

次いで私は、ジャンバティスタ・ヴィーコの『新しい学(*La scienza nuova*)』と出会った。当時のオックスフォードでは、ヴィーコのことを耳にした人はほとんどいなかった。しかし一人の哲学者、ロビン・コリングウッドがいた。彼はクローチェのヴィーコについての本を翻訳し、私にそれを読むよう奨めてくれた。それが何か新しいものにたいして私の目を開かせた。ヴィーコは人間社会のさまざまな文化の継起関係に関心を抱いていたようであった。彼から見れば、すべての社会は現実にたいするそれぞれの見方、その社会が生きている世界についての見方、その社会自身についての見方、そして自らの過去にたいする関係、自然との関係、自らの追求しているものにたいする関係についての見方を持っていた。このような社会観は、その成員がすること、考えること、感じることのすべてによって伝えられる。彼らの用いている単語、言語の形式、イメージ、暗喩、礼拝の形式、そこから生れる制度の中で表現され、かつ体現されている。それが彼らの現実観、その現実の中での彼らの地位についての見方を体現し、伝えていく。それによって彼らは生きていくのである。これらの見方は、時々に出現してくるそれぞれの社会全体によって違っている。それぞれの社会が、他の社会と同じ基準では比較できないそれ自身の才能、価値、創造の様式を有している。したがって、それぞれをそれぞれの基準によって理解しなければならない。そして理解することは、必ずしも評価することではない。

ヴィーコの言うには、ホメロスの描くギリシャ人、つまり当時の支配階級は残酷で野蛮でケチで、弱者にたいして抑圧的であった。それでも彼らは、イリアッドとオデッセイを創造した。もっと文明開化した今日のわれわれにもできないことである。このような偉大で創造的な傑作は彼らだけのものであり、ひとたび世界の見方が変化すると、そのような型の創造の可能性も消滅してしまうのである。われわれには科学があり、現代の思想家、詩人がいるが、古代から現代に登ってくる梯子段がある訳ではない。もしそうだとすれば、ラシーヌはソフォクレスより優れた詩人だとか、バッハはベートーヴェンへの萌芽であるとか、あるいは印象派はフィレンツェの画家たちが目指しながら遂には到達できなかった頂点であるとか言うのは、馬鹿げたことになる筈である。これらさまざまな文化の価値は違っており、それらの価値は必ずしも両立しないのである。ヴォルテールは、暗黒の海に漂う啓蒙された例外的な時代――古典時代のアテナイ、ルネサンス期のフィレンツェ、ルイ一四世治下の「偉大な世紀(grand siècle)」と彼自身の時代のフランス――の価値と理想はほとんど同一であると考えたが、それは間違っていた。(1) マキアヴェッリのローマは、実際には存在しなかった。ヴィーコにとって文化は複数に存在しており(反復するサイクルを成してはいたが、それは重要な点ではなかった)、それぞれに独自のパターンを有していた。マキアヴェッリは、二つの両立不可能な世界観という観念を打ち出した。ここには二つの社会があり、それぞれの文化は異った価値――目的にたいする手段としての価値ではなく、窮極の目的、目的それ自身としての価値――で形成されている。その価値はすべてが人間的な価値であるから、あらゆる点で異っている訳ではないが、しかし深く和解不可能な形態で異っており、何らかの最終的な綜合の中に結合できないようになっている、というのである。

その後、私は自然に一八世紀ドイツの思想家ヨハン・ゴットフリート・ヘルダーに向っていった。

ヴィーコは文明の時間的継起関係について考えたが、ヘルダーはさらに進んでいた。彼は多くの国と時代の国民文化を比較し、すべての社会には彼がそれ自身の重心と呼ぶものがあると主張した。その重心が社会ごとに異っている、というのである。スカンディナヴィアの歴史神話や聖書の詩情を理解したいと彼は願っていたが、それならばこれらの対象に一八世紀パリの批評家たちの美学的基準を適用してはならない。人々が暮し、考え、感じ、お互いに話し合うそのやり方、彼らの着ている衣服、彼らのうたう歌、彼らの礼拝する神、彼らの食べる食物、彼らに固有の仮定・風俗・習慣——社会を作るのはまさにこのようなものであり、それぞれの社会はそれ自身の「ライフ・スタイル」を有しているのである。社会は多くの点で互いに似ているであろう。しかしギリシャ人はルター派のドイツ人とは違っており、中国人はその双方とも違っている。彼らがそれぞれに目指しているもの、恐れたり礼拝したりしているものは、およそ似ていないのである。

このような見方は、文化的ないし道徳的相対主義と呼ばれている。私の大いに尊敬している偉大な学者で、私の友人でもあるアルナルド・モミリアーノは、ヴィーコ、ヘルダーの両方がそうであると考えていた。彼は間違っていた。それは相対主義ではない。ある文化に属する人々は、想像による洞察とでも呼ぶべき力によってたとえ時間や空間が大きく隔ってはいても、他の文化、他の社会の価値、理想、生活様式を理解(それをヴィーコは entrare と呼んだ)できる。彼らは他の文化の価値を受け入れがたいと思うかもしれない。しかし心を充分に拡げさえすれば、自分の価値とは大きく異った価値のもとで生きてはいるが、お互い意志を通じ合うことのできる立派な人間がいることを理解できるのである。自分の価値とは異るとはいえ、それもまた価値、人生の目的、それを実現することによって人間としての充実を感じることのできるような価値であると認識できるのである。

「私はコーヒーが好き、あなたはシャンペーンが好き、二人の好みは違っており、それだけのことだ。」これが相対主義である。しかしヘルダーの見方、ヴィーコの見方はそうではない。それを私は多元主義と呼びたいと思っているが、それは、人の求める目的は数多く、かつ多様であるが、人々はそれぞれ充分に合理的でかつ人間的であり、お互いに理解し共感し学び合うことができるという考え方である。われわれはプラトンや中世日本の小説からも学ぶことができる。いずれもわれわれからは非常に遠く離れた世界であり、世界観である。もちろん、これら遠くのものとも共通な何らかの価値がなければ、それぞれの文明は外からは入れないそれ自身の風船のようなものの中に封じ込められ、われわれはまったく理解できないであろう。シュペングラーの文明類型は、結局そのようなものであった。時間と空間で隔てられた二つの文化の間の相互コミュニケーションは、人間を人間たらしめているものが双方に共通であり、異った文化の間をわたす橋として機能しているからこそ可能なのである。しかしわれわれの価値はわれわれのもの、彼らの価値は彼らのものである。他の文化の価値を批判したり非難したりすることはできるが、それをまったく理解できないといった振りをすることはできない。それを完全に主観的なもの、われわれ自身の好みとはまったく違っていて、われわれにはまったく話しかけてくることのない異った環境に住む人々の文化と見なす訳にはいかない。

いわば客観的価値の世界がある。客観的価値とは、人々がそれ自体のために追求する目的であり、他のものはそのための手段となるような目的である。私は、ギリシャ人が価値としているものを理解していない訳ではない。彼らの価値が私の価値ではないとしても、それによって生きるのはどんなことかを、私は理解できる。私はギリシャ人の価値に感心し、それを尊敬することができるし、さらには私自身その価値を追求していると想像することもできるであろう——実際にはギリシャ人の価値を追求しているのではなく、そうしたいと願っている訳でもなく、また願ったとしてもおそらくできないことではあろうが。生活様式は異っている。目的、道徳原理は数多くある。しかし無限に多い訳ではない。すべて人間の視野の中に入る筈である。そうでなければ、人間の領域の外のことになってしまう。樹木に礼拝している人たちを見かけたとしよう。樹木が豊饒のシムボルであるから、あるいは木がそれ自身の神秘的な生命と力をもった神性のものであるから、あるいはこの森がアテナにとって神聖であるから、礼拝しているのではない。ただそれが木から成っているという理由で礼拝しているのであり、何故木に礼拝するのかと質問しても、「それが木だからである」とだけ言って、それ以上の答は出てこないとしよう。その場合には、私にはこの人たちの意味が判らない。彼らが人間であるとしても、私の意志疎通できる相手ではない——本当に両者を隔てる壁があるのである。彼らは私にとっては人間ではない。そのような生活を送ることがどんなことか、それが私に認識できなければ、彼らの価値を主観的と呼ぶこともできなくなるであろう。

明らかなのは、価値が互いに衝突することもあるということである。それが、二つの文明が両立不可能になる理由である。価値は文化と文化の間で、同じ文化に属する集団と集団の間で、さらにはあなたと私の間で両立不可能になり得る。あなたは、たとえ何であれ真理を語ろうと決意している。私は、それは時としてあまりに苦痛が大きく、破壊的になり得ると信じているから、そうは考えていない。われわれ二人は、お互いの見方を論じ合い、共通の根拠に達しようと努力することもできる。しかし遂には、あなたの追求していることは私が自分の生涯をかけて求めている目的と和解させられないかもしれない。価値は、個人の胸中においてさえも簡単に衝突する。そして衝突したからといって、一方が真で他方が偽りということには必ずしもならない。公正さ、厳格な公正さは、ある人々にとっては絶対的な価値である。しかしそれは、慈悲、あわれみなど、具体的な事例で生じてくる、彼らにとって公正さと同じく窮極的な価値とは両立できない。

自由と平等はともに、何世紀かを通じて人間が求めてきた第一次的な目標である。しかし、狼にとっての絶対的自由は小羊にとっての死であり、強い人々と、才能のある人々にとっての全面的自由は、弱い人々、あまり才能のない人々がまともに生きていく権利とは両立しない。芸術家が傑作を生み出そうとして、家族を不幸で悲惨な目にあわせるような生活を送り、それにたいしてとんと無関心ということもある。われわれは彼を非難し、傑作も人間の必要のためには犠牲にしなければならぬと言うこともできるし、逆に彼の側につくこともできる。いずれの態度も、ある人々にとっては窮極の価値を体現している。われわれに人間というものにたいする何らかの共感と想像力と理解があれば、その価値はわれわれすべてに理解できるであろう。平等は、大きな顔をしたいと思っている人の自由を制約することを必要とするかもしれない。自由なくしては選択の余地がなく、したがってわれわれの理解する意味で人間的である可能性もなくなってしまう。しかし、社会福祉の余地を残し、餓えたものに食を与え、裸のものに衣服を着せ、家のないものに住居を与え、他人の自由に余地を残し、正義や公正が行なわれるようにするためには、自由を削減しなければならない。

アンティゴーネは一つのディレンマに直面し、ソフォクレスはそのディレンマに一つの解決策を出しているようである。サルトルはそれとは逆の解決策を提出し、ヘーゲルはより高いレヴェルへの「止揚」を提唱している——この種のディレンマに苦しんでいる人々には、貧弱な慰めでしかないが。自発性は人間の素晴らしい資質であるが、組織的な計画性、何をどれだけ、いかにして、どこに、についての正しい計算——社会の福祉は大きくそれにかかっている——とは両立しない。最近のことであるが、あの苦悶に満ちた選択のことについては誰もが知っているであろう。恐るべき専制にたいしては、あらゆるものを賭して、自分の両親や子供の生命を犠牲にしてまでも抵抗すべきなのか。危険な裏切者や犯罪者についての情報を引き出すために、子供も拷問にかけねばならないのか。

このような価値の衝突、それは彼らが何であり、われわれが何であるかの本質である。このような矛盾は、一切のよいことが原則的に調和することができるような完全な世界においては解決されるであろうと誰かが言うならば、われわれはそう言う人々にこう答えねばならない。われわれが衝突する価値と呼ぶものについて、彼らが付している意味はわれわれの付している意味ではないと。さらにこう言わねばならない。われわれが両立不可能の価値と見ているものが対立していない世界は、われわれの視野をまったく超えた世界であり、この別世界で調和させられている諸原理は、われわれが日常生活の中で馴れ親しんだ諸原理ではない。もし原理が転換するとしても、地上のわれわれには判らない観念への転換である。しかしわれわれは地上に生きており、われわれが信じ、かつ行動しなければならないのは、この地上であると。

よいことのすべてが共存している完全な全体、窮極の解決という観念は、たんに到達不可能――それは当然のことである――であるばかりか、概念的に一貫していないと私は思う。このような調和が何を意味しているのか、私には判らない。偉大なる善(Great Goods)のうちのいくつかは、共存しえないだろう。このことは概念上の真理なのである。われわれは選ばねばならぬという運命にある。そしてすべての選択は、取り返しのつかない損失を招くかもしれない。規律を疑いをかけずに承認し、そのもとで暮している人々、精神的指導者か世俗の指導者かは問わず、指導者の命令に進んで服従し、その言葉を全面的に破るべからざる法則として認めている人々、あるいは自らの方法によって何をなすべきか、何であるべきかについて何の疑いも容れない明確で揺ぎのない確信に到達した人々――こういう人々は幸せである。このような人々について私に言えることは、次のことだけである。独断のこのような安らぎのベッドにいこえる人々は、自分から近視眼にかかっており、自己満足はできても人間的であるとは何のことかについては理解できないであろうと。

V

完全状態がわれわれの努力の本来の目標であるという観念にたいして、これまで理論的な反論を加えてきた。私としては、それは決定的な反論であると思う。しかしそれに加えて、この観念にたいするもっと実際的な社会心理的障害がある。人類はこれまで長い間単純な信仰のもとで育てられており、どのようなものであれ哲学的な議論にたいしては抵抗を感じるものであるが、単純な信仰をもっている人々にとっての障害があるのである。たしかにある種の問題は解決できる。個人生活においても社会生活においても、ある種の病気は治療できる。飢餓や不幸や不正から他の人々を救い出すことができる。奴隷状態や投獄の状態から救い出すこともできる。つまり善行をなすことができる――どのような文化に属しているにせよ、誰にも善悪という基本的感覚がある。しかし社会を研究すればすぐ判るように、すべての解決が新しい状況を生み出し、その状況がそれ自身の必要と問題、新しい要求を発生させる。子供たちは、自分の父や祖父が憧れていたもの――より大きな自由、よりよい物質的福祉、より公正な社会――を手に入れる。しかし古い病気は忘れられ、子供たちはまさに古い問題が解決されることからもたらされた新しい問題に直面する。そして新しい問題は、よし解決できたとしても、それが新しい状況を発生させ、それとともに新しい要求が生れ――こうして、いつまでも続いていくであろう。しかも予想もできない形で。

まだ判っていない結果の、そのまた結果の結果についてまで、立法措置をとることはできない。

マルクス主義者はわれわれにたいしてこのように言う。ひとたび戦いに勝利し真の歴史が始まると、生じてくる新しい問題はそれ自身の解決を発生させ、解決は調和した無階級社会の連合した諸力によって平和的に実現されていくと。これは一種の形而上的楽観論であって、歴史的経験の中にはそれを証明する証拠がないと、私は思う。同じ目標が普遍的に承認されている社会では、問題は手段についてだけ生じ、すべては技術的方法によって解決される。その社会では、人間の内面生活、道徳的、精神的、美的な想像力はもはやまったく通用しない。このような社会のために、罪もない人々を殺し、全社会を奴隷化しようというのであろうか。ユートピアにはそれなりの価値がある。人間の潜在能力の想像上の地平線を、これほどまで見事に拡げてくれるものはない。しかし行為への指針としては、ユートピアは文字通り生命とりになり得るのである。ヘラクレイトスは正しかった。万物は静止できない。

そこで私の結論はこうである。最終的解決という観念そのものはたんに実践不可能というだけではない。いくつかの価値は衝突せざるを得ないという私の考えが正しいとすれば、それは矛盾してもいるのである。最終的解決の可能性――「最終的解決」という言葉がヒットラーの時代には恐るべき意味を持っていたことを、たとえ忘れるとしても――は幻想であり、しかもきわめて危険な幻想であることが明らかになるであろう。というのは、もしそのような解決が可能だと本当に信じるなら、それを得るためにいかなる犠牲を払っても惜しくはない筈ということになるからである。人類を永遠に公正で幸福、創造的で調和的にするのである。いかなる代償を払っても決して高すぎるということにはならないであろう。そのように素晴らしいオムレツが作れるならば、たしかに大量の卵を数限りなく割るべきであろう。それがレーニン、トロツキー、毛沢東の信念であり、私の知っている限りではポル・ポトの信念でもあった。私は社会の諸問題の窮極的解決にいたる唯一の真の道を知っている。したがって私は、人類のキャラヴァンをどの道に導いていくべきかを知っている。そして私の知っていることについて、あなたは無知であり、したがって目標に到達しようというなら、あなたはきわめて狭い限界内のものであっても選択の自由を持ってはならない。あなたは、ある政策があなたをより幸せに、より自由にする、あるいは呼吸するだけの余裕を与えると言うが、私はあなたが間違っていることを知っている。あなたに何が必要で、すべての人に何が必要かを、私は知っている。もし無知ないし悪意にもとづいた抵抗が生じたならば、粉砕しなければならない。何百万もの人々を永遠に幸福にするには、何十万かの人々を滅亡させねばならなくなるかも知れない。窮極の解決を知っているものにとって、一切を犠牲にすると覚悟する以外に選択の道があるであろうか。

いく人かの「武装せる予言者たち」は人類を救おうとする。いく人かは、自分自身の民族に何か優れた属性があると考え、それだけを救おうとする。いずれの動機によるにせよ、戦争や革命——ガス室、強制収容所、大量虐殺、その他、今世紀の名を高からしめたありとあらゆる残虐行為——の中で奪われた何百万の人命は、将来の世代の幸福のためにわれわれが支払わねばならなかった代価であった。人類を救おうという願いが真面目なものであるなら、心を頑にし、また犠牲を数えてはならない。

この問題にたいして、一世紀以上も前、ロシアの急進派アレクサンドル・ゲルツェンが答を出している。彼のエッセイ『向う岸から』は、事実上一八四八年革命にたいする追悼の言葉であったが、そこで彼は、彼の時代に新しい形態の人身御供が現われたという。それは民族、教会、党、階級、進歩、歴史の諸力などといった抽象概念の祭壇の前に生きた人間を犠げることであり、このような概念は、彼の時代にも現代にも用いられている。それが人命を奪うことを要求するなら、その要求を満さねばならない。彼の言葉ではこうである。

もし進歩が目標ならば、われわれは一体誰のために働いているのであろう。この進歩というモロク神とは、一体誰なのか。この神は、苦役に苦しむ人々が近づいていくと、その苦労に報いないで、かえって身を引く。そして疲れ果て悪運を背負わされた大衆が「まさに死なんとするものからの挨拶(morituri te salutant)」を叫ぶとき、彼らにたいするモロク神の慰めの言葉は……彼らの死後、地上ではすべてが美しくなるであろうという嘲けりの答なのである。今日の生きている人類を、膝まで泥につかって「未来の進歩」という旗を掲げた荷船を曳くあわれな奴隷という悲しい役割に本当につけようと願っているのか。……限りなく遠い目標は目標ではない。欺瞞でしかない。目標はもっと近いものでなければならない。少くとも労働の賃金とか、やっている仕事の喜びとか。

われわれが確実に知っていることが一つあるとすれば、それは犠牲、瀕死の人々、そして死者という現実である。しかし、彼らが死んでも仕えようとした理想は、今も実現されていない。卵は割られており、卵を割る習慣だけは大きくなったが、オムレツは今も目に見えない。短期的な目標のための犠牲、つまり強制は、人間の苦境が本当に絶望的で、そのような手段が真に必要とされるというなら、それも正当化できるかもしれない。しかし、遠い目標のためのホロコーストは、人間にとって今も、そしていつも大切であったものを残酷に冷笑する行為に他ならない。

VI

窮極の調和を実現できるという古くからの信念が偽りであり、私がよりどころとした思想家たち――マキアヴェッリ、ヴィーコ、ヘルダー、ゲルツェン――の立場が妥当だとすれば、つまりさまざまな偉大な善(Great Goods)の間に衝突が起りうるし、善のうちのいくつかは共存できるとしても共存できないものもあり――要するに原則的にも実践的にも、よいことすべてを手に入れることができないとすれば、そして人間の創造性が多くの互いに両立しない選択の上に成りたっているとすれば、かつてチェルヌイシェフスキーとレーニンが問うたように、「何をなすべきなのか」という問いに直面せざるを得ない。いくつもの可能性の中から、どのようにして選択すればよいのか。何のために、何を、どれだけ犠牲にしなければならないのか。明確な答はないと、私は思う。しかし、衝突は避けられないとしても、それを柔らげることはできるであろう。さまざまな主張の間にバランスを作り、妥協に到達することはできるであろう。具体的な状況では、すべての主張が同じ力を有しているわけではない。これだけの自由とこれだけの平等という風にバランスがある。激しく道徳的に非難する一方で、与えられた人間的状況を斟酌しようとする。法の力を全面的に用いる一方で、情状酌量の特権を用いようとする。餓えたる人々に食を、裸のものに衣服を、病めるものに医療を、家のないものに住居を、それぞれの間にバランスがある。決して最終的で絶対的なものではないとしても、優先順位をつけねばならないのである。

第一の公的な義務は、極端な苦しみを避けるということである。絶望的な状況では、革命、戦争、暗殺等々、極端な手段が必要になるかもしれない。しかし歴史の教えるところでは、そのような手段の結果が予想通りであったことは滅多になかった。そのような行動が事態を改善させるという保証はないし、時によっては充分な可能性さえもない。個人生活においても公的な政策においても、激烈な行動に出なければならないことがある。しかし、間違っているかもしれないということを常に意識し、それを決して忘れてはならない。そのような手段の効果に確信を持てば、必ず罪もない人々が苦しむという結果になるのである。したがっていわゆるトレード・オフを考えねばならない——それぞれの状況で、さまざまな規則、価値、原則を多少なりとも折れ合わせねばならない。功利的な解決が間違っていることもあるが、それが有益な解決になることも多いのではないかと、私は考えている。一般原則としてなし得る最善のことは、絶望的な状況の発生を防ぎ、耐えがたいような選択は避けられるような均衡状態を、たとえ不安定なものであっても維持していくことである。それが、まともな社会を作り出すための第一の必要条件である。個々の人々、社会についてのわれわれの知識の範囲は限られており、理解は不完全であるが、それでもこの条件を満たすよう努力することは、いつでも可能であろう。このような問題については、ある程度の謙虚さが非常に大切なのである。

これは、非常に味気ない答のように思えるかもしれない。新しい、もっと崇高な社会という大義のために、理想主義的な若者たちが、必要とあらば戦い、苦難を恐れずに願っているような答ではない。もちろん、さまざまな価値が両立不可能なことを、大げさに誇張してはならない。何が正しく、間違っているか、何が善であり、悪であるかについて、長い期間にわたってさまざまな社会に住む人々の間に、かなり大きいおおよその諒解があった。もちろん、伝統、世界観、態度は違って当然である。一般原則が、人間としての必要と大きく喰い違うこともあろう。具体的な状況がほとんどすべてである。そこからは避けようもない。決断はしているが、それ以外の決断はしようにもできないといったものなのである。時には、道徳的なリスクも避けられない。望むことができるのはせいぜい、関連のある要因は何ひとつ見落していないことである。われわれの実現しようとしている目的を生活形態の全体――その形態が決断によって強められたり弱められたりするのである――の中の一要素として見なければならない。

しかし結局のところ、ことは純粋に主観的な判断の問題ではない。それは自分の属している社会の生活形態によって決定されている。さまざまある多くの社会の中の一つでありながら、そこには共通の価値があり、対立関係にあるかどうかはともかく、人類の歴史を通じて人類の多数が支持してきた価値がある。普遍的な価値ではないとしても、ともかく最小限共通の価値、それがなければ社会が存続していけないような価値がある。今日、奴隷制や儀式としての殺人、ナチ流のガス室、慰めや利益や政治的善のための人間にたいする拷問――フランス革命やロシア革命が要求したような、義務として子が親を密告すること、あるいは非情の殺人等々を擁護しようとする人は、ほとんどあるまい。この点については妥協は正しくない。しかし他方、完璧を求めることは流血への道であると、私は思う。もっとも誠実な理想主義者、もっとも純な魂の持主がそれを望んでいるからといって、ことに変りはない。カントのように厳格な道徳論者はあまりいなかったが、その彼でさえもが一瞬の啓示を受けて、「人間性という歪んだ材木からは、真直ぐなものはかつて何も作られなかった」と語ったのである。独断的に信じ込んだ計画に必要であるとして人々にきちんとした制服を着せようとするのは、ほとんどいつも非人間的なことへの第一歩であった。われわれにはできることしかできない。しかし、いろいろ困難があってもそれはやらねばならない。

もちろん、社会的、政治的な衝突も起るであろう。積極的価値が対立しているにすぎぬという状態からでも、衝突が不可避になるであろう。しかし、不安定ながらも均衡を助長し保持することによって、対立を極小化できると、私は信じている。この不安定な均衡はいつも崩れかけており、不断に修理していく必要がある。しかし、繰り返して言うが、それだけがまともな社会と道徳的に承認できる行動のための前提条件であり、それがなければわれわれは道を見失ってしまうであろう。解決策としてはあまりはえないと言う人もあろう。たしかに、指導者が霊感を得たかのように人々に英雄的行為を求めていくような解決策ではない。それでもこの見方にはいくらかの真理があり、それで充分なのである。現代アメリカの著名な哲学者がかつてこう言った。「真理が発見された時、それは必ず面白い真理であると考えねばならないような先験的理由は存在しない。」真理であれば、さらには真理にいくらか近ければ、それで充分なのである。したがって私は、以上のことを述べたことについてお詫びを言うつもりはない。トルストイは、私が最初に読んだ小説の中で、真理は全世界の中でもっとも美しいものだと言った。倫理の世界でもそうなのか、私には判らない。しかしそれは、われわれ多くのものが信じたいと願っていることにはかなり近い。したがって軽々に無視したりすべきではない。

（1）ヴォルテールは、啓蒙はどこで得られようと本質的に同じと考えていたが、それは必然的に一つの結論に連なっていく。つまり彼の見解では、バイロンは孔子と同じ食卓に坐って楽しく思い、ソフォクレスは一五世紀のフィレンツェで、セネカはマダム・デュ・ドファンのサロンやフリードリッヒ大王の宮廷でくつろいだことであろうということになった。

［河合秀和訳］

ジャンバティスタ・ヴィーコと文化史

I

人間にとっては、自分たち自身の過去を研究することが、これまで長い間、主要な関心事の一つであった。これには多くの動機があった。その幾つかは、ニーチェによって、あの有名な論文〔訳注1〕の中で取り上げられている。自負心、すなわち、部族、民族、教会、人種、階級、党派などの業績を称えようとする欲求、また、ある社会において連帯の絆を強めてゆこうとする願望——「われわれはすべてカドモス〔訳注2〕の子供である」、また、部族の神聖な伝統に対する信仰——われわれの先祖にのみ、生の真の目的、善悪、正邪、いかに生きるべきか、何によって生きるべきかについての啓示は与えられたのだ——そして、これと結びついて、集団的価値についての感覚、われわれが生き、生きてきたこの社会を自ら認識し、かつ、それを理解するよう他の人々に教える必要、われわれの集団的精神がそれを通じて自らを表現し、またそれによってのみ機能することができるような諸関係の組成。

倫理的な接近の仕方もある。歴史はわれわれに徳と悪徳との信頼に値する事例——および範例

――、なすべきこと、避けるべきことの生き生きとした例証――英雄と悪人、賢者と愚者、成功者と失敗者の肖像画廊――を提供してくれる。ここで歴史は、先ず第一に、たとえばライプニッツが宣言したように、道徳の学校として、あるいは、ジョセフ・ド・メストル(そして、おそらくマキアヴェッリ)が信じたように、実験政治学の学校として眺められる。

次にはまた、歴史のうちに範型を、ある宇宙的計画の漸進的実現を、われわれを創造した造物主の事業を求める人々がいる。そして、ここですべては、普遍的目的に奉仕するため、おそらくわれわれがあまりに弱く、あるいは罪深く、あるいは愚かであるがゆえに、われわれには隠されているが、しかし現実的で不変のものであり、見る目をもっている人々には、いかに不完全であろうと、識別できる輪郭を有しているのである。この見方がとる諸形態の一つは、歴史を宇宙的ドラマとする捉え方である。このドラマは、ある教義に従えば、歴史と時間の境界を越えた最終的局面において、有限の人間的知性によっては完全に把握しうべくもない全面的な精神的変容において頂点に達するべきものなのである。別の教義によれば、歴史は循環過程であり、人間的達成の頂点に到ると、次には衰微と崩壊に向かい、その後にまた全過程が新たに始まるということになる。このような範型のみが歴史過程に意味を与えると考えられる。他の何が想定できようか――偶然の結合分離のただの戯れか、原因結果の機械的連続か?

さらにまた、社会学的科学の可能性を信じている人々がいる。この科学にとっては、歴史的事実がデータであり、社会的変化を支配している法則をわれわれが発見しさえすれば、未来を予言し、過去を遡行的に説明する(retrodict)ことが可能になるであろうというわけである。これは歴史を観察結果の体系的集積とする捉え方であって、これと発達した科学的社会学との関係は、まったく、ティコ・ブラーエ〔一五四六―一六〇一、デンマークの天文学者〕による天体観測の成果がケプラーやガリレオによって発見された法則に対してもつ関係と同じである。このような法則は、新しい強力な手段として、単なるデータの収集に頼ることを、特殊な仮説を検証する場合を除けば、不必要にするのである。これがコントやバックルのような一九世紀実証主義者の希望であった。彼らは、物理学ではないとしても、少なくとも生物学の方法と本質において類似した方法によって作り出された歴史の自然科学の可能性とその必要を信じていた。

なおまた、歴史を研究するに当って、過去に対する単なる好奇心以上の動機をもたないと自認する人々がいる。それは、知識それ自体のための探求であり、何が、何時、何故起ったかを、必ずしも一般的結論を引き出したり、法則を定式化したりすることなく、知ろうという願望である。

最後に、だが軽視しえないものとして、いかにしてわれわれ、この世代の者が今ある姿をとるに到ったか、われわれの先祖はどのような者であったか、彼らは何をなしたか、彼らの活動の結果はどうであったか、これらの活動の間の相互作用の性質はどのようであったか、彼らの希望、恐怖、目標、そして、彼らが闘わねばならなかった自然力はどのようなものであったか、ということを知ろうと願う人々の熱望がある。というのは、明らかに野蛮人だけが、自分たち自身の生活形態や文明形態の源泉について、先祖のこれまでの経験によって規定されたものとしての世界秩序の中における自分たちの位置について、また、子孫に対してもアイデンティティの感覚をもたせるために不可欠の、他ならぬ自分たちの先祖のアイデンティティについて、探求心をもっていないように思われるからである。

歴史研究に対するこの最後の動機は自己認識の欲求から発している。それは、それ以前の著述家たちのうちにも内在していたにちがいなかろうが、やはり一八世紀になってやっと、主として、当時ヨーロッパ知識人の大多数に支配的な影響力をもっていたフランス啓蒙の中心的教義に反撥した西欧の思想家たちの間で表面化してきたものであった。この教義は、あらゆる時代の人間を悩ませてきた根本問題の解決のため普遍的に妥当する方法がついに見出されたという信念であった。そして、その根本問題とは、あらゆる知識領域において、何が真であり、何が偽であるか、なかんずく人間がつねに追求してきたあの目標——生命、自由、正義、幸福、美徳、調和的創造的な仕方での人間的能力の完全な発展——を達成すべきであるとすれば、そのために過ごしてゆくべき正しい生活とはどのようなものであるか、をいかに論証するかということであった。この方法は、先行する〔一七〕世紀に数学および自然科学の領域であのように輝かしい成果を生み出した合理的(すなわち、科学的)法則を、人類の道徳的・社会的・政治的・経済的問題に適用するところに存した。これらの問題は、長い間、無知と誤謬、迷信と偏見にとりつかれていたが、こうしたものの大半は、人々を自分たちの意志に従わせておく手段として虚偽をまき散らしていた聖職者、君侯、支配者階級、官僚、野心的冒険家たちによって意図的に広められていたのであった。

啓蒙期最大の文筆家ヴォルテールは、一方で歴史研究を社会的・経済的活動とその帰結をも含むところまで拡大するよう主張していながら、歴史的考察に値する唯一の対象は人類の業績の頂上であって谷間ではない、と強く信じていた。彼は、そのような頂上がどんなものであるかについて何ら疑いをもっていなかった。すなわち、ペリクレス時代のアテナイ、共和政末期から帝政初期のローマ、ルネサンス期のフィレンツェ、ルイ一四世治下のフランス。これらは人類の最良の時であり、そこでは、あらゆる賢明な人々があらゆる時代に――芸術、思想、道徳、風習において――求めた真の、それだけが真の目的が国家の生活をも、個々人の生活をも、等しく規定したのであった。これらの目的は時間を超え、普遍的であって、変化や何らかの歴史的進化に心を動かされることのないあらゆる思慮分別のある人々――見る目をもつ人々――には知られているものであった。自然科学の問題に対する答えがきっぱりと導き出されるように、幾何学の定理や物理学、天文学の法則が人間界における意見や生活様式の変化に何ら影響されないように、少なくとも原理上は、同様に明快で最終的な答えが人間に関する問題についてもまた見出されうるものとされた。

自然的要因とそれによって規定される人間的制度との両方に大いに影響されるため、慣習や見解の多様性は避けがたいと信じていたモンテスキューでさえ、それにもかかわらず、人類の根本的目標は、さまざまな風土や社会の中でそれらがとる個別的形態は必然的に異なり、その結果、あらゆる人間社会に斉一的な立法を考案して成功することはありえないとしても、なお、あらゆる時代、あらゆる場所において同一である、という考えをとっていた。一八世紀の「哲学者たち」におけるあの進歩の観念は、その主唱者が、コンドルセやエルヴェシウスのように楽観主義者であったにせよ、ヴォルテールやルソーのように、その見通しについて疑念を捨て切れなかったにせよ、真理の光、自然の光(lumen naturale)は、たとえ人間がそれを発見できないほど、またかりに発見したとしても、その輝きの中で生活を送るには、しばしばあまりに邪悪か愚鈍かひ弱であるとしても、あらゆるところで、つねに同じであるという見解を伴っていた。

人類史の暗黒期は、ヴォルテールにとっては、知的な人間の関心を引くに全然値しないものであった。歴史の目的は教訓的真理を授けることであって、怠惰な好奇心を満足させることではない。これはただ、理性と想像力の勝利を研究することによってなされるのであって、失敗の研究によってではない。ヴォルテールはこう宣言した。「もし君がわれわれに、オクスス川〔アフガニスタンのヒンズークシ山脈からアラール海に注ぐアムダリア川の古名〕やヤクサルテス川〔カザフスタンの天山山脈からアラール海に注ぐシルダリア川の古名〕の岸辺である蛮人が他の蛮人を承継したという以上の話をするのでないなら、公衆にとってどんな効用が君にはあるのだ?〔訳注3〕」誰が一体、「クァンクムがキンクムを承継し、キクムがクァンクムを承継した」ということを知りたいと思っているのか? 誰が一体シャルマネセル〔アッシュリア王〕やマルドケムパド〔バビロニア王〕について知りたいと思っているのか? 歴史家は、宗教の不条理事、白痴や未開人の支離滅裂事、悪人どもの所業などで、それらが蛮行や暴政の恐ろしさを人間に警告する教訓話として役立つのでなければ、読者の精神を混乱させてはならない。人間および社会の本性についてのこの深く非歴史的な態度は一八世紀に十分共通しており、幾分かはこれに先立つ世紀における厳密科学のすばらしい成功から引き出されたものであった。実際、厳密科学の成功は、たとえばデカルトのような人を導いて、歴史研究は客観的認識の発展に関心をもつ知的な人間のなすに値しない事柄である、というのも、そのような泥まみれの水の中では科学の発展などほとんど望みえないからである、と考えさせた。真理は一にして分割しえず、あらゆる時代のあらゆる場所のあらゆる人間にとって同じである、そのことは、各種の聖典の命題、伝統的金言、教会の権威、民主的多数派、資格ある専門家によってなされた観察や実験、あるいは、文明によって汚されていない淳朴な民衆の確信、いずれの場合においても変らないという考え方——いろんな形をとっているこの考え方は、プラトンおよび彼の弟子たちから発した西洋思想の中心をなしている。

それはまったく挑戦を受けることなく進んできたわけではない。古代ギリシャ、ローマの懐疑主義者を別にして、教皇の権威に対する反抗から、一六世紀の幾人かの改革者たち(殊にプロテスタントの法学者)は、多様な文化的伝統の間にある相違点の方がそれらに共通な要素より以上にということはないにしても、同じだけ重要であると主張するにいたった。フランスのオトマン(フランソワ、一五二四—九〇、『フランコ・ガリア』の著者)、イギリスのクック(サー・エドワード、一五五二—一六三四、『英法釈義』の著者)やマッシュウ・ヘイル(サー、一六〇九—七六、裁判官)のような法学者は、ローマの普遍的権威を拒否したのであるが、その際、慣習、生活様式、見解が異なるのと同様に、当然、さまざまな社会の基礎にある法律や規則も異なっている、そして、このことは、区別された、時にはきわめて異質の社会的実体としてそれらが成長を遂げてゆく中での深い基本的な相違を表現している、という考え方の端緒を展開していたのである。これによって、これらの法律家たちは文化的多様性の概念に貢献した。

文化――所与の社会の成員の側における多様な活動の相互連関、そして法体系、宗教、芸術、科学、慣習、そしてなかんずく言語、また同じく、神話、伝承、儀式的行動形態などの間に存在して、それらを、さまざまな理想や価値を備えつつ、それなりの個性を示す生活様式と結合する連鎖――という包括概念は、その完全に意識された明瞭な形態においては、けっして古いものではない。それは大部分を、イタリア・ルネサンス期のギリシャ・ローマ古典世界に対する関心に負っている。この時期、自分自身の社会と古典期の社会との間にははっきりとした深い相違があることを認めて、人文学者や彼らに影響された人々は、真の人間文明とは一つだけではないという可能性に注意を向けるにいたった。逆説的なことであるが、復興というまさにその観念、中世の暗黒の後にギリシャ・ローマの輝きを再生させ、古典文明を支配していると考えられた永遠に妥当する原理の上に生活を再組織しようという願望は、過去の知識が増してくるにつれ、次第に、そのまさに反対に、古代および近代社会の間の見解や行動――そして、規則や原理――の両立させがたい相違の認識にとって代わられたのである。

一六世紀フランスの数多の歴史家たち、ヴィニエ〔ニコラ、一五二〇―九六、医師にして歴史家、『ブルグンド年代記』の著者〕、ラ・ポプニエール〔アンリ・ランスロ＝ヴォワザン・ド、一五四〇

—一六〇八、カルヴァン派の歴史家、同時代史を著す〕、ル・カロン〔ロワ、一五三六—一六一七、法律家、『フランス慣習法集』を著す〕、ボダン〔ジャン、一五三〇—九六、法曹にして政治思想家、『国家論六編』の著者〕のような人々は、古代の文物——慣習、神話、宗教儀式、言語、また、碑文、貨幣、工芸品、そして勿論、文学作品——の研究は全文化の再構築を可能にするような証拠を提供する、と主張した。それにもかかわらず、あらゆる高度の文化は同一の知恵の木のそんなにもたくさん分かれた小枝であるとする見方——人間の進歩は基本的に単一の前進運動であって、後退や衰弱によって切断されることはあるが、決して崩壊してしまうことはなく、絶えず新たにされ、理性の最終的勝利へと不断に接近しているという見方は、西洋思想を一般的に支配し続けていた。古代人と近代人との、ローマ人とフランク人との間のほとんど架橋しえない差異を強調した、主としてプロテスタントの歴史家や法律家は、この前提を疑問にし続けた。かけ離れたもの、外来ののが、真剣にまた共感をもって研究され始めた。たとえば、東洋と西洋、あるいはヨーロッパとアメリカ大陸との間の差異は注意されていたが、これら異種の社会の実際の歴史や分析を生み出すような形ではほとんど何もなされなかった。それらのものは、自分たちのものとは似ていないというまさにそのことで、学者や旅行者を魅惑していた。

この方向での主要な前進は、一八世紀のパリの文壇有力者に対する初期の反対派によってなされた。彼らは、過去はその理論と実践がわれわれ自身の啓蒙された時代の趣味の基準にどれだけ近づいているかによって判定されるべきであるということを当然としている人々に批判的であった。こうして、われわれは、伝承、サガ、初期の詩歌を個々の民衆の自己表現の伝達手段として歴史的に検証し始めた、この世紀初期のイギリスおよびスイスの学者を見出すことになる。こうした批判者たちは、ホメロスの詩、ニーベルングの歌、北欧のサガがその力と美を、それらの時代と郷土において生み出した社会に固有の特質に負っていると考えた。オックスフォード大学ヘブライ語講座欽定教授ラウス主教〔ロバート、一七一〇—八七〕は、旧約聖書について、それは古代ユダヤの民族的叙事詩であり、ソフォクレスやウェルギリウス、ラシーヌやボワローの研究から引き出された基準によって判断されてはならない、と述べた。

この研究方法のもっとも有名な代表者であるドイツの詩人にして批評家ヨハン・ゴットフリート・ヘルダーは、民族文化の独自性、なかんずくそれらの比較不能性、それらの理解、判断に際しての基準の差異を強調し、称賛した。彼は、全生涯を通じて、過去および現在、ヨーロッパおよびアジアの文明の発展行路がまさに示す多様性に魅了されていた。そして、これらについては、東洋学、インドやペルシャの言語に対する新しい関心が大いに説得的な具体的証拠を提供していた。これはまた逆に、ドイツの歴史法学派を活気づけて、ローマ法であれ、ナポレオン法典であれ、また、フランス革命のイデオローグとその他国における同調者たちの擁護した諸原理であれ、超時間的合理性の主張、普遍的妥当性の強調に反対する立場をとらせた。時には、ローマ教会やフランス啓蒙によって定式化されたような単一の不変的自然法の権威への対抗は、高度に反動的な形態をとり、抑圧、恣意的支配、多様な種類の不平等や不正を正当化する傾向をもった。それにもかかわらず、このコインの裏面には、人間的制度の豊かな多様性に対して、それらの制度を特徴づけ、区別あるものとした見解や経験の深い差異に対して、そして何よりも、それらを単一のパターンに、あるいは実際、体系的性質をもつそうしたパターンからの逸脱にさえしてしまうことの不可能性に対して注意を引きつけるという姿勢があった。

このこととの関連で、単一のもの、独自的なもの、また多様性それ自体が、不可避的であるというよりむしろ価値と重要性をもつという新しい信念の誕生というような物の見方の劇的な変化の事例を思想史がほとんど提供していないことは注目に値する。そして、これに対応する確信は、画一性には抑圧的な、まったく興味を引きつけない何かがあるということであり、多様性は生命力の現れであるのに対し、その反対物は荒涼とした死の単調さであるということである。実際、この観念、この感情は、今日のわれわれにはごく自然に思われるが、真理はあらゆるところで一であり、誤謬は多であるとし、理想状態とは全面的調和状態であって、物の見方や意見の一見して融和しえない差異は不完全さの現れで、誤謬、無知、弱さ、悪徳などに帰せられるべき非一貫性の現れであるとする世界観とは両立しえないのである。しかしながら、唯一性に対するこの種の崇拝は、プラトニズムとその後に続いたユダヤ教やキリスト教の思想の大部分の基礎であり、また同様に、自然科学の赫々たる勝利に当然深く影響されたルネサンスおよび啓蒙期の思想においてもそうであった。多の充実を、種の最大限に可能な多様性の価値を信じたライプニッツさえ、それらは相互に両立しえているに違いない、と想定した。トゥキディデスの紹介している葬送演説では、軍事国家スパルタの厳格な規律を好ましくないものとして、アテナイの生活のより緩やかな仕組みと比較しているペリクレスでさえ、やはり、調和的都市国家を望み、その維持と増強のため、すべての成員は自覚して努力を傾注しなければならない、と主張した。アリストテレスは、見解と性格には幾つかの差異が避けられないと認めたが、しかし、それを徳としては称賛せず、変えがたい人間性の一部として認知しただけであった。一八世紀における多様性の最大の擁護者として、それぞれの文化は人類の進歩のため独自のかけがえのない貢献をしていると情熱的に信じたヘルダーについてみても、彼でさえ、それらの相異なる貢献の間に葛藤がある必要はない——実際、あるべきではない——それらの働きは諸民族、諸制度間の普遍的調和を豊かにすることであり、そのためにこそ人間は神あるいは自然によって創造されたのである、と信じていた。その真髄において一元的な真善美の観念をもち、あるいは、あらゆるものは最終的な調和的解決——世界の生命のあらゆる外見的な混乱や不完全さが解消される究極的秩序——を目指して協力しているという目的論をもっている理論、この種のどんな理論も、多様性を、それ自体として追求されるべき独立の価値として許容することはできない。というのは、多様性は、諸価値の葛藤の可能性を、完全に自覚し、同等に有徳な人間のもつ諸理想、あるいは実際、直接的諸目標の間のある解消しえない不一致の可能性を伴うことになるからである。

しかしながら、豊かな多様性に対するこの崇拝こそ、芸術と哲学の両方の分野におけるロマン主義運動の中心に現れたものであった。これが私には、少なくとも規範的な領域で、客観的真理というまさにその概念の融解といったような事態に導いたものであると思われる。自然科学においてはどうであろうと、倫理学、政治学、美学の領域においては、問題となったのは、内的目標の追求の真正さ、誠実さであった。このことは個人や集団——国家、民族、運動——にも等しく当てはまる。これは、ロマン主義の美学においてもっとも明らかであった。そこでは、芸術家が、どれだけ不完全であれ、キャンバス上に、あるいは、音として伝えようと試みる永遠の範型の観念、プラトン的な理想美の映像に代って、精神的自由、個人的創造性に対する情熱的な信念が正面に出てくる。画家、詩人、作曲家は、どのように理想的なことと思われようと、自然をそのまま写し出すのでなく、創作する。彼らは、模倣する(ミメーシスの理論)のではなく、手段のみならず、彼らが追求する目標をも創造する。これらの目標は芸術家自身の独自の、内的な心像の自己表現となっている。この心像を何か「外なる」声——教会、国家、世論、家族、友人、趣味の判定者など——の要求に応じて脇に置き去ることは、何らかの意味において創造的な人々に対して自らの存在をただひとつ正当化してくれるものを裏切る行為となるのである。

この主意主義にして主観主義は、そのもっとも情熱的な予言者としてロマン主義の真の父であったヨハン・ゴットリープ・フィヒテをもっているが、勿論、最終的には野性的なアナーキーと非合理性、バイロン的な自己陶酔に通じ、陰鬱な世捨て人、この不吉で魅惑的な存在、安定した社会の敵、サタン的英雄、カイン、マンフレッド、異教徒(The Giaour)〔三者ともバイロンの叙事詩の主人公〕、〔放浪者〕メルモス〔アイルランドの小説家マテュリンの作品(一八二〇)の主人公〕を崇拝するにいたった。ところで、これらの主人公の誇り高い独立性は、どれだけ多くの人間的幸福、どれだけ多くの人間の生命をも気にかけないで犠牲にすることで獲得されているのである。民族の場合には、この普遍的に妥当する価値という観念の拒否が、時として、ナショナリズムや攻撃的排外主義、非妥協的な個人的ないし集団的自己主張の賛美を鼓舞する傾向をもった。その極端な形態において、それは、犯罪的な、狂暴なまでに異常な形態をとり、理性とあらゆる現実感覚の放棄にいて頂点に達し、しばしばぞっとさせるような道徳的政治的結末をもたらしたのである。

それでもなお、この運動がその初期の段階では歴史理解の大きな広がりを生み出したものであることは確かである。これによって、人間文明の発展は、あるいは上昇し、あるいは下降する単線的運動としてではなく、また、対立物がぶつかり合って、やがて必ずより高次の綜合のうちに解決をみるといった弁証法的運動としてでもなくて、文化とは多種多様に存在し、それぞれが他の文化とは異なり、時には両立しえない価値尺度を体現しているが、それでも、それらの文化は理解されうる、すなわち、十分に鋭敏で共感的な歴史的洞察力を具えた観察者によっては、人類が追求しかつ完全に人間的なものとしてとどまりうるような生活様式として認められうるということの認識として捉えられたのであった。この見解の主要な、公式に承認された代表者はヘルダーであった。だが、それに最初に肉と実質を与えたのはウォルター・スコットであったといっていいかもしれない。スコットの歴史小説の最良のものは、初めて、個々人、階級、そして実際、社会全体を、あらゆる角度から、完全に実現された登場人物として提示した。これは、舞台の上の役者でもなく、リウィウスやタキトゥス、そして、ギボンやヒュームでさえもが示す二次元的な一般的類型でもなかった。スコットの登場人物は、概して、読者がその中に入り込んでゆくことのできる見解、感情、動機をもった男女である。スコットは、ヘルダーが説いたことを達成した最初の作家である。それは、読者が自分自身の世界と同様に充実し、等しく現実的であるが、ただ深く異なっているものとして、といっても、われわれが自分たちとは大いに違った性格や生涯をもった同時代人を理解するようには理解できないというほどかけ隔たってはいないものとして捉えている、そういう世界を伝えることである。歴史の叙述に対するスコットの影響は十分に研究されてはいない。過去を、その中で生き抜いた人々の目を通して、いわば内側から見ること、そして、外にある何らかの有利な地点から、物語的あるいは統計的な取扱いのための十分な材料として叙述されるべき、行列をなす遠くの事実、出来事、人物の連続にすぎないものとして見ないこと、かなりの努力を伴いながらも、このような種類の理解を達成できるということは、近代以前においては、真理に関心をもつ歴史家によってほとんど実現されえなかったような能力にかかわる資格である。

ヘルダーはこの種の想像的洞察力の性質の有力な発見者であったかもしれないが、これの可能性を具体的な言葉で最初に捉え、このような方法がいかに適用できるかという例を示したのは、一八世紀初期のイタリアの思想家ジャンバティスタ・ヴィーコであった。ヴィーコの主要な著作は、一握りのイタリア人と、何年か後に、イタリア人から彼のことを聞いた若干のフランス人を除いては、前世紀の初めに、ジュール・ミシュレ〔一七九八―一八七四、フランスの歴史家〕が彼を見出し、興奮を覚えて、ヨーロッパ中で彼の業績を称賛するまで、まったく読まれていなかった。

II

ヴィーコは、近代的な文化概念、そして、文化的多元主義と呼ばれていいもの、それら両方の真の父である。文化的多元主義とは、本物の文化はそれぞれ、それ自身に独自の物の見方、それ自身の価値尺度をもっており、これは発展過程の中で他の見方や価値によって凌駕されることはあるが、決して完全にそうなるわけではない、すなわち、初期の価値体系が後の世代にとってまったく理解不能となることはない、とする考え方である。シュペングラーやヴェステルマルク（一八六二―一九三九、フィンランドの人類学・社会学者）のような相対主義者と違って、ヴィーコは、人間が自分自身の時代や文化の内部に閉じ込められ、窓のない箱の中に隔離されて、その結果、自分たちとは大いに違った価値をもち、疎遠で不快なものとしか感じられない他の社会や時期を理解することができなくなっているとは考えなかった。彼のもっとも深い信念は、人間が作り出したことは他の人間に理解できるということであった。われわれ自身のものとはかけ離れた行為や言語の意味を解読するには計り知れない困難な努力を必要とするかもしれない。それにもかかわらず、ヴィーコにしたがえば、「人間的」という言葉に何らかの意味があるとすれば、人間という存在すべてに共通するものは、想像力の十分な発揮によって、世界が被造物にとって見えているに違いない姿を把握することが可能なだけ十分あるに違いなかった。これらの被造物は、時間的空間的に離れていても、自分の世界を自分自身に理解させ、説明する試みにかかわる自己表現の自然な手段とみられる、そういう儀式を行ない、そういう言語を用い、そういう芸術作品を作り出しているのである。

根本的な点で、ヴィーコの方法は、たいていの近代社会人類学者が未開民族の行動や形象(あるいは、それらの民族が遺したもの)を理解しようと試みる時にとっている方法と同じ種類のものである。未開民族の神話、物語、隠喩、直喩、寓喩などを、今日の研究者は、(一八世紀にはそうする傾向があったのだが)ただのナンセンスとして、非合理的で子供じみた野蛮人の頭の中の混乱として切り捨てることはしない。むしろ、彼らは、未開民族の世界の中に入り込み、その目を通して見ることができるような鍵を、(ある後の哲学者が言ったように)人間は自分自身にとって同時に主体であり客体であるということを想起しながら、探し求めているのである。彼らは、それ故、未開人を、ただ叙述しうるだけで、その動機を推測することができない数多の被造物としてではなく——植物や動物の場合でも、それらの行動を説明するのに物理学や生物学の法則だけはある——、われわれ自身と同類の存在として、その行動や言語が、彼らがその中に生活して、理解しようと努めている自然条件に対する理解可能な反応として説明できるような世界の住民として考えているのである。ある意味で、きわめて異なる諸言語の驚くべき多様性が存在するということだけでも——時には隣接する社会の間で(たとえば、コーカサス地方や太平洋諸島で)見られるように——、それ自体、人間的自己表現の還元不可能な多様性の指標、あるいは、こういう人もあるかもしれないが、範型なのである。こうして、同族言語の場合でさえ、一言語から他のどの言語への完全な翻訳も原則的に不可能であり、知覚や行動の仕方の差異を示すギャップは時として実際きわめて大きいのである。

ある意味で、この接近方法は、われわれに自分の意図や志向を伝える他人とその言語、外観、振舞などを理解する行為にかかわる事柄とそれほど異なってはいない。われわれは、コミュニケーションが断絶した時にのみ、純粋に科学的な解読方法に頼ろうとする。われわれは、仮説を定式化し、それを検証し、資料の真正さ、古代の文物の年代、それらを作っている材料の分析、証拠の信頼度、情報の源泉、等々を確定しようとする。すべてこうしたことのため、われわれは、正規の科学的方法に頼って、事実に基づかない当て推量をすることはない。それでも、この種の当て推量は、ある特定の時期にある所与の状況の中で生活したということ、自然や他の人間の勢力と闘わねばならないということがどのようなことであったに違いないかを理解する試み、また、神を宥め、自然を人間の意志にもっと従うものとするために魔法や呪文や犠牲のもつ効用を信じていた人々にとって、事物がどのようなものであると思われたに違いないかを把握するいかなる試みにも、ある程度まで不可避的に入り込んでくるに違いないのである。

われわれの先祖は人間であったのであるから、ヴィーコは、先祖も、われわれが知っているように、愛し、憎み、望み、恐れ、欲し、祈り、闘い、騙し、抑圧し、抑圧され、反抗することがどんなことであるかを知っていた、と考える。ローマ法とローマ史は、ヴィーコがもっともよく知っていたものである。したがって、彼の多くの事例は初期ローマの歴史や法制度からとられている。彼の語源学はしばしば空想的であるが、彼の見方では、平民と貴族の絶えざる階級闘争とされるものの中で、あれこれの立法を導き出すことになった経済的状況についての説明は、それ以前の理論に対して大きな前進である。歴史の細部は誤っていて、不可解でさえあるかもしれないし、知識には欠陥があり、批判的方法は不十分であるかもしれない。だが、その接近方法は大胆で、独創的で、実り豊かである。ヴィーコは決してわれわれに、未開人の心に「入り込む」とか「降りてゆく」ということで何を意味しているかを語らない。しかし、『新しい学』における彼のやり方から、彼の求めているものが想像的洞察であること、彼がファンタジーア(想像力)と呼んでいるものであることは明らかである。後のドイツの思想家たちは理解する(verstehen)ことを知る(wissen)ことと対立させて論じた。後者は自然科学において得られる種類の知識であって、「入り込むこと」は問題とならない。というのは、われわれは、蜜蜂やビーバーの希望や恐怖のうちに入り込むことはできないからである。ヴィーコのファンタジーアは彼の考える歴史的知識に不可欠である。それは、ユリウス・カエサルは死んだ、ローマは一日にして成らなかった、一三は素数である、一週は七日であるといった知識ではない。また、自転車に乗るには、統計的研究に従事するには、戦争に勝つには、どうすればよいかという知識でもない。それは、貧乏である、ある国に属している、革命家である、ある宗教に改宗する、恋愛する、名づけようのない恐怖に襲われる、ある芸術作品に感激する、とはどういうことであるかを知ることにより近い。私はこれらの例をただ類推のために挙げるだけである。というのは、ヴィーコは、個人の経験ではなく、社会全体の経験に関心をもっているからである。彼が分析しようとしたのはこの種の集団的自己意識――人々が、自分たちのおかれている条件を自らに理解させ、説明しようとする努力から生み出された、制度、記念碑、象徴、書き、話す手段などに表現されている社会発展のある特定の段階で自然力に直面して、考え、想像し、感じ、欲し、努力したことの内容――であった。そして、彼は、それに到るため、他の者の踏み入れていない道を発見した、と考えた。文化史の理解のため、神話、儀礼、法律、美術的形象などを「解読」することによって、彼が開いたドアを、彼は自分の主要な業績とみなした。カール・マルクスが、ラッサールに宛てた有名な書簡に〔訳注4〕、ヴィーコは社会的進化の著述家として天才の要素をもっている、と書いたのも驚くべきことではない。

歴史人類学の創始者とみなされるのに、ヴィーコよりも確かな資格をもつ人はいない。自らを彼の弟子と考えていたジュール・ミシュレは、正しかった。ヴィーコは実際ドイツ歴史学派の忘れられた先駆者であり、非歴史的理論である自然法、超時間的権威、また、たとえば、スピノザによってなされた、どんな真理もいつでも誰によっても発見されることができたであろうとか、人間が理性を正しく使用せず、またはできなかったが故に、かくも長い間暗黒の中をよろめきながら歩んできたのはまったく不運であったという論法の最初の、そして、ある意味でもっとも恐るべき反対者であった。一つ一つの文化が人間の自然力との絶えざる闘いの過程の中でその先行形態から発生し、社会発展の一定段階において、まさにその生産過程を通じて形成された経済的諸階級の間の闘争を生み出した、そういう諸文化の連続という、広い意味での歴史発展の観念は、人間の自己理解の成長史の中の重要な出来事である。歴史的変化の性質についてのこの概念(ヘシオドスからハリントンにいたる社会思想のうちにどれだけの陰影が見出されようと)は、これまで十分に述べられたことはなかった。

近代におけるヴィーコの批判者は、人間はただ自分が作るものを理解することができるだけであるという彼の理論は、文化の発見や分析のために十分なものでない、と指摘してきた——われわれが、遡って眺めてみてさえ、気がつかない無意識の衝動、非合理的要因は存在しないか? 行為はしばしば、意図しない帰結、行為者によって「作られた」のではない予期しない偶然的結果に導かないか? 摂理は、ヴィーコの見方——ヘーゲルの「理性の狡智」のヴィーコ流の形態——では、人類の利益になる生活形態を作り出すためにわれわれがもっている悪徳を利用してはいないか(ヴィーコの同時代人であるバーナード・マンデヴィルによって提起されたと同様の考え方)? これは人間によって「理解される」ことのできない何かである、というのは、ヴィーコによれば、それは神の意志から出ているのであり、その働きにわれわれはかかわっていないからである。さらに、われわれは、過去の理解の中にわれわれ自身の概念や範疇の幾つかを持ち込むことを不可避的にやっているのではないか? 偉大な古典学者ウルリヒ・フォン・ヴィラモーヴィッツ＝メレンドルフ〔一八四八—一九三一、ドイツ・ギリシャ学の権威〕は、(アキレウスの亡霊がオデュッセウスによって冥府から呼び出されたことについてのホメロスの語り方に触れつつ)死者は血を飲んでしまうまで話すことはできない、とわれわれに対し述べなかったか? しかし、われわれが死者に提供するのはわれわれの血であるから、死者がわれわれに語るのも、われわれ自身の声で、われわれの言葉においてであって、彼らの言葉ではない。もしこうであるとすれば、彼らとその世界を理解しようというわれわれの要求は、ある程度までつねに錯覚ではないか？

これらすべての考察は確かに妥当であり、人間の歴史は人間によって作られているから、たとえ原理上にせよ、われわれの先祖の心に「入り込む」ことによって完全に理解しうるという観念に対する障碍になる。しかしながら、人間の歴史が人間の希望や恐怖、それらを体現している行動の説明以上のものであって、たんに、人間的経験や意識の諸段階の説明(このように、時には、ヘーゲルやコリングウッドは信じたと思われる)ではないとしても、また、マルクスが、人間史を作るのは実際人間である(しかしながら、まったくでっち上げるのでなく、自然と先行する人間的制度によって準備され、行為者の目的とは必ずしも関係のない状況へと導くかもしれない諸条件の下において)と述べた点で正しいとしても、そして、ヴィーコの主張が今日ではあまりに大胆すぎると思われるにしても、それでも、こうした限定づけにもかかわらず重要な何かが生き続けている。今日では誰でも次の二種類の人々の根本的な違いを心得ている。一方には、社会あるいは社会内の集団全体の肖像を描く歴史家があり、その画像は均整がとれ、三次元的なので、われわれは、正しいか間違っているか分らないが、そのような条件の中で生きたとはどのようなことであったろうかということを語ることができる立場にあると信ずるにいたる。他方に、古物研究家、年代記作者、大まかな一般化を可能にするような事実や統計の収集家、学識ある編集者、あるいは、想像力の行使を、とんでもない当て推量、主観主義、ジャーナリズム、またはもっと悪いものにドアを開くことと見ている理論家などがある。

このまったく重要な区別は、ヴィーコがファンタジーア(想像力)と名づけ、それなしには、彼の見方では、過去を呼び起こすことはできないとされる能力に対する態度にまさに基礎をおいている。彼が想像力に与えている重要な役割の故に、われわれは、検証の必要性を見落としてはならない──彼もこれを見落としはしなかった。彼は、証拠を吟味する批判的な方法は欠くことのできないものであると認めている。それでも、ファンタジーアなしには、過去は死んだままである。それに生命を与えるため、われわれは、少なくとも観念の上で、人間の声を聞き、彼らの経験、表現形式、価値、見解、目的、生活様式であったと思われるものを(われわれが収集しうる証拠に基づいて)推測する必要がある。このことなしには、われわれがどこから来たか、どのようにして現在あるような姿を、たんに肉体的生物学的に、また狭い意味で、政治的制度的にだけでなく、社会的心理学的道徳的にとるようになったかを把握することはできない。このことなしには、真の自己理解はありえない。われわれが偉大な歴史家と呼ぶのは、ただ、彼らに利用できる最良の批判的方法を使って獲得された事実的証拠を完全に制御するばかりでなく、才能ある小説家の特質である深い想像的洞察力を有している人々である。〔歴史の女神〕クリオは、イギリスの歴史家G・M・トレヴェリアンはかつて言った、結局においてミューズである、と。

III

過去を再構成するヴィーコの方法の適用のもっとも興味深い帰結の一つは、私が文化的多元主義と呼んだものである。それは、多様な文化のパノラマ、さまざまな、時には相対立する生活様式、理想、価値基準の追求である。これは、逆にまた、真理、正義、自由、幸福、美徳がそれらのもっとも完全な形態において合体している完全な社会という永遠の理念がユートピア的であるだけでなく(そのことを否定する者はほとんどいない)、内在的に不整合的であるということを意味している。というのは、これらの価値の幾つかが相矛盾することが明らかになれば、それらは合体しえない——概念上なしえない——からである。各文化は、芸術、思想の作品のうちに、生活、行動の様式のうちに自らを表現する。これらの作品や様式のそれぞれは、結合されることも、単一の普遍的目標に向けての単一の進行過程の段階を必然的に構成することもありえない。

一つの大きな調和的構造に適合しうるものとしては表象しえない、さまざまな生活ヴィジョンとそれらのもつ価値という考え方は、ヴィーコの『新しい学』のホメロスを扱った部分において生き生きと例証されている。彼の見解は、その時代の支配的な美学理論と鋭い対照をなした。その美学理論によれば、相対主義への幾らかの偏向にもかかわらず、卓越性の基準は客観的、普遍的、超時間的であり、「いつもあり、どこにもあり、誰によっても認められるものが正しい」というラテン語句(quod semper, quod ubique, quod ab omnibus)によって表される。こうして、よく知られた例を挙げれば、ある者は古代詩人は近代詩人よりも優れていると主張し、他の者は反対の議論を立てた――有名な古代対近代論争がヴィーコの若い時代に繰り広げられたのは、この問題をめぐってであった。重要な点は、この論争において相対立した者たちが自分の立場を、両者ともにあらゆる時代、あらゆる芸術形態に永遠に適用できるとみなした同一の価値との関連で、擁護したことである。

ヴィーコはそうではなかった。彼はわれわれに語っている。「世界の幼年期には、人間は生まれながら崇高な詩人であった」と。というのは、想像力は原始的民族において強く、思考力は弱かったからである。ホメロスは、後のどの作家も、同等どころか、近づきえなかった程度の天才性でもって自ら描き出した文明の終末期に生きていた、とヴィーコは信じていた。ホメロス的人間は「粗野で、露骨で、野蛮で、高慢で、強情」である。アキレウスは、残忍で、暴力的で、報復的であり、自分自身の感情だけにかかわっている。それでも、彼は非の打ちどころのない戦士として、ホメロス的世界の理想的英雄として描き出されている。そのような世界の価値は過ぎ去った。ヴィーコはより人間的な時代に生きていた。しかし、このことは、彼が述べている通り、後世の芸術があらゆる詩人のうちもっとも崇高なこの詩人の芸術より必然的に優越しているということを意味しない。ホメロスはこれら恐るべき人間たちの価値を明らかに称賛した。残忍な殺し合いに参加した野蛮で獰猛な戦士たちを彼が信じられないほど称えていること、また、オリュンポスの神々についての彼の語り方、それはプラトンにあのようにショックを与え、アリストテレスに彼を「矯正」したいという考えをもたせたのであったが、ルネサンス期やヴィーコ自身の時代の洗練された詩人によっては到底制作されえなかったものであった。

ヴィーコにはこれが取り返しのつかない損失であることは明らかであった。同じように彼はまたローマの作家たちについて語っている。彼らは、ブルートゥス、ムキウス・スカエウォーラ、マンリウス、デキウス一族らを称揚すべき人々として押し立てている。これらの連中は、ヴィーコが指摘する通り、貧乏で不幸なローマの平民を破滅させ、略奪し、圧殺したのであった。もっと以前の時代には、スパルタのアギス王が抑圧された民衆を助けようと試み、謀叛人として処刑されたことを、彼はわれわれに思い起こさせている。〔訳注5〕しかしながら、この種の冷厳で残忍な人々のためにまたこれらの人々によってこそ、凌駕しがたい傑作が書かれたのであった――これらはわれわれには対抗しえない作品である。われわれはこれらの蛮人たち(そうヴィーコは信じていた)に理性的な思想、知識、人間性において優越しているかもしれない。しかし、われわれは、まさにこの理由で、壮大な叙事詩やサガに示された想像力や言語のもつ驚嘆すべき根元的な力をもっていない。そして、これは荒々しく原始的な文化のみが生み出しうるものなのである。ヴィーコにとっては、芸術に真の進歩はなかった。一つの時代の天才を他の時代の天才と比べることはできない。彼は、ソフォクレスはウェルギリウスより、ウェルギリウスはラシーヌよりよい詩人でないかどうかと問うことなど無駄であると考えたであろう。各文化はそれに、それだけに属する傑作を生み出す。それが終れば、人はその勝利を称賛したり、その悪徳を非難したりする。しかし、それらはもはやない。何ものもわれわれの前にそれらを復活させることはできない。もしそうであるとすれば、そこから、あらゆる文化のあらゆる美点が調和的に合体しているであろう完全な社会というまさにその観念が意味をなさないという結論が出てくる。一つの美徳は他の美徳と両立しえないことがはっきりとしてくるであろう。結合しえないものは結合しえないままとどまる。ホメロス的英雄の美徳は、自分たちの立場でホメロス詩の道徳性を攻撃したプラトンやアリストテレスの時代の美徳ではない。また、前五世紀のアテナイの美徳は、ヴォルテールは違った風に考えているけれども、ルネサンス期のフィレンツェやヴェルサイユ宮廷における美徳と同じではない。文明の一つの段階から他の段階への移行に際しては、失うもの、得るものがともにある。しかし、得るものが何であれ、失われたものは永久に失われたままであって、どこか地上の楽園に復活することはありえない。

ヴィーコがその中に生まれたような自己満足的な文明、すなわち、以前の時代の残忍さ、不条理性、無知に大きな改善をなしたと自認しているような文明の中において、近寄りがたいほど崇高な詩歌が残忍で野蛮な、後の世代には道徳的に忌避すべきとされる時代にのみ生まれえたと敢えて主張する思想家には、何か際立って独創的なものがある。これは要するに、理想的世界の中でのあらゆる美点の調和の可能性それ自体の否定ということである。ここから、何らか一つの時代の成果を、それに単一の絶対的基準――後代の批評家や理論家のもつ基準――を適用して判定することは、非歴史的で時代錯誤的であるばかりでなく、誤謬に基づいているという結論が出てくる。その誤謬とは、人間の手になるもっとも称賛された作品の幾つかは実際、有機的に一つの文化と結びついており、その文化の幾つかの側面をわれわれは非難するかもしれない――多分そうせざるをえないこともある——が、それでもなお、そのような位置におかれていた人々がそのように感じ、考え、行動したのはどうしてであるかを理解することを求めなければならない時に、超時間的基準——理想的世界の理想的価値——の存在を仮定するところにある。

　人間が努力して求めるあらゆるものが全面的に実現される完全な社会という観念は、当然のことながら、少なくとも地上での時間内では、成り立ちえない。ホメロスはダンテと共存できないし、ダンテはガリレオと共存できない。これは今では自明の理である。しかし、『新しい学』のホメロスに関する部分の反ユートピア的含意は、著者と同時代には概して無視されていたが、われわれ自身の時代に教訓を与えている。啓蒙が蒙昧政策、抑圧、不正義、そして、あらゆる種類の非合理性に対する闘争において比類のない貢献をなしたことには疑問の余地はない。しかし、あらゆる偉大な解放運動は、一般に受容されている教義や慣習を突破してゆこうとするならば、攻撃する相手方の徳を誇大視し、また、それに対し無理解にならざるをえなくなるかもしれない。人間は同時に自分自身の主体であり客体であるという命題は、パリの「哲学者たち」の見解と容易には両立しない。彼らにとって、人類は、まず第一に、科学的研究の対象である。人間性はあらゆる時、あらゆる場所において基本的に同一であり、人間のコントロールを超えた永遠の法則に従うという根底的な前提は、ほんの一握りの大胆な思想家だけが敢えて疑問に付した考え方である。しかしながら、科学の名においてこれを受け容れることは、実際上、諸価値、諸生活形態全体の創造者にして破壊者としての人間の役割、主体としての、宇宙の他の生物には拒否されている内的生活をもった被造物としての人間の役割を無視し、貶めることである。近代のもっとも有名なユートピア主義者たち、トマス・モアからマブリー、サン・シモン、フーリエ、オーウェン、そして、彼らの追随者たちは、人間の基本的属性について幾らか静態的な像を描き、その結果、達成可能な完全社会についても同様に静態的な叙述を提供した。このため、彼らは、自然と歴史によって課せられる限界の内部で、競合し、互いに両立しえない目的の間で自由な選択をなしうる、自己変革的な存在としての人間の性格を見失ったのである。

行為者、すなわち因果的法則にも彼自身の意識的目的にも動かされ、思考と創造との予測しえない飛翔を可能とする目的意識的存在としての人間という観念、そして利用しうるが、回避しえない物質的精神的諸力に直面しつつ、自己認識と環境の制御とを達成しようとする努力によって創造されるものとしての人間の文化という観念――この観念があらゆる真に歴史的な研究の真髄には存している。歴史家は、その本来の任務を果たすためには、想像的洞察力を必要とする。それなしには、過去の骨格は乾いた、生命のないものとなる。それを働かせるのは冒険的な仕事であり、これまでもつねにそうであった。

〔訳注1〕『反時代的考察・第Ⅱ篇　歴史とは何か』に主として依拠していると思われるが、文脈はそのままではない。
〔訳注2〕カドモスはゼウスに誘拐された姉エウロペを追ってギリシャに来たフェニキアの王子。テバイの創設者で、またアルファベットをギリシャに伝えた人物とされる。
〔訳注3〕『哲学辞典』(高橋安光訳　法政大学出版局)歴史の項参照。

〔訳注4〕 ヴィーコに言及したマルクスのラッサール宛書簡は、一八六二年四月二八日付のものだけであると思われるが、これには「社会的進化」という表現は見受けられない。(大月書店版『マルクス＝エンゲルス全集』第三〇巻　五〇三―四頁参照。)

〔訳注5〕 以上の例については、本選集3、一一一ページ参照。

〔田中治男訳〕

一八世紀ヨーロッパ思想におけるいわゆる相対主義

フランスの「哲学者たち」の中心的見解(それにはしばしば非常に鋭い差異があるが)は、(アメリカの優れた人類学者クリフォード・ギアツの言葉で)人間とは「自然と同種の存在である」、「ニュートンの宇宙と同様に……不変のものとして」人間性がある、[(1)]ということであると見るのは異論のない真理である。宇宙を支配する法則は多様であろうが、確かに存在する。風習、流行、趣味はさまざまであろうが、いたるところで、あらゆる時に、人間を動かしている同じ感情は同じ行動を呼び起こす。「不変で、一般的、普遍的なもの」のみが現実的であり、それ故、これのみが「真に人間的」である。[(2)]理性的な観察者であれば、どんな時にも、どんな場所ででも原理上見出すことのできるもののみが真実である。理性的方法――仮説、観察、一般化、演繹、可能なところでは実験的検証――が社会や個人の問題を解決することができる。それは、同じ方法が、物理学や天文学の問題を成功的に解決し、さらに、化学、生物学、経済学の問題を前進的に解決しつつあるのと同じである。哲学、すなわち、倫理学、政治学、論理学、認識論は、人間についての一般的科学――自然人類学――に変換されうるし、またそうされるべきである。一旦人間の真の性質についての知識が得られたならば、人間の本当の要求は明らかになるであろう。残る唯一の仕事は、それらの必要を満足させる方法を発見し、その知識に基づいて行動することである。人間的禍悪の大部分——飢餓、病気、不安、貧困、苦難、不正、抑圧——は、暗黒の支配によって利益を得る連中によって、意識的にせよ、無意識的にせよ助長せられた無知、怠惰、誤謬のせいなのである。科学的精神の勝利は、神学者や法律家の呪文的言説《マンボージャンボー》であまりにもながい間隠蔽されていた偏見、迷信、愚鈍、残忍の支配力を一掃するであろう。

ある「哲学者たち」は普遍的啓蒙の展望について、少なくとも予見可能な将来に関しては悲観的であった。しかし、彼らのうち誰も、それが、実際上はともかく、原理上達成できるということは否定しなかった。彼らは、勿論、そのような最終的解決を見出すことがたとえ原理上にせよ可能であるという中心命題それ自体に懐疑的である人々が、これまでつねに存在したことを知っていた。相対主義者がそれであって、プラトンに攻撃されたギリシャのソフィストや、アリストテレスとともに、「火はここでもペルシャでも燃えるが、正しいと考えられることは、見る場所により異なる」[3]ということに同意する人々である。懐疑主義者たちは、アイネシデモス（前七〇年頃、クレタ出身の新懐疑派）、カルネアデス（前二一四—一二九、キュレネ出身）、セクストゥス・エンピリコス（二〇〇年頃、ギリシャの医学者で懐疑派の哲学者）から近代における彼らの弟子——モンテーニュとその後継者たち——にいたるまで、膨大な混沌状態を呈している人間のさまざまな信仰や実践（それらはヘロドトスの昔から描き出され、ヴォルテールの時代までに、旅行談や歴史研究の数が大きく増えたことで、たっぷり集められているが）の中からは、どんな普遍的法則も見出すことはできない、と主張している。キリスト教思想家の場合は、ボシュエであれ、パスカルであれ、堕罪状態の人間は、ただ神のみが有する完全な真理に到達するどんな手段ももたない、と考えている。フランスの「哲学者たち」の大部分は、こうした見解に反撥した。彼らにとっては、キリスト教的な人間観は明白に誤っていた。モンテーニュやシャロン〔ピエール、一五四一―一六〇三、神学者にしてモラリスト〕やラ・モト・ル・ヴァイエ〔一五八八―一六七二、ルイ一四世の師傅でもあった〕の懐疑に関しては、科学以前の混乱した時代には理解しうるものであったが、それらは今や、古代の自然哲学者の懐疑が解決されたように、ニュートン的方法の適用によって解決された、と考えられた。

モンテスキューやヒュームのような同時代の懐疑家は危険の源ではなかった。モンテスキューは、一時的な趣味や慣習と違って、あるがままの形で、永遠の理性ないし自然に基礎づけられた究極的な人間的価値の普遍性には疑いをもっていなかった(4)。あらゆる人間は、本性上、安全、正義、社会的安定、幸福を求める。手段だけは、自然や環境や社会の条件と、それらに出来する制度、習慣、趣味、慣行によって変化する。道徳と政治、そして、美学的判断においてさえ、モンテスキューは、人間の中心目的に関して、エルヴェシウスと同様に客観主義者であった。彼はただ探究と分析をより多くなし、説教することはより少なかっただけである。

ヒュームに関しては、彼は自然的必然性の概念を排除し、それによって実際、それまで客観的世界を事実と出来事との論理的に結合した関係の体系としてまとめ上げていた形而上学的セメントを破壊してしまった。しかし、彼でさえ、これらの関係の承認されたパターンを分断しようと試みたわけではなく、ただそれらを経験的な様態に、先天的必然性から事実的蓋然性に置き換えただけであった。よく知られた一節に出てくるが、「人間性はその原理と作用においてつねに同じである。……野心、貪欲、自己愛、虚栄、友情、寛大さ、公共心」、あるいはまた、もし旅行者が「われわれのよく知っているどんな人間ともまったく異なるタイプの人間についての報告」をもたらしたとしたら――実際われわれが出会ったことのある誰よりもすばらしい――、「われわれは直ちに……彼がまるでケンタウロスやドラゴン、奇蹟や不思議で話をいっぱいにしているかのような確信において、その虚偽を明らかにし、彼を嘘つきと呼ぶであろう(5)」と語った人――このような思想家は、「哲学者たち」の綱領にとってどんな深刻な脅威ともならなかった。一八世紀の神の国のヒュームによるいわゆる転覆をあまりに劇的に描き出したカール・ベッカー(6)には申し訳ないが、私はそう思う。

また、目の見えぬ、耳の聞こえぬ人の世界は五体満足な人間の世界とは異なっているであろうというディドロの考察は、相対主義の形態ではない。というのは、風土、立法、教育、地形の違いは、自然と理性があらゆる人間に対し、あらゆるところで設定した同じ目標への相異なる道程を指示するものであるにすぎないからである。ロックは、父殺し、子殺し、食人主義、その他の恐るべき慣行を非とすることなく認めている諸社会の有名な長いリストにもかかわらず、それでもつぎのように考えていた。「美徳と悪徳は……大部分があらゆるところで同一(である)」、それは、それらが

「社会を結合させるのに絶対的に必要だからである」、これは結局きわめて強い形の功利主義になるものである。[7] 一八世紀の著述家のうちでは、おそらくサドとデシャン師〔レジェ・マリ、一七一六―一七四、ベネディクト会会員。確信的な汎神論者にして唯物論者とされる〕が目的、手段のいずれについても、真に相対主義的な意見を表明した。しかし、彼らは、周辺的な存在であり、無視されていた。ラシーヌは、「パリの趣味はアテナイの趣味と一致する。私の観客は、他の時代に、ギリシャのもっとも洗練された階級の目に涙を誘ったと同じ事柄に動かされてきたのだ」と書いているが、[8] これは、ヴォルテールによっても、ジョンソン博士によっても、同様に繰り返された。[9] 文化的差異が取り除かれると、残るものは、少なくともバークにいたるまでは、ルソー的な自然人である。同様にまた、あらゆる種類の文明人の内部では、ディドロ的な不変の自然人が抜け出そうと争っている。この両者はいたるところで内戦状態におかれているが、この内戦こそ、あらゆるところの人間文化の永遠の条件である。

この観点は、おそらく西欧思想の唯一のもっとも深い前提であるが、近代歴史主義[10]の父たちのうちの二人、ヴィーコとヘルダーから攻撃を受けた。われわれはすべて、これらの思想家が人間的思想のあらゆる領域における最終的真理を、自然科学の法則を適用することによって確立する可能性を否定したことを知っている。ヴィーコとヘルダーはともに、時として、相対主義者とされている。これに関しては、一つのことが明らかにされなければならない。相対主義には少なくとも二つのタイプがある。一つは事実判断に関し、他は価値判断に関する。第一のものは、そのもっとも強い形態において、事実の客観的認識の可能性それ自体を否定する。それは、あらゆる信念は社会体系の中での位置によって、それ故、理論家、あるいは彼の属する集団ないし階級のもつ意識的または無意識的な利害関心によって条件づけられているとみられるからである。より緩やかな解釈(たとえば、カール・マンハイムのそれ)では、自然科学をこの範疇から排除し、あるいは、ある特権的集団(マンハイムの見解ではインテリゲンチア)を、幾分不可解な仕方で、この歪曲要因から自由なものとして認める。

第一の、あるいはより強い解釈が究極的に自己論破的なものである(と私は考える方であるが)かどうかは、ここでは議論できない哲学的難問である。しかしながら、価値と全世界観にかかわる第二のタイプの相対主義だけは、ここで問題とすることにしたい。私が知るかぎり、誰も、認識に関する相対主義をヴィーコやヘルダーに帰せしめてはいない。彼らがフランス啓蒙思想に帰せしめている非歴史的考察方法に対する批判は、過去の態度や文化の説明および評価に限られている。今日知られているような知識社会学(Wissenssoziologie――急進的知識社会学)がマルクスおよび青年ヘーゲル派にどれだけ見出されるかについては、私は疑問をもっている。ヴィーコは、(異教の諸民族がそれぞれ通過してこなければならなかった)諸文化の歴史的サイクルの各段階はそれ自身の自律的価値、それ自身の世界観、とくに人間相互の、また人間と自然力との関係についての独自の観念を体現しているとみた。彼は、これとの関連においてこそ、人間の文化、すなわち、これらの人間自身が自らなしたこと、また自分たちに対してなされたことに付与している意義は、その子孫であるわれわれに理解されうる、と信じた。彼は、この過程の各段階の人間は自分たちの経験の独自の表現と説明とを生み出す、と——実際、彼らの経験とは言語、形象、神話、儀式、制度、芸術作品、礼拝などの形をとったそれらの表現、説明であった、と主張した。それらのものの研究のみが、人間的過去がどのようであったかを伝え、後代に、それを記録するだけでなく——これは規則的な行動を記述するだけで達成できるであろう——それを理解し、すなわち、これらの人間が目指したことを把握すること——身振りの叙述だけでなく、その背後の意図の解明——すなわち、彼らの言語、運動、身振りが彼ら自身に意味していたことをわれわれに告げることができるであろう。そのようにしてのみ、われわれは、それらのものの周りでまったく途方に暮れるという事態を避けることができるであろう。われわれの祖先が見、感じ、考えたことを理解するには、観察された人間行動をたんに記録し、それに因果的説明を与えるだけでは十分でない。それは動物学者が動物の行動を記録するやり方であるが、たとえば、コンドルセは、人間社会へのアプローチとしてそれで基本的に正しいとみていた。ヴィーコにとっては、諸々の文化、あるいは発展の諸段階のそれぞれは、因果的連鎖や偶然的継起の中の一つの環ではまったくなく、神聖な目的に支配された摂理的計画の中の相である。各相は、それぞれがそれ自身の光によって生きており、それ自身の関連の中でのみ理解されうるものであるため、他のものと比較する基準がない——とはいえ、これらの関連は、われわれにとって完全には、あるいはおそらく、概括的にさえ理解可能でないとはいえ、単一の理解可能な過程を形成しているのであるが。もしある文明が、他の文明にのみ適用する基準を適用して説明、あるいはもっとまずいことだが、評価されるとすれば、その性格は誤解されるであろう――これは今日文化的帝国主義として攻撃されているやり方である。そして、提起された解釈は、もっともよくても、体系的に誤解に導く、もっとも悪い場合には、ほとんど一貫性のない物語、出来事の偶然的な連続になるであろう。これは、ヴォルテールによる暗黒時代の面白可笑しいパロディそっくりのものであろう。

ヴィーコもヘルダーもヒューム的経験主義者ではない。彼らにとって、人間史は事実的規則性の一つのたんなる組合せではない。パターン――その各部分――は神の目的に奉仕している。各文化のさまざまな性格はこのパターン――一種の世俗化された自然法――によって課せられている。ここから、文化的自己中心主義や時代錯誤に対して両者が警告を発し、また、歴史家に、理解し(「入り込み」)ながらも、われわれ自身のものとは異なると認知する世界観の中に、困難さはどうであれ、入り込むことを可能とする特殊な想像能力を使用するよう(効果があったか、なかったかは別にして)訴えた姿勢が出てくる。この教説は、ヴィーコの場合のように、反復的サイクルの過去の諸段階に適用されようと、ヘルダーによってなされたように、民族文化の差異に対して適用されようと、先に引用したラシーヌの文節に表現された理論とも、文明人の中心的価値はいたるところ、あらゆる時に、多少の違いはあれ、同一であると確信していたように思われるヴォルテールの理論ともまったく両立しえない。さらに、直線的進歩――暗黒から光明への人類の単一の上昇運動、すなわち、無知、獣的な野蛮さ、迷信、妄想のうちに立ち上がり、多くの挫折、回り道、後退の末に、最後に、知識、徳、賢明さ、幸福の理想的支配において頂点に達する運動——を信じた百科全書派の立場とは、たとえ両立可能であるにしても、なお一層両立しえなかった。

私は議論の中心点までできた。ヴィーコとヘルダーは、(空間的に分けられているにしろ、時間的に分けられているにしろ)さまざまな社会の文化的自律性と、それらの価値体系の比較不可能性との観念を有していたため、フランス啓蒙の中心的信条に対する彼らの反対の立場は相対主義の形態をとるものとして通常叙述されてきた。この通念《イデー・ルシュ》は私には今や、ヒュームおよびモンテスキューに付された相対主義のラベルと同様、広く行きわたった誤りであると思われる。この誤りには、私自身も過去において陥っていたことを、私は告白しなければならない。ある卓越した学識ある批評家が、ヴィーコとヘルダーの歴史的相対主義の含意を私が完全に評価しているかどうか、疑ったことがある。彼らによっては承認されていないが、この相対主義は、これらキリスト教的思想家の歴史的見解を支配し、今日まで持続してきた問題を構成しているのである(11)。もしわれわれが、ヴィーコとヘルダーは実際に相対主義者であった——すなわち、人間の思想と行動は歴史的文脈との関連においてのみ完全に理解できると考える歴史主義者であるばかりでなく、個々人や集団の観念および態度は多様な制約要因、たとえば、彼らの社会において展開している社会構造の中での位置、あるいは生産関係、あるいは遺伝学的、心理学的、その他の原因、あるいはこれらの結合によって不可避的に規定されるとするイデオロギー理論の信奉者であった——という仮定を是認するとすれば、この種の仮定の上に立って、私の批判者が指摘した論点は正当であった。しかし、私は今これを、ヴィーコとヘルダーの解釈としては、私自身が生涯のうちでうかつにも寄与したのではあるが、誤ったものであると信じている。過去に関する客観的認識の可能性についての疑い、過去に対する、文化に制約され、推移してゆく態度や価値によって規定された可変的観点についての疑い、これらは、モムゼン〔テオドール、一八一七―一九〇三、ドイツの古代ローマ史家〕をその晩年において苦しめ、ヴィラモーヴィッツをその壮年期に悩ませたと言われているものであり、主としてドイツの思想家――マックス・ウェーバー、トレルチ、リッケルト、ジンメル――によって切実に論議され、やがてカール・マンハイムとその学派の急進的な結論にまでいたった問題であるが、これらの問題は、私には、一九世紀に発していると思われる。ヴォルテールが、歴史はわれわれが死者を相手に戯れてなすまやかしの包みだと言った時、この冷笑的な警句が彼の一般的な道徳的文化的客観主義と矛盾するとはほとんどみなされえない。真の相対主義は他のより後期の源泉から発展した。すなわち、ドイツのロマン的非合理主義、ショーペンハウアーおよびニーチェの形而上学、社会人類学派の成長、ウィリアム・グレアム・サムナー〔一八四〇―一九一〇、アメリカの社会学・経済学者〕とエドワード・ヴェステルマルクの理論、なかんずく必ずしも自分自身は相対主義者でなかった思想家――たとえば、マルクス、あるいは、フロイトがそうであって、彼らの現象あるいは幻想と現実との分析は彼ら自身の学問の客観性に対する信念を伴っていたが、おそらく、その完全な含意の少なくとも幾つかは気づかれていなかった――の影響、がそうしたものである。(12)

私は、無知のまま語っているかもしれないし、訂正する用意はいつでもあるが、それでも、一八世紀の何らかの影響力ある思想家が相対主義的見解を推し進めようと一貫して努力している例を知らないのである。何人かの指導的なフランスの「哲学者たち」は、情念と「利益」は無意識のうちに価値と全世界観とを形作ることがありうる、と確かに宣言していた。しかし、彼らはまた、批判的理性がこれを消散させ、事実及び価値の両方の客観的認識にとっての障碍を取り除くことができる、と信じていた。そのように、また、価値は人類の進歩とともに変わると信じたレッシングも、相対主義的懐疑に煩わされることはなかった。この点では、一九世紀前半の指導的歴史家たち——ランケ、マコーリー、カーライル、ギゾー、ミシュレ(自ら名乗り出たヴィーコの弟子)、テーヌ、フュストル・ド・クーランジュ——も同様であり、ヘルダーに影響された初期の国民主義者たちにさえそのような悩みはなかった。私が認めうるかぎり、反動的思想家——ハーマン(ヨハン・ゲオルク、一七三〇—八八、信仰、感情の哲学を説いたドイツの哲学者)、ユストゥス・メーザー(一七二〇—九四、ドイツの歴史家)、バーク、メストル——による啓蒙思想に対するよく知られた攻撃のうちにも相対主義はない。相対主義は、その近代的形態においては、人間の見解は自分ではしばしば気づいていない諸力に不可避的に規定されているという考え方から出てくる傾向がある——ショーペンハウアーの非合理的宇宙力、マルクスの階級的道徳、フロイトの無意識的衝動、社会人類学者の提起する、人間によっては概してコントロールできない環境に条件づけられた慣習と信仰の調和しえない多様性を示すパノラマ。

ここでヴィーコとヘルダーのいわゆる相対主義に立ち返ることにしよう。おそらく、私は、彼らの美学的見解を例として挙げることによって、私の論点をもっともよく示すことができるであろう。ヴィーコが、ホメロスの詩のすばらしさについて語り、その理由を、それらの詩が「英雄たち」のうちでも暴力的で野心的な、残忍で貪欲な選り抜きの連中に支配されていた社会の中で生み出されたことだけに求め、こうして、そのような叙事詩は彼自身の「開明された」時代には生まれえない、とする時、あるいは、ヘルダーがわれわれに、聖書を理解するためには、われわれは遊牧生活を送っていたユダヤの羊飼いたちの世界の中に入り込まなければならないとか、〔北海の〕スカゲラク海峡の波浪と闘っている船乗りたちを見たことのある者は、古代スカンディナヴィアのサガや詩歌をよりよく理解できる、と述べる時、また、両者がともに、われわれはこれをなすことに成功しなければ、これら初期の人間が、精神的にも物質的にも、何によって生きていたかを理解することはないであろう、と主張する時、この二人の思想家は、われわれのもつ価値とは似ていないこれらの社会の価値がわれわれ自身の客観性に不信を投げ掛けているか、あるいは、その不信によって突き崩されるかである、なぜなら、葛藤する価値、両立しえない見解の存在は精々それらのうちの一つだけが妥当して、その他のものは誤りであることを意味するからだ、とわれわれに言っているのではない。むしろ、彼らはわれわれに、われわれ自身の社会とは異なった社会のことを考察するよう誘っているのである。そしてわれわれは、それらの社会の究極的価値を、実際われわれとは異なっているが、人類であり、同類(semblables)である人々の生活目的として完全に理解可能なものと認めることができる。そして、これらの人々のおかれている環境の中へと、われわれは、なすべく命じられている最大の努力をもって、道を見出し、ヴィーコの言葉を用いれば、「入り込んで」ゆくことができるのである。われわれは生活を、多元的な、だが等しく真正で、等しく究極的で、なかんずく等しく客観的な価値——それ故、超時間的階序制のうちに秩序づけられることも、何か一つの絶対的基準によって判定されることもできない価値——を供給するものとして見るよう強く迫られている。有限の多様性をもつ価値や態度があって、その幾つかをある社会が、また幾つかを別の社会が自分自身のものとしている。それらの態度や価値は、他の社会のメンバーが(自分たち自身の価値体系に照らして)感嘆したり、非難したりするかもしれないが、しかし、彼らが十分に想像力に富み、十分熱心に努力するならば、つねに何とか理解することができる——すなわち、そのような状況にあった人間の生活目的として理解可能であると認めることができるものなのである。人間史という建物のうちには多くの邸宅がある。この見方は非キリスト教的であるかもしれない。しかしながら、それは、この二人の敬虔な一八世紀の思想家にともに抱かれていたと思われる。

この理論は多元論と呼ばれる。多くの客観的目的、究極的価値があり、その幾つかは他のものと両立しえず、さまざまな時代に異なった社会によって、あるいは、同じ社会の中で異なった集団によって、全体としての階級や教会や人種によって、また、それらの内部の個々人によって追求される。そして、これらの目的や価値のいずれも、結合しえないが同様に究極的で客観的な目的の対抗的要求に従っているのかもしれない。これらの目的は両立しえないかもしれないが、その多様性は無限ではありえない。なぜなら、人間の本性は、どれだけ多様で、変化に富むとしても、およそ人間的と呼ばれるのであれば、何らか種としての性格を有しているに違いない。これは、それだけ一層《ア・フォルティオーリ》、全文化の間の差異を認容するものである。ある被造物が何を目指しているか、その行動においてどんな種類のルールに従っているか、その身振りは何を意味しているかを、われわれがもはや理解できなくなるような限界がある。そのような状況の中で、コミュニケーションの可能性が絶たれた時、われわれは、錯乱とか不完全な人間性とかいう言葉を使う。しかし、人間性の限界内では、有限ではあるが、多様な目的が広範囲に存在しえている。ある文化の価値が他の文化の価値と両立しえないという事実、あるいは、それらの価値が一文化、一集団の内部で、また、さまざまな時期の単一の人類において——あるいは、実際また、同一の時期に——葛藤しているという事実は、価値の相対主義ではなく、ただ、階序制的に構造化されていない価値の多元性の観念を伴っているだけである。それは勿論、諸価値の間の不可避的葛藤の永久的可能性、また同様に、さまざまな文明や同じ文明の諸段階の多様な見解の間の両立不可能性を伴っている。

相対主義はそれとは異なった何ものかである。私の考えでは、それは、ある人間や集団の判断は、趣味や感情的態度や見解の表現であり、陳述であるからして、たんにそうあるがままのものであって、その真偽を決定するどんな客観的対応物ももたない、とする教義である。私は山を好む、あなたは好まない。私は歴史を愛好する、彼はそれはたわごとだと思っている。それはすべて人の観点にかかっている。そこから、これらの前提の真偽について語ることは文字通り意味がない、という結論が出てくる。しかし、各文化あるいはある文化の各側面の諸価値は(ヴィーコやヘルダーや彼らの弟子たちにとって)たんに心理学的事実であるにとどまらず、客観的事実である。だからといって、ある文化の内部に、あるいは(まして一層)諸文化の間に、必ず比較可能な事実があるというわけではないのであるが。この見地を明らかにする例を挙げてみよう。イギリスの批評家ウィンダム・ルイス〔一八八二―一九五七〕は、『芸術における進歩のデーモン』[13]と題する書物の中で、多くの人がこれまで、また今なお、しているように、ある芸術スタイルと他の芸術スタイルとの間に進歩があるなどと語るのは馬鹿げている、と指摘したことがある。彼の主眼点は、芸術家を直線的系列の上に配置する――たとえば、ダンテをより発展したホメロスと、シェークスピアをより劣ったアディソン〔一六七二―一七一九、イギリスの政治家にして文士〕と(これはヴォルテールが考えたことだ)、フェイディアス〔前四九〇―四三〇、アテナイの彫刻家〕を未成熟のロダンと考えるのは、馬鹿げているということである。〔フランス南西部〕ラスコーの洞窟壁画はプッサンの絵よりも優れているか、劣っているか？　モーツァルトはミュジーク・コンクレートのまだ発達する前の先駆者であるか？　古代対近代論争は、このような設問に答えうるという前提に基づいていた。おそらく、モンテスキューさえそう考えていた。ヴィーコとヘルダーはそうではなかった。彼らにとって、価値は多くある。もっとも魅力的な価値の幾つかは、時間と空間の両方における旅行の中で、明らかになってくる。それらの幾つかは、原則的に、他のものとたがいに調和しえない。ここから、両思想家のいずれによっても明示的に定式化されているわけではないが、次の結論が出てくる。あらゆる人間的目的が融合した完全社会という古代的理想は、多くの文化に共通で、殊に啓蒙の理想と共通しているが、概念上一貫性をもたない、ということである。しかし、これは相対主義ではない。相対主義理論は、そのあらゆる類型において、客観的価値なるものは存在しないという立場をとる。これの多様な立場のうちには、人間の見解は自然的ないし文化的要因によって制約されていて、他の社会や時代の価値を自分たち自身の価値と同様に追求に値するものと見ることができないほどになっている、という主張もある。文化の巨大な差異を強調する文化相対主義のもっとも極端な立場では、一文化は他の諸文明の基礎にあったものをほとんど理解し始めることすらできない——ただ彼らの行動を叙述するだけで、その目的や意味を叙述することはできない。それはちょうど、初期の人類学者の何人かが未開社会の行動を叙述していたのと同じやり方である、という主張になる。これがもし真であれば(たとえば、シュペングラーや、ある時期にディルタイさえそう言っていたと思われるが)、文化史という観念そのものが一つの解けない謎になる。

よく知られたタイプの近代的歴史相対主義の核心には、伝統、文化、階級、世代などによって完全に拘束されて、他の世界観や理想を疎遠な、時には、理解不能のものとさえ思わせる特殊な態度や価値体系をとっている人間という観念が存している。もしこのような見解の存在が承認されれば、これは不可避的に客観的基準についての懐疑主義に通ずることになる。というのは、それらの基準のいずれが正しいかを問うことなど無意味になるからである。これは、ヴィーコの立場ではまったくなかったし、一、二の議論はあるけれども[14]、一般的にヘルダーの立場でもなかった。これは実際、控え目に言っても、どれだけ非正統的であれ、キリスト教的思想家がもつには奇妙な理論であったであろう。思想史のうちには逆の議論も知られていなくはない。だが、そのような不可解事はこの場合生じていない。両思想家とも歴史的想像力の効用を弁護した。それはわれわれに、遠く離れた社会の心性へと「降り」、その中に「入り込み」、「感情移入する(feel oneself into)」ことを可能にするものである。そして、それによって、われわれは、それらの社会を理解する、すなわち、対象としている人々の行為、石やパピルスの上に彼らが作っている音やしるし、また彼らの身体運動の意味することを、すなわち、それらは何の表現であるのか、これらの男女によって抱かれていた世界観においてどんな役割を果たしているのか、進行する事態をどのように説明するのかということを把握する(あるいは、把握していると信じる。というのは、われわれは、ヴィーコとヘルダーがわれわれにはそうできるかのように語っていると思われるにしても、決して確信をもつことはできないからである)。われわれは、(クリフォード・ギアツをもう一度引用すれば)「彼らの行為を表現として含んでいる想像的宇宙への十分な理解[15]」を達成するべく迫られているのである。これは社会人類学の目標である、と彼はわれわれに告げている。それは確かに、ヴィーコとヘルダーによってともに抱かれていた過去の歴史的理解についての考え方である。もし探究に成功するなら、われわれは、これら遠く離れた人々の価値が、われわれ自身と同様の人間――意識的な知的道徳的識別能力を具えた被造物――の生活の基礎にあったものであると認めることであろう。これらの価値はわれわれを引きつけるかもしれないし、不快感を与えるかもしれない。しかし、過去の文化を理解するとは、われわれと同様の人間が、ある特定の自然的ないし人為的環境の中で、どのようにそれらの価値を自分たちの活動のうちに具体化したのか、またそれはなぜかを理解することであり、十分な歴史的研究と想像的共感とによって、それらの価値を追求しつつ、どのようにして人間的な(すなわち、理解可能な)生活が営まれることができたのかを見ることである。

この意味における多元論は、実際、一八世紀の新しい歴史主義以前に遡る。それは、一六世紀の改革者たちのなかの法学者がローマに対してなした論争のうちにはっきりと現れていた。大書記長《シャンスリエ》パキエ〔エティエンヌ、一五二九—一六一五〕やデュムーラン〔シャルル、一五〇〇—六六〕やオトマン〔フランソワ、一五二四—八九〕のような人々は、古代ローマの法律や慣習は古代であれ現代であれローマにとって意味をもつのであって、フランク人やガリア人の子孫には役に立たない、と論じた。彼らは、性質を異にする社会や条件にとっては相異なる価値体系が等しく客観的な妥当性をもつということを強調し、ある特定の社会および生活形態にはある特定の法典が適切であるということは普遍的に妥当な、すなわち、相対主義的でない事実的ならびに論理的考察によって証明しうる、と信じた。これはヘルダーの(そして、毛主席の)百花繚乱の園である。ヘルダーは、「各民族(他の箇所では「各時代(each age)」)はそれ自身のうちに幸福の中心をもつ、それはあらゆる天体にその重力の中心があるのとまったく同様である」[16]と述べる時、単一の「引力」原理を承認しているのである。ヘルダーが発展させようと望んでいる人類学は、どんな社会的全体の、あるいは、どんな種類の諸個人の幸福を何が生み出すかを語ることを、われわれに可能にさせてくれるような人類学である。「世界の一般的、前進的な改善」とは「虚構」である。「歴史と人間精神の真の研究家」は誰もこのようなことを信じえないであろう。発展の各段階はそれ自身の価値をもっている。「青年は無邪気な、満足した子供よりも幸福ではない。また、平和な老人は壮年期の精力的な男より不幸であるわけではない。」各段階、各人間集団には秩序、成長があり、他の段階や集団への従属がある。しかし、最善へ向けての進歩は存在しない。(17) しかし、ヘルダーにとっては、人間的努力のさまざまな頂点はすべて、必要と環境とに基礎づけられて、等しく客観的で、認識可能である。これは相対主義ではない何ものかである。

多くの種類の幸福(あるいは、美、善、生活観など)があり、それらは、時には比較不能である。しかし、すべては、通常の人間の現実的な必要や志向に対応している。それぞれが、その環境、郷土、民衆に適合している。適合関係はこれらの場合すべてにおいて同一である。そして、一文化のメンバーは、他の文化のメンバーの精神を理解し、その中に入り込み、彼らに共感をもつ。(18) ヘルダーは、ヴォルテールの独断的仮説であるが、過去において若干の選抜された文化――アテナイ、ローマ、フィレンツェ、パリの――をもつ文明化された社会――これはヴォルテール自身の社会である――の価値だけが正しいとする考え方を攻撃する時、西洋および東洋の多くの文化の目的や見解に生命を与えるため、彼の多くの創造的才能のすべてを用い、それらの文化の目的、見解を啓蒙の目的、見解と対比させている。その際、たんに生の事実――多様性そのもの――「これがわが意志にして命令なり(sic volo, sic jubeo)〔訳注1〕」という趣意の浸透――の事柄としてではなく、われわれ自身の生活様式とどれだけ異なっていようと、それに従っているのが自然だと通常の人間によって認められることのできるような生活様式として、対比しているのである。そのような生活様式は、(客観的に)善、美、正なるものを、それらのあらゆる外見や変化形態にもかかわらず把握する能力を[19](ヴィーコとヘルダー両者のために)身に備えているわれわれであれば、同様な条件の下で、たとえわれわれ自身はその生活様式を受け入れないとしても、それに従って暮らすことをそんなに奇妙であるとは考えないであろう。われわれは、想像的能力を最大限に行使するよう求められている。だが、この能力を越えて進むこと、われわれが理解しえない、想像的に「入り込んで」ゆけないものを真正の価値として受け入れることは、求められていない。

相対主義は普遍主義――ラヴジョイが「均一説」と呼んだもの〔訳注2〕――に代わる唯一の選択肢ではないし、対比不能性も相対主義を必ず伴うわけではない。多くの世界があるがその幾つかは重複している。ギリシャ人の世界は、ユダヤ人の世界でも、一八世紀のドイツ人やイタリア人の世界でもない。金持ちの世界は貧乏人の世界でないし、果報者の世界は不仕合者の世界ではない。しかし、このような価値や究極目的はすべて、歴史、文学、哲学、民族心理学、宗教の比較研究が明らかにしているように、人間的追求の対象として開かれている。これこそ、ヴィーコとヘルダーが、過去の文化をわれわれ自身の文明の尺度で判断しないよう、ヴィーコが民族的哲学的虚栄心として攻撃しているものの影響下に時代錯誤をおかさないよう、われわれに警告していることの意味である。この二人の思想家は、われわれ自身の文化・民族・階級の価値、あるいは、ある種の文化的相対主義者がわれわれを閉じ込めておこうとしている窓のない容器の価値を超越する必要と能力とを、われわれがもつべきであると強調している。ヘルダーの著作は、非ヨーロッパ文化、あるいは、ヨーロッパの中世(ある点ではわれわれ自身の時代より優れている、と彼はわれわれに述べているが)に対する同時代の蔑視の事例で満ちている。これをもたらしたのは、ヴィーコが同様の皮肉で「われわれ自身の啓蒙された時代」と呼んでいるこの時代の歪んだめがねを通して過去を眺める、フランスおよびイギリスの啓蒙的知性(lumières)の傾向なのである。ヘルダーの命題は、ギボンやヒュームやマコーリーの中世文明に対する無理解、ラッセルのビザンティウム無視、またヴォルテールの聖書やクロムウェルや学問のための学問という態度への反感に対する——最初のものでないにしても——もっとも早い時期のものに属する解毒剤である。しかしながら、後の思想家とは違って、ヴィーコとヘルダーはともに、そのような態度を不可避的な非人格的諸力の影響に帰するのでなく、一六、一七世紀の懐疑主義者と同様に、偏見や無知や誠実さの欠如のせいにし、これらからは、誰でも、通常の想像力を用い、より多くの知識をもち、真理をより厳密に見つめること——あらゆる人に開かれた諸徳——によって救い出されることができる、と考えた。ここには虚偽意識の迷路にかかわるようなものは何もない。

彼らが孤立したタイプの文化的相対主義者でないという事実は、このことだけで示されている。というのは、人々に、自分が理解しようと求める相手の目を通して他の世界を見ることを学ぶよう勧めるのは、それらの人々が自分自身の文化の壁によってそうすることを妨げられているならば、無駄なことだからである。われわれは、階級や民族や教義のイデオロギー的牢獄から逃れることができないならば、異質な制度や慣習を、あるいは、われわれにどんな意味をもたないほど疎遠なものとして、あるいは、誤謬の織物、破廉恥な聖職者たちの虚偽の考案物として見ることになるのを避けえないであろうし、また、ヴィーコによれば神話や寓話や言語がわれわれに開いている扉も、ロマンティクな幻想にとどまるであろう。

自分たち自身の文化圏(Kulturkreis)の限界を越えて見るという能力に代わるものは何であるか？第一に、自分たち自身の文明に浸透している動機、目標、価値、思考様式が他の文明のメンバーにもあるとみなすこと。これは歴史的変化の時代錯誤的無視であり、これに対しては、われわれの二人の思想家は警告を発し、われわれにその危険を気づかせるため、顕著な例を示してくれている。第二に、生物学をモデルとした人類学、他の自然科学の中立的客観性によって特徴づけられ、人間を動物王国の一種族にすぎないものとみなす代償を伴った人間学を構成する試み。これは、ヴィーコとヘルダーにとっては、根拠もなく、人間を人間以下のものとして扱うことであり、われわれが、人間的であるとは、目的をもっていると意識しているとはいかなることかについて、また行為と行動との差異について、そしてわれわれ自身の経験だけによっているならば、知っている以上には知らないと主張することである。最後に考えうる代替物は全面的な懐疑主義である。われわれの文化の範囲の彼方に存するものは、知りえないし、考えを及ぼすこともできない。「われわれは知らないし、知ることもないであろう(ignoramus et ignorabimus)。[訳注3]」歴史と人類学は文化に制約された純然たる虚構であるかもしれない。実際それらはそうであるだろう。しかし、われわれは、なぜ主観的観念論のこの粗野な断片に留意すべきであるのか？　証明の責任は懐疑主義者の側にある。過去は完全に認識しえないと言うことは、過去という概念からあらゆる意味を奪うことである。こうして、それはまったく自己破壊的な謬見となる。

　過去理解の可能性にかかわる懐疑についてはここまでとしよう。しかし、理解するとは受容することではない。ヴィーコは、断固とした言葉でホメロス的社会の社会的不正義や残忍さを呪う時、どんな知的不快感も味わっていない――また味わう必要もない――。ヘルダーは、地方文化の偉大な征服者や破壊者――アレクサンドロス、カエサル、シャルルマーニュ――を非難したり、東洋の文学や太古の詩歌を賛美したりする時、一貫性を欠いているわけでない。これは、意識的な(それとも良心的な、と言うことにしようか)価値相対主義とは両立しないであろうが、多元論とは両立する。それはたんに、一つの、ただ一つの真の道徳、美学、神学があるということを否定し、等しく客観的な代替的価値や価値体系を受け入れるものである。人はある文化を、道徳的に、あるいは美学的に不快なものであるという理由で、拒否することができる。しかし、この見地に立つのも、それにもかかわらず、その文化が、人間的と認知できる社会に、どのように、また、なぜ、受け入れられえたかということを、人が理解できる場合だけである。ただ、その行動がおよそ理解不能であるならば、われわれは、身振りのたんなる「物理主義的」記述と予測にとどまることをよぎなくされる。それらの身振りの意味をもたらしているであろう記号《コード》体系は、もしあるとすれば、壊れないで残っている。そのような人間は、われわれにとって十分に人間的ではない。われわれは、想像力をもって彼らの世界に入り込んでゆくことはできない。われわれは、彼らがどのようなものに似ているか知らない。彼らは、われわれにとって兄弟ではない（ヴィーコやヘルダーはすべての人間がそうであると仮定した）。われわれは、彼らの行為——もしそれが行為であるならば——が目指しているかもしれないことを、精々ただかすかに推測しうるだけである。その際、本当にわれわれは、説明されていない生の事実のたんなる行動論的報告に満足し、あるいは、最善の場合でも、それらの人間の目的——何とか目的として把握されたもの——がわれわれ自身の目的と完全に関連をもたないかぎりにおいて、純然たる相対主義の言語に依拠しなければならない。私は繰り返すが、多元論——客観的諸目的の対比不能性、そして時には、非両立性——は相対主義ではない。それは、なお一層《ア・フォルティオーリ》、主観主義でなく、情動的態度のいわゆる架橋しえない差異というものでもない。この最後のものに、現代の何人かの実証主義者、主情主義者、実存主義者、民族主義者、そして実際、相対主義的な社会学者や人類学者は彼らの説明根拠を見出しているのであるが。これは、モンテスキュー、ヴィーコ、ヘルダーがそれから自由になったと私が考えている相対主義である[20]。このことは他のより反動的な啓蒙批判者についても同様に当てはまる。たとえば、ユストゥス・メーザーは、ヴォルテールがドイツの数多の小領邦における法律や慣習の馬鹿げた多様性に軽蔑的な評言をなしたことに反論した時、また、バークは、インド現地民の伝統的生活様式を踏みにじったとして、ウォレン・ヘイスティングズ〔一七三二—一八一八、イギリスの初代インド総督〕を弾劾した時、この例となっている。私は彼らの客観主義あるいは多元論の妥当性を判定するつもりはない、ただ、それを報告しておくだけである。「私は何も憶測せず、何も提案せず、何も押しつけない。私は陳述するだけである(Je ne suppose rien, je ne propose rien, je n'impose rien, j'expose.)。」

文化史のこれらの父たちは、もし価値および行為の領域における相対主義者でないとすれば、知識の領域における多元論者でさえない。ヴィーコは、われわれは何らかの領域で確実性[certum](論証可能な真理[verum]は勿論)にさえ到達することはできない、それはわれわれの範疇、概念、研究方法が、他の諸文化の場合と同じく、それ故、それら以上でも以下でもなく、絶望的なまで文化に拘束されているからである、とはどこにおいても想定していない。このことはヘルダーについても同様に当てはまる。彼らの学識全体の故に、彼らは歴史研究者であるよりはむしろ歴史哲学者である。彼らは、彼ら自身の時代にさえあった最新の批評上の武器を有してはいなかった。彼らは、ヴィーコの時代のムラトーリ〔L・A、一六七二―一七五〇、イタリアの古典学者〕、ヘルダーの時代のミヒャエリス〔J・H、一六六八―一七三八、ドイツの東洋学者〕、シュレーツァー〔A・L、一七三二―一八〇九、歴史家〕、ハイネ〔C・G、一七二九―一八一二、古典学・考古学者〕のように細心な学者ではなかった。彼らは、彼ら自身の時代の最新の学問的再構成の方法を利用もしなかったし、疑問視もしなかった。ヴィーコは、トゥキディデスがはるかに厳密で信頼に値するのに対し、ヘロドトスは寓話と伝承に満ちている(それは勿論、『新しい学』の解読用製粉機にすばらしい穀物を提供したものである)、ということを認めていた。ヘルダーは、聖書や〔古代北欧の〕エッダの事実的真理性ではなく、ただ、それらを自然な表現としてもつ種類の社会的精神的経験だけに関心をもった。両者いずれの著作にも知識社会学(Wissenssoziologie)を示唆するものはない。事実的真理の問題に関しては、彼らは啓蒙思想と一致している。多くのではなく、一つの真理があり、それはあらゆる人間に普遍的に同一である。それは、理性的な人間がこれであると断言するものであり、彼らの批判的方法が明らかにするものである。寓話、伝承、詩歌、儀式、きまり文句、過去の文化への扉、これらはそれ故文字通りには(詩的というのと対立した意味で)真実でない。二人の思想家の観念のうちには、それ故、事実と出来事に関するかぎり、もっとも教条的な百科全書派の観念におけると同様、相対主義は勿論、多元論も存在しない。事実という概念それ自体が問題的である、あらゆる事実は理論を体現している(たとえば、ゲーテによって言明されたように)、あるいは、社会的に条件づけられたイデオロギー的態度である、という考え方は、ランケの思想と同じく、彼らからはかけ離れている。あらゆる時代は等しく神の目の下にあるというランケの言葉は、ヘルダーによって言明されることができたであろう。というのは、それは否定する余地もなく多元論的な見解であるからである。

虚偽意識の観念、客観的真理の本質のイデオロギー的ないし心理学的歪曲の観念、事実と解釈、現実と神話、理論と実践との複合的関係といった観念の十分な展開のためには、そして破りえない自然法則と、行動を支配する「物化された」、だが破られうる人定の法律や規則との弁別のためには、ヘーゲルと彼の左派の弟子たち——初期マルクスを含めて——をまたなければならない。マルクスとマックス・ウェーバー以後に生きているわれわれにとっては、過去の知識の相対主義という問題がフランス啓蒙に対する歴史主義的批判者たちの間に出てこなかったことは奇妙に思われるかもしれない。しかし、そのような驚きはそれ自体時代錯誤的である。知識の諸範疇はもっと以前にも区別されたかもしれない。しかし、知識の多様な形態――風土、人種、階級、または、その他何らかの社会的ないし心理学的形成物によって全面的あるいは部分的に規定された生活や思想の諸々のスタイルに類似したもの――は区別されてこなかった。

私は、相対主義はラヴジョイが均一説と名づけたものに代わる唯一の選択肢ではないという私の元の命題に戻る。パリの「哲学者たち」に時代錯誤との非難を向けた批判者たちに相対主義という性格づけを与えることは、それ自体時代錯誤的であると私には思われる。この一〇〇年ばかりの間、歴史家、社会学者、人類学者、そして、歴史哲学者をあれほど深く悩ませた相対主義は、人間の活動は概して神秘的で逃れがたい諸力によって引き起されており、明示的な社会的信念や社会理論はそのような諸力の合理化――見抜かれ、暴露されるべき仮面――であると見る学派の遺産であるということは、全面的にではないにせよ、大体において認められる。これは、マルクス主義、深層心理学、パレートやジンメルやマンハイム流の社会学の遺産である。このような観念については、その萌芽的形態においてさえ、パリ、ロンドン、またそれらの文化的従属地域における一八世紀の指導的思想家たち、同様に、イタリア、ドイツにおける彼らの批判者たちは、何らかの体系的な自覚をほとんど示していなかったと思われる。

ミルはかつてこう述べた。「現在のように人類の発展度の低い状態においては、人間に、自分たちとは似ていない人々と接触させ、自分たちが慣れ親しんでいるものとは違った思考や行動の様式と接触させることの価値は、どれだけ評価してもほとんど評価しきれないほどである。……このような交流は、つねに進歩の第一次的源泉の一つであったが、今日においては殊にそうである。[21]」これは、「進歩」に代えて「知識」という言葉をおくならば特に、啓蒙思想家に対する幾人かの批判者(そして、おそらく今日のわれわれの多く)が異論を唱えないであろうと思われる命題である。

(1) Clifford Geertz, *The Interpretation of Cultures* (New York, 1973; London, 1975), p. 34.

(2) *Ibid.*, p. 35.

(3) アリストテレス『ニコマコス倫理学』一一三四b26。

(4) *Spicilège*(『雑録集』)554において、モンテスキューは、彼が出会った最初の中国劇の一情景を述べる前に、こう書いている。「それは私に、われわれの習俗には反しているが、理性に反しているとは思われない。」また、*Pensées*(『思索集』)122においても、幅広く異なる習俗《ムール》と、不変のものである自然《ナテュール》とを区別している。こうして、(*Pensées* 817において)彼は、近代喜劇が(自然なものであって、決して滑稽ではありえない)人間的感情を、不条理なものでもありうる作法《マナー》と対立させて嘲弄しようとしているのは誤りである、と論じている。ここで相対主義の限界はしっかりと確立されている。この文脈は美学的なものであるが、事例は、この原理が経験全体に適用されることを示している。私はこの文章に私の注意を向けさせて下さったベイエ教授に感謝したい——Charles Jacques Beyer, 'Montesquieu et le relativisme esthétique', *Studies on Voltaire and the Eighteenth Century*, 24(1963), 171-82. この文章は以下の箇所に見出される。*Œuvres complètes de Montesquieu*, ed. A. Masson (3 vols., Paris, 1950-55), vol. 2, pp. 846, 42, 239.

(5) David Hume, *An Enquiry concerning Human Understanding*(『人間悟性の研究』福鎌達夫訳、彰考書院、一九四八年), section 8, part 1: pp. 83-4 in David Hume, *Enquiries*, ed., L. A. Selby-Bigg, 3rd ed., revised by P. H. Nidditch (Oxford, 1975). これについての議論は、Lester G. Crocker, *An Age of Crisis: Man and World in*

Eighteenth Century French Thought (Baltimore, 1959), pp. 186-7.

(6) Carl L. Becker, *The Heavenly City of the Eighteenth-Century Philosophers* (New Haven, 1932).

(7) *An Essay concerning Human Understanding* (『人間悟性論』 加藤卯一訳、岩波文庫), book 1, chapter 3(「何らの生得的な実践原理もない」), section 9, 10; book 2, chapter 28(「その他の関係について」), section 11.

(8) Jean Racine, Preface to *Iphigénie*—vol. 1, p. 671 in Racine, *Œuvres complètes*, ed. Raymond Picard, 2 vols. (Paris, 1969, 1966)—quoted by Geertz, *op. cit.*, p. 35.(ラシーヌ『イフィジェニー』序文、戸張規子訳、世界古典文学大系、筑摩書房)

(9) Geertz, *loc. cit.*

(10) 私はこの言葉をカール・ポパーの意味においてでなく、マイネッケ、トレルチ、クローチェによって用いられたより通常の意味で用いる。

(11) Arnald Momigliano, 'On the Pioneer Trail', *New York Review of Books*, 11 November 1976, pp. 33-8.

(12) これは哲学論文ではない、それ故、相対主義は、その完全な含意が引き出されたならば、自己否認的になるか、それとも、たとえ真であるとしても、自己矛盾なく述べられることはできないのではないか、といった問題を論議する場所ではない。

(13) *The Demon of Progress in the Arts* (London, 1954).

(14) 彼が次のように言っている時がそうである。「母なる自然は……われわれの心に多様性への傾向を注ぎ込んだ。彼女は多様性の一部をわれわれの周りの閉じられた輪の中においた。彼女は人間の視界を限って、習慣の力でこの輪が地平となり、それを越えては、人間が見ることも、ほとんど考えることもできないようにした。」J. G. Herder, *Sämmtliche Werke*, ed. Bernhard Suphan, 33 vols. (Berlin, 1877-1913), vol. 5, pp. 509-10. 私の引用する箇所が含まれている場合には、次の翻訳に従った。F. M. Barnard, *J. G. Herder on Social and Political Culture* (Cambridge, 1969), p. 186.(以下の引用では Barnard とする)。

(15) Geertz, *op. cit.*, p. 13.

(16) Herder, *op. cit.*, vol. 5, p. 503 ('age' p. 512); Barnard, p. 186 (188).

(17) *Ibid.*, pp. 511-13; Barnard, pp. 187-8.

(18) *Ibid.*, pp. 502-3, 509-11; Barnard, pp. 181-2, 185-7.

(19) ヘルダーは一七六九年の『日記』にこう書いた。「たがいに類似した人間、郷土、民衆、民族史、国家など存在しない。それ故、真、善、美もたがいに異なっている。」('Journal of my Voyage in the Year 1769', *ibid.*, vol. 4, p. 472)。しかし、それらはすべて、われわれがわれわれ自身と同じ男女として認める存在の可能な目的として承認されなければならない。

(20) 率直に言って、歴史的・言語学的分析によって「コンスタンティヌス寄進状」の偽造を暴露したルネサンスの批評家たちとか、初期ローマの十二表法のアテナイ起源という物語に同様に不信感をもたらしたヴィーコのような思想家に、文化に制約された誤訳のより粗野な形態をとっているという非難を向けることはほとんどできない。実際、そのような相対主義の中心原理の定式化それ自体は、あらゆる可能な事実命題に及ぶという主張をしているが、原理そのものの地位を規定する可能性をまったく残していない。なぜなら、その定式は、言明されうるあらゆるものを網羅していると見なされるあらゆる範疇の外になければならないからである。このような自己引照的一般化の問題のこれ以上の議論は、この論文の範囲外の哲学的論理的問題となる。

(21) John Stuart Mill, *Principles of Political Economy*(『経済学原理』末永茂喜訳、岩波文庫), book 3, chapter 17, section 5(「通商の間接的な経済的・道徳的利益」): vol. 3, p. 594 in *Collected Works of John Stuart Mill*, ed. J. M. Robson (Toronto/London, 1981-).

〔訳註1〕 Juvenalis, *Saturae*(『諷刺詩』)の一節。

〔訳註2〕 A・ラヴジョイ『存在の大きな連鎖』内藤健二訳、晶文全書、三〇五ページ以下。

〔訳註3〕 Emil du Bois-Reymond, *Über die Grenzen des Naturerkennens.* この著者はスイス人家系のドイツの自然学者(一八一八—九六)。

〔田中治男訳〕

ジョセフ・ド・メストルとファッシズムの起源

王様とは馬に乗って
番号で呼ばれる男、
その下にド・メストルは
王様と書いて、首切役人と読ませる。
ヴィクトル・ユーゴー『街と森の歌』(1)

だがこんな事柄にこだわるときではない、
われわれの世紀はまだそれ程成熟していない……
ジョセフ・ド・メストル『サン・ペテルブール夜話』(2)

I

ジョセフ・ド・メストルの人物や考え方が、政治思想史家や宗教思想史家によって謎めいているとか割り切れないとみなされることは通常ない。異質な歴史的伝統に由来する一見して両立し難い観念や態度が影響しあって、変幻自在の人物、在来の範疇に当てはめるにはあまりに複雑で矛盾のある人物を数多く生んだ時代にあって、メストルは例外的に単純、明快で確固たる人物と考えられている。

歴史家や伝記作家、政治理論家と思想史家、また神学者たちは細心の注意を傾けて一八世紀末と一九世紀初めの政治と社会の雰囲気を伝え、考え方が鋭く対立したこの移行期の特性を描いてきた。そうした対立する考え方の典型的な代表者には、ゲーテとヘルダー、シュライエルマッハーとフリードリッヒ・シュレーゲル、フィヒテとシラー、バンジャマン・コンスタンとシャトーブリアン、サン・シモンとスタンダールがあり、ロシアのアレクサンドル一世にナポレオン自身もそうである。同時代の観察者の感じ方をある程度伝えているのは、おそらく、現在ルーブル美術館にあるグロ男爵の有名な絵、アイラウにおけるナポレオンを描いたあの絵であろう。それは素性の知れない騎馬の男を描いている。謎めいた男が同じように謎めいた背景を背にしている。それは秘密の力に触れた不吉な男《オム・ファタール》、どこからともなく来たり、全人類、否、全自然が服する神秘の法に従って動く運命の男であり、当時のバロック小説――『メルモス』(アイルランドの小説家マチュリンの作品『流浪者メルモス』)や『修道僧』(英国の小説家M・G・ルイスの恐怖小説『修道僧アンブロシオ』)や『オベルマン』(セナンクールの自伝的小説)――のエキゾチックな主人公のように新奇で人を催眠状態に陥らせ、まがまがしく、深く心を動揺させる。

この時期は西欧の文化史の上では、通常、観察と合理的省察と実験に基礎を置く古典的な思想や芸術の形式が長期にわたって磨きぬかれた末に絶頂に達した時代であるが、同時にまた、新たな活動的な精神、古いわずらわしい形式の打破を激しく求める性急な精神に取りつかれた時代ともみなされている。それどころか、そうした精神を体現した時代というべきかもしれない。変転してやまぬ内面の意識に神経質にこだわり、果てしなきもの極まりなきものを追い、恒久的な運動と変化を求め、失われた生の根源に帰らんとし、個人も集団も情熱的に自己を主張し、達成不可能な目的への非妥協的な熱望を表わす手段を追求する、こういった精神が広まった時代でもあった。これこそドイツ・ロマン主義の世界、ヴァッケンローダーとシェリングの、ティークとノヴァーリスの世界、イリューミニストとマルティニスト〔どちらも啓蒙末期の神秘主義的セクト。特にマルティニストは後出サン・マルタンの信奉者をいう〕の世界である。この世界はおよそ静穏で確固としたもの、明瞭で分りやすいものはことごとくこれを拒絶しようとする。それが心を奪われるのは暗黒であり、夜と無意識であり、個人の魂と外なる自然を等しく支配する隠された諸力である。それは魂と自然との神秘的合一への渇望に人がとらわれ、到達し得ない宇宙の中心――あらゆる被造物と造らるべきものの核心――に向けて人を引き寄せる不可抗の力が働く世界であり、現実からの反語的な超越と激烈な不満とがともに生ずる状態である。それは憂鬱でいて昂揚した状態であり、断片化され絶望的ではあるが、また、破壊的であるとともに創造的なあらゆる洞察や発想の源泉ともなるのである。このようなプロセスだけがあらゆる表見的矛盾を、正常な思考と手堅い推論を超え、その枠外に引き出すことによって解決(解消)し、特別の眼力の作用で変形させるのである。そうした眼力はある場合には創造的な構想力に等視され、またある場合には、歴史の「論理」あるいは「内的な本質」、つまり、唯物論者や経験主義者や普通の人々の皮相な思考には閉ざされている、ある形而上的に考えられた成長過程が「剝離して現われるさま」への哲学的洞察の独特の力と同一視される。これが〔シャトーブリアンの〕『キリスト教精髄』の世界、『オベルマン』と〔ティークの〕『ハインリッヒ・オフターディンゲン』と『ヴォルデマール』〔ドイツの歴史小説家ヴィリバルト・アレクシスの『偽ヴォルデマール』〕の世界であり、シュレーゲルの『ルチンデ』とティークの『ウィリアム・ローヴェル』の、コールリッジの世界であり、またシェリングの自然学説に想を得たといわれる新しい生物学や生理学の世界である。

　この世界にジョセフ・ド・メストルは属していなかった。彼の伝記作者と註釈者の実質上全員がそう語っている。彼はロマン主義の精神を嫌悪した。シャルル・モーラスとT・S・エリオットのように、彼は古典主義と君主制と教会からなる三位一体の擁護者であった。明晰なラテン精神を体現し、陰鬱なドイツ気質とは文字どおり正反対である。なかば闇に閉ざされた世界にあって、その姿は明確で疑問の余地がないように見える。宗教と芸術、歴史と神話学、社会的教説や形而上学と論理学が手のつけられないほど混乱した時代にあって、彼は明晰に分類、識別し、そして自らのたてた区別に厳密にまた最後まで執着する。彼はカトリック反動であり、学者にして貴族――フランス人でカトリックで貴人――である。フランス革命の教義にも行為にも憤激し、合理主義と経験主義、自由主義と技術支配と平等主義的民主主義のすべてに対して同じように断固として敵対し、世俗主義とあらゆる形の非教派的、非制度的宗教に反対する。そこには自らの信仰と方法とを教父たちとイエズス会の教えから引き出した、力強く、時代に背を向けた人物の姿がある。「恐るべき絶対主義者、猛烈な神政論者、徹底した正統王朝派、教皇と国王と首切人からなるおぞましい三位一体の使徒、つねにまたどこでもこの上なく厳格、偏狭で、柔軟性に欠ける教条主義の主唱者であり、中世から抜け出た暗黒の人物、学識ある博士と異端審問官と死刑執行人とを一身に兼ねた男。[3]」これはエミール・ファゲの特徴的な要約である。「彼のキリスト教は恐怖であり、受動的服従であり、そして国家の宗教である。[4]」彼の信仰は「少々形を変えた異教[5]」である。彼は五世紀のローマ人、洗礼は受けたがやはりローマ人であり、あるいはまた「ヴァティカンの近衛兵[6]」である。彼を称賛するサミュエル・ロシュブラーヴは彼の「恐怖《テルール》政治のキリスト教[7]」について語っている。メストルとその時代について綿密な研究をした著名なデンマークの批評家ゲオルク・ブランデスは彼を教皇庁のズアーヴ兵部隊における一種の文学的連隊長と呼び、彼がキリスト教徒であったのは人が自由貿易論者であったり、保護貿易論者であったりするのと同じ意味においてだけだと述べている。[8]エドガー・キネはメストルの「首切人の力を借りる情容赦のない神、永遠の公安委員会のキリスト[9]」について語っている。スタンダールは(メストルを読んだかどうか分からないが)「首切人の友[10]」と彼を呼び、ルネ・ドゥミックは「増長した神学者[11]」と名づけている。

　実際のところこれらはすべて、主にサント・ブーヴが作り上げ[12]ファゲが永続させた陳腐な肖像の変奏であり、政治思想の教科書執筆者がこれを忠実に再現したものである。メストルは狂信的な君主主義者と描かれ、教皇の権威についてはそれ以上に狂信的な支持者であり、誇り高く、偏狭で柔軟性に欠け、教条的前提から極端にして不愉快な結論を引き出す強い意思と異常な力とを備えた人物とされる。タキトゥス流の逆説を操る鋭利で不機嫌な作家、フランス語散文の比類なき大家、時代を間違えて生まれた中世の博士、怒り狂った反動家、殺戮を狙い、絶妙な文章の力だけで歴史の進歩を止めようと躍起になって試みる残忍な敵、傑出した異常者、恐ろしげで、孤独で気難しく、感受性に富み、そして究極において悲劇的な人物、これらがメストルに付される形容である。それは最善でも、悲劇的な貴族の姿、相性の悪い時代に生まれつき、策略の横行する俗悪な世界に適応できず、これに反抗し、これを蔑む人物というところであり、最悪の場合には、強情で狂信的な頑固者、素晴らしい新時代を呪うばかりで、自ら目を閉ざしてこれを見ず、片意地を張って時代の息吹を感じようともしない頑迷固陋の輩とみなされる。

メストルの作品は重要というよりは面白いとみなされ、封建制と暗黒時代が進歩の歩みに最後の絶望的な抵抗を試みた努力と理解されている。彼はこの上なく鋭い反応を起こさせる。どんな批評家も感情を押さえることができない。保守主義者によれば、彼は失われた大義の勇敢だが滅びゆく殉教者であり、自由主義者によれば、昔の、ずっと冷酷な世代の愚かしく、あるいは忌まわしい生き残りである。どちらの側も彼の時代は終り、彼の世界は時代の問題、未来の問題となんら関わりがないとする点で一致している。この見方は(一度は彼の盟友であった)ラムネとヴィクトル・ユーゴー、サント・ブーヴとブランデスが等しく共有する見方であり、ジェームズ・スティーブンとモーリイとファゲもこれを引き継いで彼を役割を終えた存在とかたづけている。この判決はまた二〇世紀においてもっともよく知られた彼の評者たち、ラスキ、グーチ、オモデオの支持するところであり、現代のもっとも行き届いた、高度に批判的な伝記の作者であるロベール・トリオンフでさえこの見方をとって、彼を奇妙な時代錯誤の一つと扱い、同時代に影響がなかったわけではないが、それも周辺的、例外的だとしている。(13)

この評価は今日に比べ問題が少なかった世界にあっては十分理解できるにしても、私にはまったく不適切に思われる。メストルは過去の言葉を語ったかもしれないが、彼が言わんとした中身は未来を予見していた。極端な急進派やユートピア論者は言うまでもなく、進歩的な同時代人、コンスタンやスタール夫人、ジェレミー・ベンサムやジェームズ・ミルと比べても、彼はいくつかの点で超近代的であり、時代に遅れたのではなく、生まれるのが早すぎたのである。彼の思想が広範な影響を及ぼさなかった(教皇至上権を奉ずるカトリック教徒、およびカヴールがその中で育ったサヴォアの貴族を別にすると、彼の影響は余り残っていない)としても、その理由は、彼が生きていた時代にはまだ土壌がこれを受け容れなかったからである。彼の教説、それ以上に彼の精神態度が真価を発揮するには一世紀待たねばならなかった(しかも、その真価の発揮は余りにも不幸なことであった)。一見するところ、このテーゼは、嘲弄の種にされるのが常であったメストルのどんなテーゼにも劣らずばかげた逆説に見える。明らかに、これを尤もらしく見せるには証拠が要る。本研究はこのテーゼを支持するための一つの試みである。

II

メストルがもっとも創造性に富んでいた時代に公共の関心をとりわけ集めた問題は、最善の統治形態はなにかという一般問題のある特殊な形式であった。一八世紀の最後の数十年間にはこの問題に対する合理主義的な解答がこの上ない熱意をもって数多く主張されたが、フランス革命はそれら一切の信用を失墜せしめた。そこで、一体何がその失敗のもとだったのか、これが問われた。大革命はおそらくキリスト教の興隆以後西洋に起こった生の形式のトータルな転倒として人々がもっとも持続的に予感し、議論し、慎重に取り組んだものであり、そのことだけでも人間の歴史に類のないできごとであった。たしかに革命によって滅ぼされた人々がこれを理解しがたい激変と言い、大衆の腐敗と狂気の突然の噴出、神の怒りの爆発、あるいはまた晴天をかき消し、旧世界の土台を一掃した神秘の雷と語ったのは当然であった。疑いもなく、ローザンヌやコブレンツやロンドンに亡命した頑固で愚かな王党派の目にはそのように映っていたであろう。だが中産階級のイデオローグ、また階級的出自はどうあれ、急進的ないし自由主義的な知識人の持続的な宣伝の影響をすでに受けていた人々にとっては、少なくともその初期において、フランス革命は待ちに待った救いであり、過去の暗黒に対する光明の決定的な勝利であった。人類がついに自らの運命を手中に収めた時代がここに始まり、理性と科学の力で自由を得た人間はもはや自然の被害者でも人の犠牲者でもない。自然が残酷といわれるのは自然に対する理解が足らなかったからであり、人が強圧的、破壊的になるのは、その人の道徳か知性が闇におおわれ、害なわれているときだけである。

ところが革命は期待された結果をもたらさず、一八世紀の最後の数年と一九世紀の初めには、歴史の客観的な観察者、またそれ以上にヨーロッパの新しい産業化の時代の犠牲者には、次のことがますます明らかになった。すなわち人類の不幸の総量が目立って減ったわけではなく、ただその重荷がある種の人たちから別の人たちへある程度移動しただけであるということである。その結果、当然のことながら、この事態を分析しようとする試みが多くの場所で為されたが、そうした試みは純粋に事態を理解したいという欲求に発することもあれば、また責任を誰かに帰したり、逆に自分を正当化したいという願いに出ることもあった。失敗の原因を究明し、治療法を処方しようとするこの試みの歴史こそ、一九世紀前半の政治思想史の大半を占めている。その詳細を追うとすれば主題から遠く逸脱してしまうだろう。だが主要な説明の型は、他を批判するにしろ自己を弁護するにしろ、馴染みのものである。自由主義者はすべての責めを恐怖政治に、つまり暴徒の支配と彼らの指導者たちの狂信が節度と理性を打ち負かしたことに負わせた。人類はたしかに自由と繁栄と正義を目前にしていたのだが、人間自身の制御しがたい情念や誤った観念——たとえば権力の集中と個人の自由とは両立するという信念のような——が約束の地につく前に道を迷わせてしまった(これが避けられない帰結とされるかどうかは分析者が楽観主義者か悲観主義者かによる)。社会主義者と共産主義者はこれに異を唱え、革命の当事者が社会的経済的要因——とりわけ所有関係——について不当にも注意を払わなかった(したがってその前で無力であった)という点を強調した。シスモンディやサン・シモンのような才能ある改革家は社会的政治的、また経済的な紛争の起源と性質、その帰結について鋭利で独創的な説明を提唱したが、そのやり方は合理主義者の先達がとった先験的な方法とは大いに異なっていた。宗教と形而上学に傾斜したドイツのロマン主義者たちは誤った合理主義イデオロギーの支配に失敗の原因を帰し、このイデオロギーが歴史についての深刻な誤解と人間と社会の本性についての機械論的な見方を伴っていたことを問題にした。神秘主義者やイリュ－ミニストは一八世紀の最後の二、三十年と次の世紀の初めには普通考えられているよりはるかに深甚で広範な影響力をふるっていたのだが、彼らは、人々と諸国民の運命を(物質的原因や意識的な意見以上に)支配する神霊的な諸力についての理解が足らず、ましてそうした霊力と交信《ラポール》し得ていない点を指摘した。保守主義者はカトリックもプロテスタントも——バーク、シャトーブリアン、マレ・デュ・パン、ヨハネス・ミュラー、ハラーとかれらの同類——社会的精神的諸関係が織り成す限りなく複雑で分析しがたい網の目が有する比類なき力と価値について語った。バークの言うように、つぎつぎと生まれ出る世代は社会と精神の諸関係が紡ぎだす無数の織り糸からできており、いまある世代の持ち物や性質も大半はそれに負っているのである。これらの思想家は祖先から受け継いだ伝統の成長の不可思議な力を祝福した。彼らはこれを大きな流れに喩えた。(抽象観念で頭を狂わされたフランスの哲学者《フィロゾーフ》が擁護したように)その流れに逆らうことは、間違いなく不毛であり、自殺的ということになるかもしれない。枝を広げ、根は掘り起こせないほど土中深く埋もれている樹木にこれを喩えるものもあった。人間は絡みあった枝がつくるその木蔭に大きな群れをなして静かに草を食んでいるというのである。神の計画が少しずつ形を現わしつつあり、歴史の中で継起するその種々相は時間を超えた全体が時間の中に顕現したものに過ぎず、無形の創造者の精神には、そうした全体像はそのあらゆる表出形態を通してつねに現前しているのだと説く者もあった。喩はさまざまだが、いつも趣旨は大体同じであった。すなわち、理性というものは、抽象や巧みな計算の能力、あるいは現実を最終的な要素に分類、分析する能力の意味であれ、また経験的あるいは演繹的な人間論を展開する能力の意味であれ、哲学者《フィロソーフ》の想像力による虚構だというのである。これらの思想家――ニュートン物理学の影響を受けたにしろ、ルソーの直覚論的平等主義の教説を受け入れたにしろ――は、人間それ自体、自然が造ったままの人間について語り、それは人類すべてにおいて同一であり、その基本的な属性、能力、必要、体質は合理的方法によって見出し、分析し得ると述べた。文明はこの自然な人間の成長を促したと教えたものもあれば、逆にこれを害なったと言ったものもあるが、道徳、政治、社会、知性すべてにわたって、進歩はこの自然な人間の要求を充たせるかどうかにかかっているという点では誰もが一致した。

メストルは、バークと同じように、この自然な人間が実在するという観念そのものを否定した。一七九五年の憲法は、先行の諸憲法とまったく同じように(と彼は書いている)、人間のためにつくられた。ところが人間というようなものはこの世に存在しない。私はこれまで生きてきた間にフランス人、イタリア人、ロシア人などを見たことがある。モンテスキューのおかげでペルシャ人ということもあり得ると知っている。だが人間について言えば、はっきり言って私は生まれてこのかたまだ出会ったことがない。もし人間が存在するとしても私には未知である。(14)この人間という虚構の観念に基礎を置く認識は壮大な宇宙のプロセスの前では無力である。そのプロセスを専門科学者の提供する公式に従って説明したり、ましてや変更し歪めようと試みるのは、たんにグロテスクなだけであり、これを哀れむにしろ面白がるにしろ笑って斥ければすむことであった。ところが実際にはそうした試みが不必要な苦難をあれほど引き起こし、最悪の場合には血の河を流させたのである。これこそ人間の愚行と思い上りに対して、歴史と自然、ないし自然の神が下した懲罰でなくてなんであろう。

歴史家は通常メストルを保守主義者の中に入れる。彼とボナールとはカトリック反動のもっとも極端な形態を代表するといわれる。伝統主義者、君主制論者、反啓蒙主義者であり、中世のスコラ的伝統に堅く縛られ、革命の後の時期のヨーロッパの新しいもの、生きたものをすべて敵視し、ナショナリズム以前、民主主義以前で、大部分想像の産物たる古くさい中世的神政政治を取り戻す無駄な試みに耽った人物というわけである。ここにはボナールの描写としては相当な真実がある。彼はほとんどあらゆる点で教皇至上主義の神政論者というステレオタイプにぴたりと当てはまる。ボナールは明晰な精神と狭隘なヴィジョンの持ち主であり、しかもそのヴィジョンは長い生涯の中で一層狭隘に、いよいよ極端になっていった。言葉の最善の意味でも最悪の意味でも士官であり、紳士であったボナールは、アクィナスから引き出した知的、道徳的、政治的教義を時代の諸問題に適用することを本気で試みた。彼は機械のように容赦なくこれを遂行し、時代の意味するところには頑に目を閉ざし、そのことに自己満足を覚えることとさえあった。彼の教えによれば、自然諸科学は首尾一貫した誤謬の塊であり、個人の自由を望むのは一種の原罪、さらに君主によるものであれ合議体によるものであれ、絶対的な世俗権力の掌握はすべてローマ教会をのみ代表とする神の権威の冒瀆の上に立っていた。したがって人民による権力の簒奪はそもそも国王とその臣下が邪悪にもこれを簒奪したことの当然で直接の帰結にすぎなかった。競争――これこそ自由主義者の万能薬であるが――はボナールにとって神の規律の不遜な否認であり、それはちょうど正統神学の鎮守の森の外に知識を求めることが、腐敗堕落した世代による強い刺激のいたずらな追求にすぎないのと同じであった。中世の大論争における教皇主義者と同様、彼は人間に適する唯一の統治形態は身分と団体が構成する古きヨーロッパの階層秩序だと主張し、伝統と信仰によって神聖化されたこの社会構成にあっては、世俗の権威も霊的な権威も究極的にはローマ教皇の手にあり、君主たちは敬虔で従順なその代理人であるとした。こういった主張がまたすべて重苦しくて暗い、耐えがたく単調な文章で綴られていたから、ボナールの思想はカトリックの政治理論の全体のなかに取り入れられ、たしかに行動への影響もあったとはいえ、当然のことながら今日では、彼の作品、またある程度までは彼の人物も、教会内の専門家以外の世界では忘れられ、無視されているように思われる。

メストルは一度も会ったことのなかったボナールをたいへん尊敬し、書簡を交わし、その精神的双生児であると主張した――これまでメストルの伝記作者はすべてこの主張を余りにもまともに受け取りすぎており、完全無欠のファゲでさえその例外ではない。たしかに次のようなことは言われる。ボナールはフランス人だがメストルはサヴォア人であり、ボナールは古い家系の貴族で、メストルは貴族に列せられたばかりの法律家の子である。ボナールは軍人で廷臣だが、メストルは基本的に法律家であり、外交官である。メストルは哲学に通じた批評家で、異常に才能にあふれた作家だが、ボナールはずっと衒学的で、頑なまでに神学的である。メストルはボナールよりも熱心に王権を支持し、交渉者としてずっと経験に富んだ実務家であるのに、ボナールは学識はより深く、演繹論理にずっと徹しており、才気煥発のメストルが歓迎され、非常な人気を博した刺激に満ちた貴婦人たちの客間には縁遠かった、と。だがこれらは相対的には瑣末な違いにすぎない。両人は同じ一つの運動を導く分かちがたく結びついた二人の指導者、カトリック王政復古の双頭の鷲と描かれる。これが何世代にもわたって歴史家、批評家、伝記作者が、もっぱら先人に倣い、互いに影響し合って協力してつくりあげてきた印象である。だが私にはこれは誤解のもとのように思われる。ボナールは真正の政治的中世主義者、復古王政の支柱の一つであり、手強く岩のようではあるが、彼自身の時代に既にいくらか古くさくなっており、退屈で想像力に乏しく、博学だがどこまでも教条的な反動派の権威であった。ナポレオンは、あらゆる批判的思想に対するこの防壁が表面上どんなに自分の支配を敵視しようとも、実際にはその安定に貢献することを的確に認識し、だからこそ彼にアカデミーの席を提供し、自分の子供の師傅として招いたのである。メストルは人間としても思想家としても別の種類に属する。彼の輝きはボナールに劣らず乾いており、精神の中枢は同じように固く、冷淡であるが、彼の思想——肯定的に彼が世界をどのようなものと見、どのようになって欲しいと望んだかという意味でも、また、思想と感情の他の流派をどう攻撃したかという否定的な意味でも――はボナールの狭い正統主義の地平で夢見られたいかなる観念よりも大胆で興味深く、独創的で激しく、一層邪悪でさえある。というのもメストルは旧世界が死につつあることを理解したが、ボナールにはその徴はなく、またメストルはその跡に生まれつつある新しい秩序の恐るべき輪郭を認識したが、ボナールにはこれは決してなし得なかったことだからである。この新しい秩序についてのメストルの解釈は――予言の言葉でかたどられてはいなかったにもかかわらず――同時代の人々に深刻な衝撃を与えた。だが、たしかにそれは予言的であり、彼の時代にはいたずらに逆説を弄ぶものとみなされた判断が、われわれの時代にはほとんど陳腐になっている。同時代の人々にとって、いや多分彼自身にとってさえ、メストルは古典的、封建的な過去を静かに眺めているように見えたであろう。だが彼がそれ以上にはっきりと見たものは、血の凍るような一つの未来像であったことが明らかになった。彼の面白さと重要性とはこの点に存する。

III

ジョセフ・ド・メストルは一七五三年、シャンベリーに元老院議長の一〇人の子の総領に生まれたが、父親の爵位は当時サルディニア王国の一部であったサヴォア公国の最高の司法官として与えられたものであった。家系はニースの出で、彼は生涯フランスに対して賛嘆の念を抱いていたが、その思いは血や感情の結びつきによってある国に惹かれていながら、その国の周辺や国境を越えたすぐの所に住み、それについて美化したイメージをずっと心に留めている人々に往々見出される種類のものであった。生涯を通じてメストルは自国の支配者の忠実なる臣下であったが、本当に愛したのはフランスだけであり、この国のことを(グロティウスに倣って)「天国の次に美しい国」と呼んでいた。[15] 運命は私をフランスに生まれさせるつもりだったのだが、アルプスで道に迷い、シャンベリーに落としてしまったのだと、彼はあるとき書いたことがある。[16] 彼は家柄のよいサヴォアの青年として普通の教育を受けた。イエズス会の学校に通い、ある信徒団のメンバーになったが、この団体の勤めのひとつは罪人の救済、とくに死刑執行に立ち合って死刑囚に最後の救いと安らぎを与えることであった。死刑台の比喩が彼の思想を埋め尽くしているのは多分この経験のためである。立憲主義とフリーメーソン思想(後年神妙にフリーメーソンを弾劾したとはいえ、彼はこれに対してある種の賛嘆の念を保持した)に軽く接した後、父親と同じ道をたどって、一七八八年にサヴォアの元老院議員となった。

サヴォアのごく穏健なフリーメーソンに対する共感は彼の考え方にある痕跡を残している。とりわけ一八世紀末の神秘主義者ルイ＝クロード・ド・サン＝マルタン(啓蒙末期のフランスの神秘主義哲学者(一七四三―一八〇三)、「知られざる哲学者」と呼ばれた)とその先駆者マルティネス・デ・パスカリ(一七一五―七九、ポルトガル出身のイリュミニストの指導者)の影響を受けた。善行と有徳な生活を呼び掛け、懐疑主義や唯物論、自然科学の真理に抵抗するサン＝マルタンに深く賛同した。生涯を貫く教会合同論――キリスト教の統一の希求――や「寛容と呼ばれるあの愚かな無関心」[17]の弾劾はサン＝マルタンから引き出したものであろう。また彼は聖書に秘教的教義を探り、超自然的な暗示、幻想的な解釈を追い、スウェーデンボルクに関心を寄せた。神がいかに不可思議な仕方で奇跡を引き起こすか、摂理の狡知によって人間の行動が意図せざる結果として神の計画を成就させる要因になり、神の恩典に与る人々自身救いようもなく鈍感でその計画を知るすべもないといった点を強調した。こういった主張もまたマルティニストのものである。彼の若いころ教会は、少なくともサヴォアにおいては、信者のフリーメーソン的傾向に反対ではなかった。もちろんその理由はただ、フランスで、ウィレルモスの指導の下にあったフリーメーソンの教えが教会の敵である啓蒙主義の唯物論や反教権的自由思想と戦う武器であったという点にあったのだが。教会と宮廷に対するメストルの忠誠は揺らぐことはなかったが、彼が初期においてフリーメーソンに共感を寄せた事実は、当然のことながら、教会と宮廷のより頑迷な支持者の側に彼に対する絶えることのない疑惑(この疑惑は一生彼に付きまとった)をいだかせるもととなった。だがこうしたことは後に起こったことに過ぎない。彼の若い頃、サヴォア王家はフランスの歴代の国王に比べればいくらか進歩的であった。封建制度は一八世紀の初めに廃されていた。国王の支配は温情主義的だが、ほどよく開明的で、農民が重税にあえぐこともなければ、商人や製造業者がドイツ諸邦やイタリアの諸公国におけるように貴族と教会の古い特権に妨げられることもなかった。トリノの政府は保守的だったが恣意的ではなく、過激主義の雰囲気は、反動にせよ急進にせよ、ほとんど存在しなかった。この国は当時——その後も同じだが——平和を維持し隣国との紛争を避けるのに汲々たる注意深い官僚制によって治められていた。恐怖政治がパリに出現すると、それは不信に満ちた戦慄をもって迎えられた。ジャコバン派に対するその態度は一八七一年のフランスのコミューンに対してスイスの保守的なサークルにみられた態度、あるいはまた第二次大戦中のフランスのレジスタンスに対して同種の人々の間にみられた態度にさえ似ていた。第二次大戦の時、恐怖を覚えたジュネーヴやローザンヌの正統派知識人《ビヤン・パンサン》のサークルはペタン元帥に同情したのである。同じように、誉れ高く、自由思想に傾斜したサヴォアの宮廷貴族はフランスに勃発した大異変に怖じ気づいた。戦闘的なフランス共和国がはたしてサヴォアに侵入しこれを併合すると、国王はまずトリノに、次いで数年間ローマに逃亡し、さらにナポレオンが教皇に圧力をかけた後には、サルディニアのカリアリにまで逃げてそこを首都としなければならなかった。メストルは最初はパリの三部会の行動に賛意を示したが、すぐに考えを変え、ローザンヌに去った。そこからヴェネツィアへ、次いでサルディニアへ行き、そこでイギリスとロシアに扶養される身となった主君、サルディニア国王に仕えて、貧しい王党派貴族の典型的生活を送った。気性が激しく、考え方と表現がいつも極端すぎたメストルは、この保守的で田舎じみた、小心翼々たる小さな宮廷の居心地の悪いメンバーとなった。一七九三年に著した著作(『サヴォアの王党主義者が同胞に宛てる書簡』)の刊行について友人コスタの警告を受けたときに、彼はこの点をほのめかしている。「何であれ、生気があり過ぎ、どぎつ過ぎる考えはこの国では流行らない[18]。」次の世紀の初めにサルディニア王国の公式代表としてサンクト・ペテルブルクに派遣されたのはおそらくいくらか救いであったろう。

驚くには当たらないが、革命はメストルの強靱で執拗な精神に影響し、それまでの信仰と考え方の基礎を再検討させる原因となった。せいぜい枝葉のものでしかなかった彼の自由主義は消え失せた。彼はあらゆる形の立憲主義と自由主義の仮借ない批判者、教皇至上主義の正統王朝派として現れ、権威と権力の神性を信じ、そしてもちろん一八世紀の啓蒙《リュミエール》の光が擁護する一切のもの――合理主義、個人主義、自由主義的妥協と世俗的啓蒙――に対する非妥協的な敵対者となった。彼の世界はいまや神を信じぬ理性の悪魔的な力によって粉砕され、革命がどんな姿をとるにせよ、この怪物の頭をすべて切り取ることによってしか再建されぬであろう。二つの世界はすでに生死を賭けた闘いに入った。メストルは彼の立場を選び、容赦なく殺す決意を固めたのである。

Ⅳ

『フランスについての考察』(*Considérations sur la France*)は匿名で一七九七年にスイスで刊行された、力強く、見事に書かれた論争の書であり、メストルのもっとも独創的で影響力のあるテーゼをたくさん含んでいる。この著作に始まり没後出版の『サン・ペテルブール夜話』(*Soirées de Saint-Pétersburg*)と『ベーコン哲学検証』(*Examen de la philosophie de Bacon*)に至る彼の知的活動全体の中心的なバネとなったのは、影響力のある思想家たちが生についていつもいだく、彼の目には浅薄この上ないと見える見方に対する反発であった。彼をもっとも怒らせたのは、時代の流行の哲学者たち、とりわけフランスの哲学者たちがその妥当性を当然視した口当たりのよい自然主義的な楽観論であった。啓蒙主義のサークルで支持された考えでは、真の知識は自然諸科学の方法によってのみ得られるはずであった。もちろん自然科学とは何であり、それが何を為し得るかについての一八世紀における観念はその後の二世紀に出来上がった観念とはかなり違って当然であったが。感覚に裏付けられた知識の成長を助けに理性の力を行使することだけが――つまり、神秘的な内なる光でも、伝統や教条的規則の無批判な承認でもなく、また直接の啓示に与ったにせよ聖書に記されているにせよ、超自然的な声でもなしに――、ただそれだけが歴史の始まり以来人間の関心をとらえてきた大問題に最終的な解答を与えるであろう。むろん思想流派間、個々の思想家の間には、鋭い対立があった。ロックは宗教と倫理における直覚的真理の存在を信じたが、ヒュームはこれを信じなかった。オルバックは多くの友人とともに無神論者であり、そのためヴォルテールに非難された。テュルゴー(彼をメストルは一度は称賛したのだが)は進歩は不可避だと信じた。メンデルスゾーンはこれを信じず、霊魂の不滅の教義を擁護し、コンドルセはこの教義を斥けた。ヴォルテールは書物が社会行動に支配的な影響力をもつと信じたが、モンテスキューは気候、土壌その他の環境因こそ、国民性と社会政治制度における変えがたい多様性を生み出すと考えた。エルヴェシウスは教育と立法だけで個人も社会もすっかりその性格を変え、完全なものにすることさえできると考え、そのためにはたしてディドロの攻撃を受けた。ルソーは理性と感情について語ったが、ヒュームやディドロと違って、学芸の価値を疑って科学を嫌い、意志の教育を強調して、知識人と専門家を批判し、そしてエルヴェシウスやコンドルセとは正反対に、人類の未来にほとんど希望をもたなかった。ヒュームとアダム・スミスとは義務の感覚を経験的に検証可能な感情とみなしたが、カントはこの主張を考えられる限りもっとも鋭く否定し、その上に彼の道徳哲学をうちたてた。ジェファソンとペインは自然権の存在を自明とみなしたが、ベンサムはこれを大仰なナンセンスと考え、人および市民の権利の宣言〔人権宣言〕を紙の上の喚き声と呼んだ。

だがこれらの思想家の間の相違がどんなに真実であろうとも、彼らが共通にいだいていたいくつかの信念があった。彼らは程度の差はあれ、みな人間は本来理性的で社会的だと信じていた。少なくとも、悪漢にだまされたり、馬鹿者に惑わされたりしていなければ、人は自分自身と他人の最善の利益の何たるかを理解し、これを見る術さえ教えられるならば、人間通常の理解力によって発見し得る行動規範に従うであろう。生物界と無生物界とを問わず、自然を統べる法は存在し、この法は、経験的に見出し得るかどうかは別として、自分自身を顧みるにせよ、外の世界を見るにせよ自明である点は同じであった。そのような法が見出され、それについての知識が十分に拡がれば、自然、個人間にも社会間にも、また個人自身の内部にも、安定した調和を生み出すであろうと彼らは信じた。彼らの多くは――少なくとも人々を適切に再教育した後には――個人の自由を最大限に、統治を最小限にすべきだと信じた。彼らの考えでは、「自然の教え」に基づいた教育と法制はほとんどあらゆる誤りを正すことができ、自然とは理性が行為に現われたものに他ならず、それゆえ、その作用は原則として幾何の公式のような一連の究極の真理から演繹し得るものとされ、後には物理、化学、生物の公式がそうした究極の真理に加えられた。彼らはすべてよきもの、望ましきものは必然的に共存可能であると信じ、それどころか、あらゆる価値は論理的に組み合わされて解けることのない関係の網の目によって結びついていると考えた。彼らの中でも経験的な精神の持ち主は、人間性の科学が無生物についての科学に劣らず発展し得ること、したがって倫理や政治上の諸問題も、それが真正の問題でさえあれば、原則として数学や天文学の問題と同様の確実性をもって答えられると信じた。そうした解答に基づく生活は自由で安全で幸福、有徳で賢明な生活であろう。要するに彼らは、一世紀以上にわたって自然諸科学の領域でそれまでの人類の思想史における達成をはるかに超える驚くべき成果をあげた能力と方法を用いて理想の千年王国が達成できない理由はないと考えたのである。

メストルはこうした考えすべてを打ち砕こうと決意した。基本的人間性という理想化された概念を先験的に措定するかわりに、彼は歴史や動物学や普通の観察が示す経験的事実に訴えた。進歩や自由や人間の完成可能性といった理想に代えて、信仰と伝統による救いを説いたのである。人間の本性は救いがたく悪に染まって腐敗しており、したがって権威と階層秩序、服従と隷属がどうしても必要であると彼は繰り返し説いた。科学に代えて、本能やキリスト教の叡知、(幾世代にわたる経験の果実に他ならぬ)偏見と盲信の優越を説いた。楽観論に代えて悲観論を、永遠の調和と永遠の平和に代えて、いさかいと受難、罪と報い、流血と戦争の必然性――まさにそれらの神聖なる必然性――を説いたのである。共通の利益と人間の生まれながらの善性を前提とする平和と社会の平等の理想に代えて、彼は堕落した人間と人間が属する諸国の通常の状態は本質的に不平等であり、各人、各国の目的や利害が互いに激しく衝突すると主張した。

メストルは自然とか自然権という抽象観念に何の意味も認めなかった。彼は一つの言語理論を定式化したが、それはこの主題についてコンディヤックやモンボド〔一七一四―九九、スコットランドの法律家、言語学者、その言語論はヘルダーに影響を与えた〕が以前に言っていたこととはまるで反対であった。彼は信用を失っていた王権神授説に新たな生命を吹き込み、社会生活、政治生活の基礎として、神秘と暗黒――そしてなによりも反理性――の重要性を擁護した。驚くほど鮮やかに、また効果的に、彼はあらゆる形の明晰性と合理的組織を批判した。気質からいえば、彼は自分の敵、ジャコバン派に似ていた。彼らと同じくどこまでも信仰を貫き、猛烈に敵を憎み、何事においても徹底主義者《ジュスコーブティスト》であった。一七九二年の急進派を際立たせるものは、彼らが旧秩序を拒否したその徹底性である。彼らはその弊害だけでなく長所をも廃棄した。何物をも残さず、根も枝も含めて悪しき体制全体を破壊し、そのうえでまったく新しいなにかを建設すること、しかも新しい秩序をその上にたてることになる廃墟となった世界にいかなる譲歩もせず、これに対して最小限の負債も負わずに、新秩序を建設することを彼らは望んだのである。メストルは対極にあるその鏡であった。彼はまさに偉大な革命家たちと同じ非寛容と情熱、力と喜びをもって、一八世紀の合理主義を攻撃した。彼は穏健派よりも革命家たちをよく理解し、彼らの資質のうちのいくつかに対してはいくらか仲間意識をもっていた。ただし彼らには至福の光景と見えたものが彼には悪夢であった。彼は「一八世紀哲学者の神の国[19]」を破壊して跡形もなくしてしまおうと欲したのである。

彼が用いた方法、また彼の説いた真理を彼自身は主としてトマス・ア・ケンピスやトマス・アクィナス、ボシュエやブルダルーから引き出したと主張しているが、実際にはこれらのローマ教会の偉大な柱石にそれほど負ってはいない。むしろアウグスティヌスやメストルの若い頃の教師たち——ウィレルモスのイリューミニズムやパスカリとサン・マルタンの弟子たち——の反合理主義的なアプローチとの共通性の方が多い。メストルはドイツの非合理主義と信仰至上主義の父たちと考えを共にし、フランスでは、シャルル・モーラスとモーリス・バレス、そして彼らの弟子たちのように、ある場合には信仰の篤いクリスチャンでもないのに、ローマ教会の制度の価値と権威を喧伝した人々とも見解が一致する。啓蒙を自分の仇敵と考え続けるすべての人々、超越的な諸原理を擁護する人々、それも、そうした原理を科学や常識と同じ次元で生じ得るものとみなし、したがって知的あるいは道徳的な批判からこれを弁護することが可能であり、またその必要があると考えるのは、超越的原理の意味そのものをあいまいにし、誤解することだという見方に立ってこれを擁護する、そういう人々とメストルは見解を共にしたのである。

V

オルバックとルソーは完全な敵同士だったが、二人とも敬虔な気持ちをこめて自然について語り、これを比喩的に過ぎる意味ではなしに調和がとれ、慈しみ深く、人間を解放するものと考えた。堕落していない人間の、教師の害をまだ受けていない心には、自然はその美と調和を開示するとルソーは信じ、オルバックは、合理的な探究法によって自然の秘密を明らかにしようとする、よく教育された感覚と精神の持ち主、偏見と迷信に惑わされぬ人々にこそ、自然はその姿を現すと確信した。メストルは反対に旧い見方を受け入れ、ノアの洪水以前の人間は賢かったが、罪を犯して滅ぼされたと考えた。その堕落した子孫である現在の人々がその能力を調和的に成長させたところで真理を発見できるわけではない。真理は哲学や物理学にあるのではなく、ローマ教会の聖者や学者たちが授かった啓示のなかに見出されるのであり、観察はただこの啓示を一層はっきりさせるに過ぎない。自然を研究せよと言うならば、そうすればよい。歴史学や動物学のような非の打ち所のない研究はいったい何を見出しているか。楽観的な合理主義者、コンドルセ侯の言う調和的な自己完成の光景であろうか。まるで反対に、自然は戦いの血にまみれているではないか。『サン・ペテルブール夜話』の中で彼は語っている。

　生きとし生けるものの全世界を統べるのはあからさまな暴力であり、すべての被造物に武器をもたせて共滅に導く、神の定めた憤激とも言うべきものである。無生物の世界を離れた瞬間から、暴力による死という掟が生命のほんの始りでしかないものの上にも刻まれていることが分かる。植物の世界ですでにそれが感じられる。巨大なきささげから名もない野草に至るまで、どれだけの草木が死に、どれだけが殺されるであろうか。だが、動物の世界に足を踏み入れるや、この法は突如としてこの上なくおぞましいその姿を明らかにする。目には見えないが明らかな力が働いて……どの種に対しても餌として食べる一定の動物を指定してある。かくして昆虫が餌になり、爬虫類が餌になり、鳥が餌になり、魚が餌になり、四足獣も餌になる。生きものが他の生きものに食べられていないときは一瞬たりともない。これらのありとあらゆる動物たちの上に人間は置かれているのであり、殺してやまぬ人間の手は生きている何物をも逃さない。人間は食糧を得るために殺し、着るために殺し、着飾るために殺し、攻撃のために殺し、身を守るために殺し、知識のために殺し、愉しみのために殺し、そして殺すために殺す。傲り高ぶった残忍な王として、人間はすべてを欲し、なにものの抵抗も許さない。……小羊を裂いて腸をとりだし、竪琴を奏でる……狼の恐ろしい牙を切り取って美しい工芸品に磨き上げ、象の皮を剝いでこどもを躾ける鞭にする。——人間の机の上には動物の屍が山と積まれている。……では(この全体的殺戮の中で)他のすべての生きものを殺す人間を殺すのは誰か。人間自身である。人間を殺す役割を負っているのは人間である。……そうしてこそ生きとし生けるものを統べる暴力による破壊という大法則は完成する。永遠に血にまみれたこの地球はまるごと、あらゆる生きものをいけにえにする巨大な祭壇に他ならず、その犠牲は終りなく、容赦なく、止むことなく続き、ついにはすべてのものがなくなり、ついに悪が止み、死そのものが死を迎えるのである。(20)

これがメストルが生についていだいた、有名な、恐るべきヴィジョンである。血と死に対する彼の凄まじいこだわりはバークが想定した豊かで静かなイギリスとは別の世界に属している。土地持ちジェントリの余裕ある円熟した知恵、大小の田舎家がおりなす深い平安、生者と死者と今後生まれ来るものたちとが交わす社会契約に基礎を置き、恵まれぬ人々の騒擾と災厄に煩わされない永遠の社会とはまったく別である。それはまた若い頃メストルがその生活と教えに心を動かされた神秘主義者やイリューミニストの私的な精神世界からも遠く離れている。これは静寂主義でも保守主義でもなく、現状に対する盲信でもなければ、聖職者のたんなる反啓蒙主義でもない。それは現代ファッシズムの偏執狂的世界にある親近性を有し、一九世紀のこんなに早い時期にそれが見出されるのは驚くべきことである。なんらかの意味でこの世界に共鳴する同時代人は、晩年猛烈に攻撃的になったゲレス〔ヨゼフ・フォン、一七七六―一八四八、ドイツのカトリックのジャーナリスト〕しかいない。

それでも生はメストルにとって無意味な殺生、スペインの思想家ウナムノが「故ジョセフ・ド・メストル伯爵の殺戮場」(21)と呼んだものではなかった。というのも、戦いの帰趨は定まらず、勝利は計画して得られるわけでなく、単なる策略、あるいは科学者や法律家がもっていると称する類の知識で得られるものでもないが、にもかかわらず最後には、目に見えぬ軍勢が一方に加勢し、最終の帰結は疑いをいれないからである。ここにある神的な要素は、世紀の変わり目にドイツのロマン主義者――シェリング、シュレーゲル兄弟――が世界の説明のために用いようとした世界精神とか、人類あるいは宇宙の精神といった概念と似ていなくもない。これらの概念は創造と理解の力を同時に行使する超自然的な主体、あらゆる事物の作者にして解釈者であるものを指し示すからである。

ある時はタキトゥスを、別のある時はトルストイを思わせる反語的なことばで、メストルはドイツのロマン主義者（そして後のフランスの反実証主義者、ラヴェッソンとベルグソン）に劣らず、自然諸科学の方法は真の理解にとって決定的な誤りであると宣告した。分類し、抽象し、一般化すること、規則性に還元し、演繹し、計算し、時間と無関係に妥当する厳格な定式に要約すること、これらはみな外見を実在と取り違え、表層を描写して深層に触れず、人工的分析で生きた全体を壊し、せいぜいのところ化学か数学を扱うのに役立つに過ぎない範疇を歴史と人間の魂の諸過程に適用し、これらの誤解に導くものである。ものごとがいかにして起こるかを真に理解するには別の態度が、ドイツの形而上学者シェリングと、それ以前ではハーマンが、神意を授けられた詩人や予言者の霊感に見出した態度が要求される。そうした態度が自然それ自体の創造過程と一体化してはじめて人間は自分自身と自己の社会の目的を成就する戦いの中で、それらの目的を全宇宙——ほとんど生きた有機体のように考えられた——の向いつつあるゴールの一要素と見ることが可能となるのである。メストルはその答えを啓示宗教と歴史に求めた。属する社会の伝統、それに特有の感じ方や行為、考え方の大枠の中に身を置くことによって、われわれが辛うじておぼろげに、また途切れ途切れに見ることのできる内的な型、そこにのみ真実がある型を、啓示宗教と歴史は具現していると考えたのである。

おそらくバークもこの考えにまったく反対はしなかったであろう。少なくとも、政治から退却して古来の「民俗」に蔵された詩心と知恵、あるいはまた異常な想像力と眼力を授けられた天才的な詩人や思想家を称えたドイツ・ロマン主義の思想家たちほどは反対しなかったであろう。制定法に基礎を置く統治はすべて、神的立法者の大権の簒奪の上にたてられたものであり、それゆえあらゆる憲法はそれ自体悪しきものである。ここまで来るとバークにとっても行き過ぎであろう。いずれにしても、イギリスの伝統主義者もドイツのロマン主義者も軽蔑と悲観論の目で人類を見ていたわけではなかったが、メストルは、少なくともその円熟期の著作の中では、原罪の感覚、人間はほうっておけば愚かにも自己を破壊してしまう邪悪で無価値な存在だという思いに取りつかれている。繰り返し、彼は、ただ受難のみが無秩序とあらゆる価値の破壊という底無しの深淵に人間が堕ちるのを防ぎ得ると強調した。一方には無知とわがままと愚かさが、他方には救済の手段として血と苦しみと罰がある――これらがメストルの暗い世界を取り巻く概念である。民衆――人類の大半――は子供であり、狂人であり、不在地主であって、その大多数は私生活を守り、所有物を用いるために、守護者、信頼の置ける教師、精神的指導者を必要とする。人間は救いがたく堕落し、無力なので、守護者たちの絶えざる警戒が、力と富とを不毛の目的のために蕩尽する誘惑から人々を保護し、定められた仕事を遂行するように訓練しない限り、価値あることは何一つ達成し得ない。守護者たちは守護者たちで、自然の真の秩序をなす固定した厳格な階層制、ローマ教皇を頂点に人間全体を上から下まで整然とした隊列に編成して巨大なピラミッドをつくっている秩序の維持のために生命を賭して働かねばならない。

知識と救済に至るどんな道も、入口にはプラトンの偉大な姿が立って道を示しているとメストルが考えたのはゆえなきことではない。彼はイエズス会がプラトンの言う守護者に当るエリートとして行動し、時代の流行になっている致命的な倒錯からヨーロッパ諸国を救い出してくれるのを期待した。だがこれらすべてにおける主役、社会全体が依存する要石は王や僧侶や将軍よりはるかにおぞましい人物、すなわち死刑執行人である。『夜話』の中でもいちばん有名な一節は彼に捧げられている。

この説明しがたい存在、快適で、実入りもよく、まっとうで名誉もある職業、自分の腕と力をふるえるそういう職業をいくらでも選べるのに、よりによって自分の仲間を拷問し、処刑する仕事を選ぶ者とはいったい誰であろうか。そうした人間の頭と心はわれわれのものと同じにできているのだろうか。そこにはなにか特殊なもの、われわれの本性からかけ離れたものがあるのだろうか。私自身はこれについて疑いをもたない。彼もまた外見的にはわれわれと変るところはなく、皆と同じように生まれている。だが、彼は特別の存在であり、人間の一族の一員として彼を生ぜしめるには特別の指令、創造者の力に発する命令が必要である。

人々が彼をどのように見るかを考え、さらに、彼がどのようにしてそうした人の見方を無視し、これに挑戦し得ているかまで、できうるならば考慮してほしい。彼が住居をあてがわれ、これを手に入れるや否や、周囲の人々は彼を見ないですむどこか別の場所へ居を移す。周りに誰もいないこの寂しさの中で、彼はただ妻と子供たちと住んでいる。人間の声を聞かせてくれるのは家族だけで、家族がいなければ耳に聞こえるのは囚人のうめき声だけであろう。……陰惨な合図の音が鳴り、下級の獄吏が戸をたたいて彼の出番を告げる。彼は家を出、恐れおのののく群衆でうめつくされた公共の広場に到着する。毒殺犯か、親殺しか、あるいは瀆聖を犯した者が彼の手に引きわたされる。彼は死刑囚を抱きすくめ、地面に寝そべらせ、水平に置いた十字架にくくりつけ、手をふりかざす。恐ろしい沈黙の一瞬の後、棍棒の下で骨が砕ける音と刑死者の叫び声の他には何も聞こえない。彼はその体を十字架から切り離し、車に乗せる。切り取られた手足は車輪の輻に絡まり、頸は垂れ下り、毛は逆立ち、竈のように大きく開いた口からは切れ切れに死を求める血みどろの言葉だけが洩れる。彼の仕事は終った。胸は高鳴るが、喜びで満ちている。彼は自らを称え、心の中でこう言う。「誰も自分のようにうまく四つ裂き処刑はできまい。」彼は処刑台から降りる。血みどろの手を差し出すと、獄吏が――遠くから――幾枚かの金貨を投げてよこし、恐怖に尻込みする人垣を押し退けて彼はこれを受け取る。彼は食卓につき、食事をとり、そして寝室に行って眠る。翌日、目覚めたとき、彼は前日に為したこととまったく別のなにかを考えるであろうか。彼はいったい人間なのか。たしかに人間である。神は聖堂に彼を受け入れ、祈ることを許される。彼は犯罪者ではない。にもかかわらず、いかなる言葉も敢えて彼のことを有徳とも、正直な男とも、尊敬に値するとも言わない。いかなる道徳的称賛も彼には相応しいとは思われない。他のどんな存在も人間性となんらかの関わりをもつが、彼にはそれが何もないからである。それにもかかわらず、あらゆる偉大さ、あらゆる力、あらゆる従属は、死刑執行人の肩にかかっている。彼こそは人間を結合させる恐怖の要であり、接着剤である。この神秘の使いをこの世からとり去れば、たちまちにして秩序は失われ混沌たる状態になる。王位は崩れ、社会は消え失せる。神は主権を造られたが、また懲罰をも造られたのである。神は地球をこの二つの極の上に置かれた。「なんとなれば、主は二つの極の主人であられ、両者の上でこの世を動かしたもうたからである。」(「サムエル記」上2-8)[22]

これは単に嗜虐的な罪と罰についての瞑想ではなく、人間は権威に対する恐怖によって閉じこめられたときにのみ救われるという偽りのない確信の表明であり、そうした確信はメストルの情熱にあふれてはいるが明晰な思想の他のどの部分とも整合的なのである。人の生涯のいついかなる瞬間にも、創造の核心にある恐ろしい神秘を思い知らせ、絶えざる受難によってこれを清め、自らの愚かさ、悪意と無力とを機会あるごとに知らしめて謙遜に引き戻さねばならない。戦争と拷問と受難とは人間の避けがたい運命である。人は能うる限りこれらに耐えねばならぬ。人々の主人に任命されたものは容赦なく規律――彼ら自身をも見逃さない規律――を押しつけ、また同様に容赦なく敵を殺戮することによって創造者(彼は自然を階層的秩序に造ったのだが)が彼らに課した義務を遂行しなければならない。

では、敵とは誰だろうか。民衆の目をたぶらかし、また定められた秩序を覆そうとするものすべてである。メストルはこの種の輩を「セクト」と呼んでいる。[23]彼らは攪乱者であり、破壊分子である。プロテスタントとジャンセニストに加えて、彼は理神論者、無神論者をあげ、さらに、フリーメーソンとユダヤ人、科学者と民主主義者、ジャコバン派に自由主義者、功利主義者、聖職批判者、平等主義者、完成可能論者、唯物論者、理想主義者、法律家、ジャーナリスト、俗人の社会改革家などあらゆる種類の知識人をその中に入れる。抽象的原理に訴えるものや、個人の理性ないし良心に信をおく者すべて、個人の自由や社会の合理的編成を信ずるもの、改革家に革命家。これらは安定した秩序の敵であって、あらゆる代償を払って根絶やしにしなければならない。これが「セクト」であり、セクトは決して眠りこまず、永遠に社会の内側からしみ出てくる。

このカタログはその後散々聞かされたものである。ファッシズムにおいて頂点に達する偉大な反革命運動の敵を、それは初めて、そして的確に列挙している。メストルは致命的な革命をまずアメリカで、次いでヨーロッパで起こした新しい悪魔的な秩序に対抗することを、つまり、彼の信ずるところによれば、この敵たちが世界に解き放ったあらゆる暴力と狂信に対抗することを試みる。

知識人はみな悪者だが、なかでもいちばん危険なのは自然科学者である。メストルはある論文の中でロシアのある貴族に、フリードリッヒ大王が自然科学者は国家の大敵だといったとき彼は正しかったと告げている。「ローマ人は自分たちに欠けている才能をギリシャから金で買い、しかもそうした才能の持ち主を軽蔑するという滅多にない良識を備えていた。彼らは次のように言った、それも笑いながら言ったものだ。『腹を空かしたギリシャ人が何でもお好みのことをしてみせます』[24]と。もし彼らがそうした才能を自分で真似しようとしたならば、もの笑いの種になっていたであろう。そんな才能を軽蔑していたからこそ、ローマ人は偉大だったのである。[25]」同じようにまた、古代人のなかでは、ユダヤ人とスパルタ人が科学的精神に身を染めなかったがゆえに真の偉大さに到達した。「過剰であることは、たとえ文学上のことであっても危険であり、自然諸科学は為政者にとってそれ以上に無価値である。科学者が人と取引したり、人を理解したり、指導することになったときに示す不手際は誰でも知っている。[26]」科学的なものの見方は権威にけちをつけ、無神論という「病」に道を開く。

どんな国でもどんな所でも、科学の避けがたい欠陥の一つは、人間の真の務めであるあの行動意欲を喪失させ、その心を限りない傲りで満たし、人間自身と人間本来の考えから逸脱させ、人間をあらゆる服従の敵、あらゆる法と制度に対する反逆者に、あらゆる革新の生まれながらの唱導者にしたてあげてしまうことである。……科学のなかでも第一のものは統治の学である。これを学院で学ぶことはできない。シュジェからリシュリューに至るまで、偉大な大臣で物理学や数学に関心を持ったものは一人もいない。自然諸科学の天分は、それ自体が才能であるあの別種の天分をもつことを不可能にする。[27]

一八世紀にしばしば「母なる自然」とか「貴婦人の如き自然」と呼ばれたものの確かな導きの下で幸せで調和のとれた実りある生活を送れるという信念に対する批判としては、これで十分であろう。――すべてこうした信念は現実を直視しえない浅薄な精神の自己欺瞞からくるのである。

平和と現実とはまったく別ものである。メストルは問うている。「戦いの太鼓が鳴るや否や、人はいつでも何ら抵抗感なしに、否、しばしばある種の熱意(この熱意がまた特有の性格のものだ)を以てすら戦場に赴く準備を整えるのは、いったいなんと驚くべき魔術がこれを為さしめるのだろうか。しかも何のために行くかといえば、未だこちらになんの害も与えていない同胞、ただそちら側でも同じようにできるなら打ち負かしてやろうと進軍してくる同胞を戦場で木っ端微塵に吹き飛ばすためなのである。(28)」鶏を殺さねばならぬとなれば涙を流す連中が戦場では平然と人を殺す。そうするのは純粋に共通の善のためであり、苦痛に満ちた利他主義の義務として、自分の人間的感情を押し殺すのである。死刑執行人はごく少数の罪人、親殺しとか偽札づくりとか、そういう連中を殺すだけである。兵士は何千という無辜の人間を、無差別に、むやみやたらと、荒々しい熱狂にかられて殺す。別の惑星から何も知らぬ訪問者がやって来て、死刑執行人と兵士とではどちらが忌み嫌われ、軽蔑され、どちらが評価され、賛嘆され、褒美を得ているかと聞かれたとしたら、われわれは何と答えるべきか。「この世でもっとも誉め称えられること――一つの例外もなく人類全体の考えにおいてそうであるもの――が、罪なき者の血を流して罪にならない権利であるのはいったいなぜか、その理由を説明してもらいたい。(29)」ジャコバン派の邪悪で堕落した非道の共和国以上にこのことをはっきりと示すものがあろうか。この悪魔の王国こそミルトンのパンデモニアム『失楽園』に出てくる悪魔の館〕ではないのか。

それでも人は愛するために生まれる。人は情け深く、公正で善良である。他人のために涙を流し、そうした涙がまた人に喜びをもたらす。物語をこしらえてはそれに涙する。それでは戦争と殺戮へのこの欲求はどこからくるのか。人はどうしてこれほど嫌悪感を催させる所業を情熱的に歓迎して、奈落へ落ちていくのか。たかが暦を変える試みのような瑣末な争点をめぐって反乱を起こし、従順な動物のように殺し殺されるために喜んで送り出されるのか。ピョートル大帝は何千という兵隊を負けても負けても死地に送ることができた。ところが貴族の顎髭を剃らせたいと思ったときには、あわや反乱に直面しかけたのである。もし人々が自分の利益を追求するものならば、どうして諸国民の同盟を結成して、人がそれほど熱烈に望んでいると称する普遍的な平和を達成しないのか。適切な解答は一つしかない。殺し合って自ら生け贄になろうとする欲求が自己保存や幸福への欲求と同じように根源的だということである。戦争は恐るべき世界の永遠法則である。合理的な地平では弁護の余地がないにもかかわらず、不思議なことに戦争の魅力には抗しがたい。理性に基づく功利主義の次元では、たしかに戦争は狂気の沙汰、破壊的行為とみなされて然るべきものである。にもかかわらずそれが人間の歴史を支配してきたとすれば、そのことはただ合理主義的な説明、とりわけ戦争をあたかも慎重に計画された説明可能、あるいは正当化し得る現象であるかのようにみる説明が不適切であることを示している。どんなに忌むべきものであっても、戦争は決してなくならぬであろう。なぜなら、戦争は人間が造ったものではなく、神の定めたもうたものだからである。

教育は知識の水準と人間の表向きの意見の在り方を変えるであろうが、それが役に立たないより深い次元がある。メストルはこれを目に見えぬ世界と呼んでいるが、そこでは、個人の中にある(社会においても同様だが)自然を超え、それゆえ測りがたい要素が抗しがたい役割を演じている。理性は一八世紀にあれほどもてはやされたが、実際にはもっとも無力な道具であり、理論の上でも実践上も弱い「明滅する光」(30)に過ぎず、人間の行動を変えることも行動の原因を説明することもできない。およそ合理的なものは何であれ、まさに合理的なるがゆえに、そして人間の作為になるがゆえに崩れ去り、非合理的なものだけが永続する。合理的批判はそうした批判に弱いものはなんであれ蝕むであろう。本質的に神秘で説明不可能であって、合理的批判から絶縁されているものは生き延びることができる。人が造るものは、人が傷つける。人の手を超えるもののみが生き残る。

歴史はこの真理を証する実例に満ちている。世襲王政以上にばかげたものがあるだろうか。[31] 賢明で有徳な王様の跡を同じように優れた子孫が継いでいくと期待すべき理由がどうしてあるのか。君主を選挙する自由――選挙王政――の方がおそらくより理に適っていよう。だがポーランドの哀れな状態はこの道の行き着く不幸を示して余りある。それにひきかえ王位の世襲というまったく非合理な制度はあらゆる人間の制度の中でもっとも持続的なものの一つである。民主的共和政はたしかに世襲王政より合理的であろう。だがペリクレス時代のアテナイの最盛期ですら、民主政はどれだけ続いただろうか。しかもそれは最終的にどれだけの代償を払ったか。これに対して六六人の国王、悪い王様も善い王様もいたが、平均すれば十分王位にふさわしい王たちが、偉大なるフランス王国を一五〇〇年にわたって十分に治めてきたのである。さらにいえば、結婚と家族以上に一見して非合理なものがあろうか。趣味も人生観も違ってきた二人の男女がどうしてずっと結びついていなければならないのか。どうしてこんなに強情なみせかけがいつまでも残るべきなのか。それでも両性の分かちがたい結合と家族の神秘の絆は、抽象的理性を嘲けるかのように永続する。

理性を移り気な人間知性の通常の働きに似た何かの作用という意味で用いて、歴史は理性が行為に現れたものであるとする見解があるが、メストルはこの見解を反駁する中で合理的制度の自己否定性の実例を数多くあげている。合理的人間は自らの快を最大に、苦を最小にしようとする。だが社会はこのための道具ではまったくない。それはそんなことよりずっと基本的な何ものかに支えられている。永遠の自己犠牲、家族や都市、教会や国家のために快楽とか利益を無視して自己を捧げようとする人間の傾向、社会の連帯を示す祭壇にわが身を投げ出し、聖化された生の形式を守るために受難し死んでいこうとする熱意、こうしたものに社会は支えられている。非合理的な目的、自己の利益や快楽と関わらぬロマン主義的行動、そして自己放棄と自己抹殺の情念に発する行動をこれほど猛烈に強調した例は、一九世紀もずっと後にならなければ再び出会うことがない。

メストルの宇宙では行動は、それが日々の利益の実現に向けられ、人間の性質の表層をなす打算的で功利的な傾向に出るものであればあるほど、それだけ効果がなくなる。理性や個人の意志に出るのではなく、説明されず、いわくいいがたい深みから出る行動であればあるだけ、それは効果的で、記憶に残り、宇宙と調和する。——バイロンとカーライルが称賛した英雄的個人、危険を顧みずに嵐に立ち向かう人間、これもメストルにとっては愚かな科学者や社会改革家、大実業家とまったく同様に自己をやみくもに過信するものであった。最善にして最強のものは往々にして荒々しく、非合理で、理由がなく、それゆえ必ず誤解され、不条理に思われるが、それはただ誤ってこれを理解可能な動機に帰そうとするからなのである。彼のいう意味で人間の行動が正当化されるのは、それが幸せとか楽しみとか、また整然とし、論理的に一貫する生活や、自己主張、自己拡大をめざす傾向に発するのではなく、ただ、人には推し量れず、推し量るべきでもない、神の測りがたい目的——人はこれを否定して我が身を滅ぼす——を成就しようとする人間の性質から出るときだけである。この目的はしばしば苦痛と殺戮を伴う行動に導くものであり、そのような行動は良識ある尋常な中産階級の道徳からみれば、傲慢で不正の行為とみなされるであろうが、にもかかわらずあらゆる権威の中心にある暗黒で分析し得ない核から発するものなのである。これは世界の詩学であって、散文ではない。これこそあらゆる信仰あらゆる活力の源泉であって、人間はそれによってのみ自由であり、選択が可能になり、創造と破壊の力を得る。因果的に決定され、科学的に説明可能で機械的な運動をしている物質の世界、人間の下にあって善悪を知らぬ生きものたちの同じような世界を人が超えるのもこれによってである。

あらゆる真摯な政治思想家と同様、メストルも人間の本性についてのある見方を前提にしている。この見方は完全にではないが深くアウグスティヌス的である。人は弱く、非常に邪悪ではあるが、完全に因果律に決定されてはいない。人は自由であり、不死の魂である。彼の内では二つの原理が争っている。人間は神の似姿——創造者に似せて造られた、神霊の閃き——であると同時に、神に逆らうもの、罪人、神への反逆者でもある。人間の自由はごく限られており、人は逃れられぬ宇宙の流れに縛られている。たしかに創造することはできないが、修正することはできる。善と悪、神と悪魔のどちらかを選ぶことはでき、その選択に対して人には責任がある。創造の秩序の中でひとり人間だけが努力する。知識を求め、自己を表現しようとし、救済を得ようとして。コンドルセは人間社会を蜂とビーバーの社会に比較した。だがいかなる蜂も、いかなるビーバーも先祖が知っていたこと以上のことを知りたいとは思わない。鳥も魚も哺乳類もそれぞれの単調で変化のない循環の中に安らっている。人間だけが自分の卑しさを知っている。それこそ「人間の偉大と悲惨の、その崇高な権利と信じがたい堕落の証[32]」である。人間は恩寵の世界と自然の世界に同時に住む「半人半獣の怪物[33]」であり、潜在的には天使であるが、また悪徳にまみれてもいる。「人間は自ら何を望んでいるかを知らない。望んでいないものを望み、望んでいるものは望まない。望むために望むのである。人間は自らの内部に自分自身と違う何か、自分より強い何かを認める。賢者は抵抗の声をあげ、『誰が私を解き放ってくれるのか』と叫び、愚者は降伏し、自らの弱さを幸福と呼ぶ[34]。」

人間は――道徳的存在として――自由な意志で権威に服するに違いないが、しかし、ともかく服従しなければならない。というのもあまりに腐敗し、あまりに無力なために自ら治めることができないからである。そして統治なしでは人は無政府状態に陥り、消えてしまう。どんな人間もどんな社会も自らを治めることはできない。自らを治めるというような表現は無意味である。あらゆる統治は疑問の余地のないなんらかの強制的権威に由来する。無法はそれ以上上訴の余地のない何かによってのみ停止される。それは慣習であるかもしれないし、良心であるかもしれず、教皇の冠、あるいは剣かもしれないが、いずれにせよある何かである。アリストテレスは文字どおり正しく、ある人々は生まれながらに奴隷である[35]。そうであってはならないと言うのは理解できない戯言である。ルソーは人は自由に生まれながら至るところ鎖で繋がれていると言っている。「一体どういう意味だろうか。……人は自由に生まれたというこの狂った意見こそ真実の反対である。[36]」人間は邪悪すぎるから生まれたその時から鎖から解き放ってはならないのである。罪に生まれついているからこそ、人はただ社会と国家の力で個人の野放図な判断の逸脱を矯正されることによって辛うじて我慢のできる存在に変わるのである。メストルはバークの影響を受け、彼と同じように、またおそらくルソーとも(いくつかの解釈では)同じように、社会はそれぞれある一般的な魂、一つの真の道徳的結びつきを有し、それによってつくられていると信じている。だが彼はそれ以上に進む。

　政府は一つの真の宗教である(と彼は宣言する)。政府には政府の教義があり、神秘があり、僧侶がいる。それを各人の討議の下に置くことはそれを破壊することである。政府に生命を与えるのはただ民族の理性という一つの政治的信仰だけであり、政府はその象徴なのである。人間に最初に必要なのは成長する彼の理性を(教会と国家の)二重の軛の下に置くことである。個人の理性は抹殺さるべきであり、民族の理性の中に溶けてなくなるべきである。そうしてこそ、それはちょうど河が海に注ぐとき、その流れはたしかに沖合まで続いているが、河の名前はなくなり、見分けもつかなくなるように、個人的存在から別の——共通の——ものに変形されるのである。[37]

　このような国家は成文憲法によってつくったり、その基礎の上に置くことができない。憲法は守られることはあっても、崇拝されることはない。ところで崇拝なしには——それどころか、宗教の「前進基地《ウヴラージュ・アヴァンセ》[38]」たる迷信なしには——なにものも存立し得ないものである。この宗教が要求するのは条件的服従——ロックとプロテスタントのいう商事契約——ではなく、個人の国家への解消である。人は己れを——単に貸すのではなく——与えねばならぬ。社会は銀行、すなわち互いに猜疑の目で——騙されはしまいか、ごまかされ、くすねられはしまいかと——警戒し合っている諸個人が形成する有限会社ではない。空想的な権利もしくは必要を名目とする個人の抵抗はすべて、生命力をもつ唯一のものである社会的、形而上的なまとまりを解体する。

これはボシュエが擁護した意味における権威主義、いやボナールの擁護した意味でのそれでさえない。われわれはトマス・アクィナスやスアレスの整然たるアリストテレス的な構築物を遠く後にし、いまやドイツの超国家主義者、啓蒙の敵たちの世界、ニーチェとソレルとパレート、D・H・ロレンスとクヌート・ハムスン、モーラスとダヌンツィオの世界、血と土《ブルート・ウント・ボーデン》の世界に近づきつつあるのであって、伝統的な権威主義は遥か後方に去ってしまっている。メストルの体系の正面は古典的かもしれないが、その裏には恐ろしくなるほど近代的な何か、甘さと明るさに激しく対立するものがある。その調子はいささかも一八世紀のものではない。この世紀の反抗の頂点を示す——サドやサン・ジュストのような——もっとも激しく、ヒステリカルな声音とさえ違い、中世的ドグマの厚い壁の中に閉じこもって自由や革命の闘士に対抗した凝り固まった反動主義者の声とも異なっている。核心にある暴力の教義、暗黒の力の信仰、人間の自己破壊本能を矯正し、これを救済のために用いることを唯一可能にする鉄鎖の賛美、理性に反するやみくもな信仰への訴え、神秘的なものだけが生き残り、説明はいつでも弁解だという考え、血と自己犠牲の教義、民族の魂を河川が流れこんで一つになる広大な海にたとえる教え、自由主義的個人主義の不条理、そしてなによりも反抗的な批判的知識人の破壊的影響に対する批判——これらの旋律はたしかにわれわれが後になって聴いたものである。（時として見えすいた擬似科学的装いの下に与えられる）理論としてはともかく、実践においては、メストルの深く悲観主義的なヴィジョンはわれわれの世紀の、左右両方の全体主義の核心である。

VI

メストルの哲学が担った課題は一八世紀の哲学者《フィロゾーフ》が説いた理性に対する全面的な攻撃にあり、少なくともフランスでは革命戦争の一つの結果として生まれた国民意識についての新しい感覚に負うところがあると同時に、バークにも、すなわちフランス革命と超時間的普遍的な諸権利に対する彼の非難、具体的なもの、慣習と伝統の拘束力についての彼の強調にも負っている。メストルはイギリス経験主義、特にベーコン[39]とロックの見方を槍玉にあげて軽蔑したが、イギリスの公共生活には渋々ながら賛辞を呈している。西欧の多くのカトリック理論家の場合と同様、彼にとってもそれはローマの普遍的真理から切り離された一つの地方文化であるが、本当の信仰をもつことなしに達成し得るものとしては最善に近く、残念ながらイギリス人の想像力ではいつも手の届かない完璧な精神的理念の世俗における最近似値である。イギリス社会が称賛に値するのはそれが一つの生活様式の受容のうえに成り立っており、それ自身の基礎をいつまでも再検討したりしないからである。[40]制度や生活様式に疑問を呈するものはみな一つの答えを要求する。合理的議論を支えにして答えを与えてみても、その答えがまた同種の疑問に曝されるのは避けられまい。こうしてどんな答えも疑われ、信用を失うことをどこまでも免れぬであろう。

このような懐疑主義が一度認められれば、人間精神は落ち着きを失ってしまう。自らが提出する疑問に対する最終的解答が見えないからである。一度基本原理に疑問がさしはさまれると、恒久的なものは何一つうちたてられなくなる。疑いと変化は内と外からの解体腐食作用であって、生を余りにも危ういものにする。オルバックとコンドルセがしたような説明は言い訳に過ぎず、何物をも確固とさせない。諸個人は止まるところのない懐疑に苦しめられ、諸制度は転覆され、別の生活形式に置き換えられるが、それもまたいずれ壊れる運命にある。もはや安定した場所はどこにもなく、いかなる秩序も、静穏で調和のとれた満足のいく生活の可能性もない。

確固としたものは何であれこうした攻撃から守られねばならぬ。ホッブズは、リヴァイアサンの支配をあらゆる義務の拘束から自由にし、これを絶対的で疑問をいれざるものにしたとき、たしかに主権の本性を理解していた。だがホッブズの国家はグロティウスやルターの国家と同じように人間がつくった構築物であり、世代が変わるたびに無神論者や功利主義者が持ち込む永遠の疑問から守られていない。その疑問とは、どうしてこのように生き、別の生き方をしないのか、どうして他の権威ではなくこの権威に服すのか、いや、あらゆる権威に服すのをやめてはなぜいけないのか、といった疑問である。一度知性がこういった厄介な問題を提起するのを許せば、これを止めることはできない。一度初動が始まればいかなる手段もなく、善に代わって腐敗が据えられる。

メストルがバークの見方にある程度影響されたことはほとんど疑いがない。フランス革命の敵対者は誰でもこの偉大な武器庫から武器を引き出した。メストルはバークを称賛しているとはいえ、この偉大なアイルランド人の反革命の著述家の弟子ではなかった。メストルにはバークの用心深い保守主義や、簒奪者オレンジ公ウィリアムが敬虔なカトリックであったジェームズ二世からその正当な権利を奪った王位継承法に対する彼の賛辞はまったく無縁である。バークは妥協と調整を擁護し、生者と死者と未来の者との契約であるにしても、ある種の社会契約について語ったが、こうしたことも彼の趣味ではない。バークは神政論者でも絶対主義者でもなく、教皇至上主義者のメストルのように極端な命題を偏愛することもない。だが、バークの抽象観念批判、歴史的発展から切り離され、人間と社会をつくる有機的成長のプロセスから切り離された超時間的で普遍的な政治的真理に対する彼の批判、また伝統や社会組織、すなわち共同体と国家の内的な生命であり、社会を結合させそれに性格と力とを与える手に触れることのできない織り糸であるものを、人為的でとりはずしうる殻であるとみなしてこれから人類を解放しようというルソーのような人たちの主張に対する徹底した反対、こうしたものすべてをメストルは彼と共にしており、多分ある程度まで彼から引き出した。メストルは面白がって彼を引用しているが、イエズス会思想の影響の方がはるかに強力であった。

メストルは時には古典的な威厳と美——サント・ブーヴが「彼の比類なき雄弁[41]」と語ったもの

——にまで達する言葉で、合理主義的な、あるいは経験的な説明は実際罪の仮面であると宣告する。というのも宇宙の中心には底知れず暗い一つの神秘があるからである。社会生活を律するあらゆる偉大な生きた力、強く豊かで大きいものが弱く貧しく小さいものに揮う力、征服者と聖職者、家と教会と国家の長に等しく属する、服従を強制する権利、これらのものの権威はこの摩訶不思議な源泉から流れ出ており、しかもこの泉の生命力はまさに理性による究明を許さぬ点にある。「まったく簡単に言ってよいのだ。王様の命令とあれば行進しなければならぬと。(42)」このような権威はこれに疑問を容れる手段がないがゆえに絶対的であり、これに逆らう術がないがゆえに全能である。宗教が理性に勝るのはそれが理性よりも説得力のある答えを返すからではなく、いかなる答えも返さないからである。それは説得も議論もせず、命令する。信仰は盲目であるときにのみ真に信仰である。一度正当な根拠を求めれば、信仰はおしまいになる。宇宙の中で強力で恒久的で実効的なものはすべて理性を超え、ある意味ではこれに反している。世襲王政、戦争、結婚、これらは弁護することができず、それゆえ、なくすべきだという論駁も不可能であるからこそ、永続する。非合理性は理性がやろうとしてもできない形で存続を保障されている。メストルの奇怪な逆説はすべて、彼の時代にあって並はずれて新しかったこの命題の発展である。

メストルの教説は彼以前の宗教の擁護者による(たとえばイリューミニスト諸セクトや彼お気にいりの近代における神秘主義者サン・マルタンによってなされた)合理主義および懐疑主義への攻撃と明白な類似性をもっている。しかしメストルの教説はその激しさにおいてのみならず、神政的な生の概念においては、許容はできるが弱点、少なくとも難点として許されていたに過ぎないものを一つの美徳にしたてあげる点で以前のものとは異なっている。彼は聖トマスや一六世紀の偉大な神学者からインスピレーションを得ていると言明しているが、その教説は彼らの修正合理主義から初期教会の大胆で絶対的な非合理主義に立ち帰るものである。メストルはたしかに神の理性を語り、摂理について語り、万物は究極のところ摂理によって、人の推し量り得ぬ仕方でつくられるものだとしている。けれども彼にとっての神の理性はおよそ一八世紀の理神論者が訴えるもの――理性は神が人に植え付けたものであるとし、ガリレオとニュートンの画期的勝利の源泉となった考え――すなわち、温情ある専制君主や主権を有する賢明な合議体がつくった計画に従って合理的幸福をつくりだすための道具ではない。メストルの神の理性の観念は超越的で、それゆえ人間の目から隠されているある行為のことである。それは単なる人間的手段によって得られるいかなる知識からも引き出すことはできない。神の啓示したもう世界に足を踏み入れた経験があり、したがって、神の摂理の道筋や目的は理解できないにしても、それによって決定されるものとしての自然と歴史から学ぶことのできる人々には、これを垣間見ることが許されるかもしれない。そうした人々は信仰をもつがゆえに動揺を感じない。人間的範疇を神の力に適用する愚かさを知るだけの叡知があるから彼らは疑問を発したりしない。なによりも彼らはあらゆる物事を説明する一般理論を探し求めない。科学が確立する一般原理ほど真の叡知にとって致命的なものはないからである。

メストルは一般原理とその応用にともなう危険(フランス啓蒙《リュミエール》はこれを大部分無視した)につい

て非常に透徹した、驚くほど現代的な見方をしていた。理論的にも実践的にも、彼は文脈の相違、主題や歴史状況や思考のレベルの違いに異常に敏感であり、言葉と表現が使い方次第で変わるそのニュアンスの違い、また思考と言語の多様性と両者の不一致について並はずれて鋭い感覚をもっていた。彼にとって各専門分野はそれぞれ固有の論理をもつものであり、神学に自然科学で妥当する基準を適用したり、歴史に形式論理学で使われる概念を用いるのはばかげた結論に導かざるをえないと彼は繰り返し言っている。それぞれの領域には固有の信仰形式があり、固有の証明法がある。普遍的論理というものは、普遍的言語と同じように、絶えざる緩慢な沈澱過程を通じて蓄積された豊かな意味を使用する象徴から落としてしまう。そのような沈澱過程があるからこそ、古い言語はただ時が経過するだけで、昔からある永続的な制度に固有の美しく神秘的な属性を身につけ、豊かにされるのである。われわれが使う語の正確な連想と含意とを分析することは不可能であり、連想と含意を捨て去ることは自殺に等しい狂気の沙汰である。それぞれの時代には固有のヴィジョンがある。過去をわれわれの時代の価値観で説明すること、まして裁くことは歴史を無意味なものにするであろう。そして実際しばしばそうされてきた。

メストルはこれをバークとヘルダーとシャトーブリアンを想い起こさせる言葉で語っている。「キリスト教の歩みは昔からずっと神的なものであり、このためその動きは緩やかであった。というのもおよそ正しい作戦というものはどんなものであれいつも目に見えぬ足取りで進むものだからである。騒音や、騒ぎや、焦りに出会うとき」、転覆し、吹き飛ばそうとする邪悪な試みに出会うときには常に、「犯罪か狂気が働いているに違いないと思ってよい。主は動揺されない。[43]」いかなるものも生長し、すぐれたものも恒久的なもので一夜にして完成されたものはいまだかつてない。あらゆる即席の産物はそれ自身の衰えを速やかにもたらす種を内に蔵しており、革命の本質的な罪はいつでも、魔法の杖の一振りで物事を変えようと試みる点――突然にかつ激しく変更すること――にある。どんな国も民族も結社もそれ自身の伝統を有し、それは他へ輸出できるものではない。たとえばスペイン人は英国の憲法を採用しようとして深刻な誤りを犯しつつあり、ギリシャ人は一夜にして民族国家になり得ると考えることで誤りを犯しつつある。メストルの予言にはおかしいくらいの誤りとなったものもいくつかある。たとえば、彼はワシントンのような都市は決して建設されず、仮に建設されても、決してワシントンとは呼ばれないだろうし、仮にその名をもつとしても、決して議会の所在地にはならないだろうと明言している。[44]

抽象は社会に劣らず自然界においても致命的である。メストルは百科全書家が自然という名で顕彰したすべてを満たしすべてを説明する実体を嘲弄する。「自然というこの女はいったいどういう女だろう。[45]」自然はあらゆるよきものを供給する情け深い存在とか、あらゆる生命、知識、幸福の根源であるどころか、彼にとっては一つの永遠の神秘である。その振舞いは残酷で、その姿は残忍で、苦痛と混沌に満ちている。人には究明しえない神の目的に仕えるものであり、人を楽しませ、人を開明することは滅多にない。

一八世紀は高貴な野蛮人の素朴な美徳に対する賛歌に溢れている。メストルはわれわれに、野蛮人は高貴どころか人間以下で、残酷、自堕落で獣のようだと教える。一度でも彼らの中で暮らしたことのあるものは彼らが人類の屑であることを証言できる。文明のために西洋諸国はそこから逸脱してしまった自然の好みと自然の道徳の堕落せざる原型、その初期のお手本であるどころか、神の創造のプロセスにおいて捨てられたモデル、その犠牲者であり、できそこないである。これらの人々のもとへ遣わされたキリスト教の宣教師たちはこれまで彼らについてあまりにも好意的に語りすぎた。こうした善良な聖職者たちが、野蛮人が実際その中にある汚濁と悪習と同じものを神の造られたなにものにも見出し得なかったからといって、このような成長が止まった事例をわれわれの従うべきモデルとするいわれはない。ルソーとその追随者はいったい何をなせとわれわれに要求するのか。メストルはモンテスキューの有名な言葉を繰り返す。「野蛮人は果実を食べるために樹を切り倒す。宣教師がくれた荷車から牛を外し、車の木を使ってその肉を料理する。三世紀経ってなお、野蛮人がわれわれから欲しがるのは人を殺すための粉と自分を殺すきちがい水だけである。盗人猛々しく、残酷で自堕落な野蛮人は、なるほどわれわれとは異なっている。われわれは少なくとも自分の本性を克服しなければならないが、野蛮人はその本性に従う。犯罪は彼の生まれながらの好みであり、彼はいかなる後悔も感じない。(46)」これに続いてメストルは野蛮人の生活に典型的な楽しみを列挙して読者をぞっとさせる。親を殺し、仲間の腸を抉り、頭髪を剝ぎ、人肉を食い、猛烈に酒色に耽ることなどがそれである。では神が野蛮人をつくられたのは何の目的のためか。われわれへの警告のためである。人がどれほど深い堕落に堕ち得るかを示すためである。野蛮人の言語は始源がもつ原初的な力と美を有してはいない。ただ衰弱の混乱と醜さがあるだけだ。それは「滅びた昔の言葉の残骸」(47)である。

野蛮人がそこに生きているといわれるルソーの自然状態、また野蛮人も承認するはずと考えられ、その名においてフランスとヨーロッパが残忍な殺戮に駆りたてられた人間の諸権利といわれるものについていえば、いったいこれはどういう権利だろうか。どういう人間に固有なのだろうか。いかなる形而上的な目、いかなる魔法の目も、何らかの特定の人的ないし神的な権威から引き出されない権利というような抽象的実体は探しだすことができない。自然と呼ばれる婦人がいないのと同様に、人間という名の被造物も存在しない。それでも革命はなされ、言語道断の暴虐の数々がこの空想の名の下に行なわれた。

四、五世紀も前なら(とメストルはロシアについての覚書の中で書いている)、教皇が一握りのうるさい法律家を破門すれば、彼らは赦しを乞いにローマに行ったであろう。そして他方で大領主が少数の反抗的な小作人(48)を抑えつければ、すべては秩序どおりに収まっていたであろう。現代では、社会の二つの錨――宗教と奴隷制――が一度にわれわれを見離し、船は嵐に運び去られて難破してしまった(49)。

ローマ教会の権威がしっかりと確立されたとき初めて奴隷制を廃止することが可能になり――事実廃止されたのである。

合理主義は無神論、個人主義、無政府状態に導く。社会組織は人々が自然の上位者を承認するからこそ固まるのであり、人々が従うのは、どんな合理主義哲学も説明しきれぬ、自然的権威についてのある感覚を彼らが感じるからである。国家なくして社会はあり得ず、国家は主権という最高の法廷なしにあり得ない。主権は無謬性なしに、無謬性は神なしにあり得ない。教皇は地上における神の代理人であり、あらゆる正統な権威は教皇から引き出される。

これがメストルの政治理論であり、反動的な反啓蒙主義者と、そして最終的には後の時代のファッシズムに圧倒的な影響を及ぼし、伝統的な保守主義者や聖職者の不安の種ともなった理論である。より直接的にはそれは著しく教皇至上主義的で反国家主義的なフランスの権威主義思想と、そしてフランスのみならずスペインとロシアにおける反政治的な神政主義の諸運動を鼓舞した。神の権威についての彼の概念は深く反民主主義的であるだけでなく、個人の自由と社会経済的平等、そして人間の友愛のもろもろの政治的含意に完全に対立するものである。たしかに彼ならば、メッテルニッヒの言とされる「もし私に兄弟があったとしても、私は従兄と呼んだであろう」というセリフに共鳴したかもしれない。カトリック自由主義は彼にはばかげたもの、いや、自己矛盾であると思われたであろう――教皇主義の古い同盟者ラムネの中にあったこの傾向の種子は晩年の彼を心配させた。ブランデスの適切な見解によれば、自由主義者たちにとってメストルは、彼らの存在があげて反対するもののすべてをもっとも豊かに花開かせた典型であるが、それは彼が過去に生きていると か過ぎ去った文明の遺物にしがみついているという意味で反動的だったからではなく、反対に、彼が自らの時代を余りにもよく理解し、当時最新のあらゆる武器を動員して、時代の自由主義的諸傾向と積極的に戦ったからなのである。

人類のもっとも危険な敵——あらゆる社会の基礎を侵蝕することを目的とし、仕事とする破壊者——はプロテスタント、すなわち普遍教会に歯向かうものである。ベール、ヴォルテール、コンドルセは偉大な破壊者——ルターやカルヴァンとその追随者——の世俗における力のない弟子にすぎない。プロテスタンティズムは、あらゆる権威の唯一の基礎である盲従に対する個人の理性あるいは個人の信仰の、また良心の反抗である。したがってそれは根底において《オー・フォン》政治的な反乱である。司教なくして国王なし。カトリック教徒はいまだかつて主権者に反逆したことがない、プロテスタントだけがそうしたとメストルは『プロテスタンティズムについての省察』の中で宣言している[50]。この驚くべき主張は次のような奇怪な詭弁に支えられている。すなわち、コンスタンティヌス帝以後、国家と教会は一つであり、したがってカトリック教徒による反逆行為——たとえば熱狂的カトリック信者による異端の支配者の暗殺——は真の権威に対する反逆行為ではなく、簒奪者に対するものだというのである。スペインの異端審問はたんに真の信仰を守るだけでなく、それなくして社会が存続し得ない最小限度の安全と安定を維持する一つの手段であった。異端審問は、彼の見るところ、従来かなり誤解されてきた[51]。たいていの裁判例において、それは穏かで温情ある再教育の手段であり、多くの魂を悔い改めさせ、真の信仰に引き戻したのであった。それはスペインをフランスやイギリスやドイツの破滅的な宗教紛争から救い、それによってこの敬虔な王国の国民的統一を保護した。(こ)れは行き過ぎであった。メストルの弁明はフェリペ二世を喜ばせただろうが、教会の政策のもっとも熱心な主唱者の間にさえあまり反響を呼ばなかった。）聖職者の権威への挑戦が成功を収めたことは三十年戦争がドイツにもたらした流血と混沌の一因である。いかなる国も教会に反抗して偉大な事業をなすことはできない。ここからナントの勅令の撤廃が愛国的観点だけから正当化される。「優れた時代には、すべてが優れている。ルイ一四世の大臣、大官は、彼の将軍や絵描きや庭師が各自の領域で偉大であったのと同様に偉大であった。……われわれの哀れな時代が迷信、狂信、非寛容などと呼ぶものはフランスの偉大さの必要不可欠な成分であった。[52]」カルヴィニズムはこの偉大さの敵の中でもっとも危険なものであった。だがフランスではそれは少しずつ基盤を失い、ついに倒すことができた。それが倒れたとき、犬一匹吠えなかった。この行為によってフランスは有能な職人を失い、彼らは亡命してその技術で外国を富ませたと言う輩に対しては、このような店屋(boutiquières)の考えに動かされる連中には、「私の本とは別のところに答えを探させ[53]」よう。

ジャンセニストも大してましではない。ルイ一四世はポール・ロワイヤル修道院をぶち壊し、その跡に荷車を転がさせ、「以前は悪い本しかできなかった場所に立派なとうもろこしを作らせた。[54]」パスカルについては、メストルは彼がポール・ロワイヤルに負っていたものは何もないと決めつけている。異端は絶滅されねばならない。中途半端は十分な手を打たなかったその人の身につねにはねかえるであろう。「ルイ一四世はプロテスタンティズムを踏みつぶしたが、十分に長生きした末に、ベッドの上で栄光につつまれて死んだ。ルイ一六世はこれを甘やかして、断頭台で死んだ。[55]」「どんな制度も、もしそれが人の力にだけ頼るならば、確固たるものでも持続的なものでもない。

歴史と理性は一致してあらゆる偉大な制度の根拠が現世の外に見出されるべきことを示している。……とりわけ主権は、それが宗教によって聖化《ディヴィニゼ》される度合いに応じてのみ、力と統一と安定を得る。(56)」

メストルは自分が戦っているもろもろの価値について独特の把握をしていた。不信心ほど誤りやすい規準はない、と彼は述べている。それが何を憎んでいるか、何がそれを怒らせているのか、それはいつも、またどこでもいったい何に対して、怒りに燃えて攻撃を仕掛けるのか、これらを見なければならない。それは真実に対してであろう。アナトール・フランスが彼について用いた言葉で言えば、彼は「彼の世紀全体の敵(57)」であった。このような行動は反動ではなく反革命であり、受動的ではなく能動的で、過去を再生する無駄な試みではなしに、未来を過去についての一つのヴィジョンに隷従させようとする、驚倒すべき現実的努力なのである。しかもそうした過去のヴィジョンは純粋に空想的どころか、同時代の出来事についての陰鬱なまでにリアリスティックな解釈に深く根拠をおいているのである。

メストルはシャトーブリアンやバイロンやビュヒナーやレオパルディーがそうであった意味におけるロマン主義的悲観論者ではなかった。彼にとって世界の秩序は混沌たるものでも不正なものでもなく、信仰の目で見てかくあるはずの、かくあるべきものであった。なにゆえに正しいものがパンを失い邪悪なものが栄えるのかといつの時代にも尋ねる人々に対して、これは神の法の何たるかについての子供っぽい誤解に基づくものだと彼は答える。「何事も偶然には進まない……すべてに規則がある。[58]」一つの法があるとすれば、それは例外を許さない。もし一人の善人が不運に会うとしても、神がそれなくしてはすべてが混沌に帰してしまうもろもろの法を一人の個人の利益のために変更するとは期待できない。ある男が痛風もちだとすれば、彼は不運だが、だからといって彼が自然の諸法の存在を疑うに至るわけではない。それどころか、彼が頼る医学自体、自然の諸法を前提している。一人の正しい人間が災難に遭ったとしても、それもまた宇宙におけるよき統治の存在を疑う理由にはなんらならない。法が存在するからといって個々の不幸を防ぐことはできない。いかなる法も個別的なケースに合うように適用することはできない。そんなことをすれば法ではなくなってしまうからである。この世には一定の量の罪があり、それは全体としてそれに見合った量の受難によって償われる、これが神の原理である。だが人間的正義や合理的衡平が神の行為を支配しなければならぬとは、つまり個々の罪人一人一人が罰せられねばならぬとは、少なくとも現世において罰せられねばならないとは、なにものも語っていない。悪がこの世にある限り、どこかで血が流れるであろう。罪なきものの血も罪あるものの血もどちらも摂理が罪深い人類を贖うやり方なのである。罪人に代わる必要があるならば、釣り合いのとれるまで無実のものが殺戮されるであろう。これがメストルの神義論である。これがロベスピエールの恐怖政治を説明し、世界におけるあらゆる不可避的な悪を正当化する。

メストルの名高い犠牲の理論はこの公理に基づいており、この公理によれば、責任は個人ではなく集団にかかるのである。われわれは皆互いに罪と受難とを負い合っている。それゆえ、父の罪は否応なく子供たちのうえに、たとえ個人として罪はなくともはねかえる。他にはふりかかるものがないからである。邪悪な行為は現世においてすらいつまでも償われずにはいない。それは自然界において不均衡状態が無限に続かないのと同じである。メストルは「歴史に二つの要素しか見なかった」とラムネは後年悲しげに言った。「一方には罪、他方には罰を。彼は寛大で気高い魂を備えていたが、彼の書いた本はみなまるで処刑台の上で書かれたもののようである。」(59)

Ⅶ

プロテスタンティズムは人類の統一を破り、混沌と災厄を生み、社会を解体した。一八世紀の哲学者はこの病《マレーズ》の一つの治療法として人間の諸生活を一つの合理的計画に従って規制することを推奨した。だが計画はまさにそれが合理的であるがゆえに、計画であるがゆえに失敗する。戦争は人間の活動の中でももっとも明白に計画されるものの一つである。だが一度でも戦場を見たことのあるものなら、将軍の発する命令がそこで起こることを決定するとは誰一人主張し得ない。将軍もその部下も何が起こっているかとても言うことはできない。銃声、混沌、負傷者や死にゆくもののうめき声、手足を切られた胴体――「五、六種類もの興奮」(60)――要するに、暴力と無秩序が余りにも大きいのである。勝利を将軍たちの賢明な作戦に帰するのは生を構成する要因を知らぬものだけである。勝利を収めるのはどちらか。味方の優勢を曰く言いがたい感覚で信じきる側である。軍隊も将軍も味方と敵との死傷者の比率がどれほどになるか言うことはできない。「想像力を働かせれば戦いに負ける。(61)」勝利は物理的な出来事というより、信仰の神秘の働きに依存する道徳的、心理学的な出来事である。注意深くめぐらされた計画の帰結でも、弱々しい人間の意志の結果でもない。

戦いはいかに戦われ、勝利はいかにして得られるかについてのメストルの観察は、『夜話』の有名な第七会話に含まれているが、おそらくそれは、戦場では混沌が避けられず、司令官が布陣の重要性をいくら言い立てても無意味であるという、彼が繰り返しとりあげるテーマのもっとも巧妙で、もっとも生き生きした定式となっている。このテーマこそ後にスタンダールが『パルムの僧院』で描いたワーテルローの戦場におけるファブリスの描写にあのように大きな役割を果したテーマであり、さらに、トルストイ(彼がメストルを読んだことは知られている)が『戦争と平和』において展開した人間行動の理論に圧倒的な影響を明瞭に与えたものである。そして実際それは、生一般についてのメストルの教義であり、トルストイもまたこれを共にしたのである。生はゾロアスター教的な光と闇との闘争ではない。民主主義者、合理主義者にとっては教会が闇であり、逆に信心深い権威主義者にとっては無神論の邪悪な力にこそ闇が存するのだが、いずれにしても生は彼らが考えるような光と闇との戦いではなく、終りなき戦場の見通しのない混乱こそ生の姿であり、人は神が宇宙を導く神秘の掟の下、そうせざるを得ないがゆえにこの戦場で戦い続けるのである。結果を決めるのは力でも理性でも、徳でさえなく、歴史的存在全体が織り成す筋の推し量れぬドラマの中で個々の人間や民族に割りふられた役割である。しかも、われわれにはせいぜいのところ、このドラマで自分に与えられた役のごく小さな断片しか把握することができない。ドラマの全体を理解したふりをするのは怠惰な愚行であり、ましてわれわれがより優れた知恵によってこれを変更し得ると想像するのは狂気の沙汰である。信ぜよ、そして、主が地上におけるその代表を通じて命ぜられるところを行なえ。

「体系にとらわれて自分を見失うまい！」(62) 彼は自然諸科学となんらかの関連を主張するどんな方法に基づく体系にもとりわけ反発する。メストルにとって科学はその言語からしてなにかしら堕落したものである。そして、はなはだ予言的なことだが、言語の堕落こそ一国の人民の堕落のもっとも確かな徴であると彼は言っている。(63) メストルの言語についての関心と観念はとびきり大胆で鋭く、その行き過ぎた点においてすら、二〇世紀思想を先取りしている。彼のテーゼは、あらゆる古い安定した制度、王制や結婚や礼拝の制度と同様に、言語は神に起源を有する一つの神秘だというのである。言語を人間が工夫をこらして発明したもの、伝達を容易ならしめるために創られた一つの技術だと考える人々がいる。そうした理論家によれば、思考は象徴なしに考えだされることになる。われわれはまず考え、然る後に思考を言い表わすのに適当な象徴を、まるで手に合う手袋を求めるように見出すということになる。この理論は一般の人が抱く理論であり、われわれの時代に至るまでは大半の哲学者もいささか無批判にこれを支持してきたが、メストルとボナールの二人、特に後者はこれを断固として斥ける。考えることは象徴を用いること、はっきりと言明された語彙を用いることである。思考とは口に出されていないとしても言葉である。「思考と言葉は二つのすばらしい同義語に過ぎない」(64)と、メストルは宣言した。言葉――あらゆる象徴の中でいちばんありふれたもの——の起源はそのまま思考の起源である。人間が言語を発明した最初の瞬間などあり得ない。発明するためには人は考えねばならず、考えるということは象徴、すなわち言語を用いることだからである。一般に言葉の使用は思考の「使用」と同様に人為的に発明されるものではなく、両者は同じものなのである。そして発明し得ぬものはメストルにとって神秘的なものであり、神的なものである。

もちろん、人為の産物でないものは必然的に神に起源を有すると考えなくとも、思考と言語とを、生物学や社会心理学のような自然科学の対象となる一つの自然現象として同一視することに深遠な独創性を認めることはできるし、それは十分理にかなったことであろう。おそらく、この決定的な観念の種子は、メストルも引用しているが、言語を「魂のそれ自身との語らい[65]」と言ったプラトンの『テアイテトス』の有名な比喩に見出されるであろう。だが、そうだとしてもこの種子は石ころだらけの土地に落ちた。ホッブズはこの真理を再発見するのに他人の力を借りなかったようである。それはまたヴィーコの体系の核心近いところにある考えであり、メストルはヴィーコの体系にも通じていたと報告されている[66]。

メストルは言語の起源について一八世紀になされたもろもろの推測をからかいの種にして大いに楽しんでいる。彼の言うところでは、ルソーは人がいかにして最初に語を用いだしたかが分からず頭をひねっているが、何でもお見通しのコンディヤックはこれについても、また他のどんな疑問に対しても答えを知っている。それによれば言語は明らかに分業の一つの結果として生まれたのである。ある世代の人々がバと言い、次の世代はベを付け加え、アッシリア人は主格を発明し、メディア人は属格を発明したという具合である。[67] このような皮肉はより狂信的な哲学者《フィロゾーフ》たちの一部にみられる歴史感覚の猛烈な欠如に対してはまったく適切であった。だがメストルの理論の他の部分にはそれほどの正当性はなかった。言葉はそれ自体の思考と感情と見方を貯蔵し、それゆえわれわれの祖先を取り巻いていた外界を保存するものであるから、神から由来して経験を形づくる祖先の意識的無意識的な叡知を体現している。それゆえにこそ、古い伝承された文書、とりわけ記憶の彼方にある種族の叡知を表現し、それが出来事の衝撃を受けて修正され豊かにされていった様を語る聖なる書物のテキストは、専門的知識と熱意と忍耐を以て読めば、隠れた宝をたくさん引き出せる貴重な手がかりなのである。中世哲学は聖書の隠された意味を探し求め、解釈の仕方がこじつけだと笑われた。だが、ヴィーコやドイツのロマン主義者と同様、言語を人間の発明とみないメストルにとっては、中世哲学は隠された知識の深い探究であり、人類、少なくともキリスト教世界の無意識を探る一種の精神分析に他ならない。秘匿された大きな宝が見出されるのは暗闇の中だけである。だから百科全書家が求める明確化は、ほとんど、言葉の中にあるすべての深く豊かなものを蒸発させる行為に等しい。それは言葉の美質を殺し、意味を奪ってしまう。もちろん、同じようにして占星術や錬金術を擁護することもできるかもしれない。そうしたところでメストルは驚かなかったであろう。彼は自然科学の方法には関心がなかった。彼が関心をもったのは幻視者スウェーデンボルクであり、自然現象の神秘的な説明である。同時代人、ウィリアム・ブレイクに劣らず、彼は近代化学や近代物理学の教科書よりも魔術的秘教の方に一層深遠な知恵が見出されるはずだという考えにすぐに賛同したであろう。さらに、宗教的聖典の政治的価値こそはどんなに誇張してもしきれぬものである。(68)

思想はそのまま言語であり、一つの人民、一つの教会のもっとも古い記憶を祀っているものだから、言語慣用を改めることはあらゆる神聖なもの、賢明で権威あるものの力と影響を破壊することである。もちろんコンドルセなら、万国の開明された人々の間のコミュニケーションをより容易ならしめるために、一つの普遍的言語を欲するところであろう。そのような言語ならば、もろもろの時代を通じて蓄積された迷信と偏見を「浄化」することが可能であるし、そうなれば、幻想、すなわちコンドルセによれば今日神学と形而上学の名の下にまかり通っている幻想をそれが育てることもなくなるであろう。だが、これらの偏見と迷信とは何であろうか、とメストルは尋ねる。われわれはいまや彼の答えを予測できる。その起源は神秘に覆われ、その力は合理的に説明できないあの確信がまさにそれである。時間と経験の試練に耐え、過去の時代の円熟した叡知を称えるあの古い信念と概念がそれである。これらを捨てることは一歩間違えれば死に至る荒れ狂う自然の中に舵なしで留まることである。そしてもっとも現代から遠いがゆえに最善で、もっとも内容豊かな言語は、教会の言語、人間に知られた最善の統治たる偉大なローマ国家の言語である。ローマ人と中世の言語がもてはやされるべき理由はまさにベンサムがこれを斥け、批判したその理由である。すなわち、それは明断でなく、科学的使用に容易に馴染まぬがゆえに、また使われている言葉自体が記憶を超えた過去の目に見えぬ権威を宿し、救済がただそれによってのみもたらされる人間の歴史の暗黒と受難を引きずっているからである。ラテン語はそれだけでも精神の正しい在り方を保障する役にずっと立つであろう。固有の限界があるラテン語の語彙、近代性へのその抵抗力はこの働きにとって本質的である。オーウェルの『一九八四年』は言語の統制が生活の統制にとって本質的だというこの重大なテーゼの単なる残響に過ぎない。もっとも彼のエリートの目的とするところはメストルのそれとはいささか異なり、それが採用する手段も伝統的言語ではなく、人工的な、特別にしつらえた言語――まさにメストルの攻撃の対象――であるが。

メストルはこの点と整合的に、唯一頼りになる教育者として、中世道徳に具現した真理を伝えるラテン語を用いるイエズス会士を擁護し、皇帝アレクサンドル一世がかつてロシア帝国のための一種のニュー・ディールを企てて力を借りたスペランスキーと一群の政治顧問たちを攻撃している。彼はこうした態度をさらに一層推し進めた。彼にとって非合理性はほとんどそれ自体として価値あるものである。というのも彼は理性の分解作用を受けつけぬものは何でも肯定したからである。合理的信仰には弱点があり過ぎる。優れた弁論家はそのような脆弱な基礎の上にあるどんな構造にも穴を穿つことができる。理性がつくるものは理性で壊すことができる。それゆえメストルのアクィナスへの訴えはまったく説得力がない。イエズス会の弟子としてそうする以外に手がなかったであろうが、彼が見た真理はトマス主義の視野の外にあった。すなわち、合理的な論法が完全に、また原理的に不適切で無意味である、そういうものだけが難攻不落だというのが彼の見た真理であった。

ここでもまたトルストイとの間にある種の類似性がある。科学の専門家への信仰や進歩に対する自由主義者の信念、さらに特定して言えば、スペランスキーやナポレオンや学識あるドイツの軍事戦略家のように人間の意志と知力を信頼する人々に対する(後にはロシアのあらゆるインテリゲンチャにまで拡げられた)トルストイの冷笑的な態度はサンクト・ペテルブルクにおけるサルディニア国代表の態度に非常に近いものである。

メストルはこれととてもよく似た議論を使って、社会の基礎を契約におく、彼の目には同様にばかげて見える理論を粉砕する。契約は約束とこれを強制する手段を前提すると、メストルは的確に主張する。だが約束は既存の意識化された社会習慣がつくる精密なネットワークの枠内でのみ了解可能な行為であり、その中でのみ考えられる行為である。その上、強制装置は発達した社会構造の存在を前提する。契約状態に到達するためには、規則と習慣によって生きているというだけでなく、秩序と複雑さが既に相当の程度に達している社会が存在しなければならない。「自然状態」にある孤立した野蛮人にとっては、約束とか契約とか強制的法律その他の社会習慣はなにものをも意味し得ない。したがって社会は契約によってつくられ、その逆ではないと想定するのは歴史的のみならず論理的にもばかげている。ところがこれまで、プロテスタントだけが社会を銀行や会社のような人為的結社だと想定し得たのであった(69)。

メストルはバークの影響をあらわに示して、社会は自己利益や幸福についての計算をもとに丹念につくられた人為的な結社ではないと、一度ならず感情を爆発させて言っている。少なくともそうした計算に劣らず、社会は自己犠牲に対する人間の生得で原初的で圧倒的な憧憬の上に、なんら報酬を望むことなく聖なる祭壇にわが身を投げ出そうとする衝動の上に築かれている。軍隊は命令に従って死地に赴くのであって、兵隊が個人的利害で動いていると考えるのはグロテスクであろう。そして軍隊に規律が不可欠であるように、組織的権力には程度の差はさまざまであれ、すべて服従が必要である。――服従は伝統的、神秘的、不可抗的な行為であって、異議を唱える余地がないものである。

この真理が曖昧にされ、否定されるようになったのはたかだかルネサンス以後のことに過ぎない、とメストルはわれわれに告げる。ルターとカルヴァン、ベーコンとホッブズ、ロックとグロティウス、これらの人々がウィクリフやフスのような昔の異端者の影響を受けてこの大きな誤りを宣伝してきたのであり、それによるとあらゆる権力と権威が人為的約束事のようななにか脆弱で恣意的なものに依存するというのである。フランス大革命は彼らの近視眼的楽観主義の誤謬を証明した。というのもそれはこのような理論と思想をいだいた人々に対する神の懲罰だったからである。社会は相互利益のための結社ではなく、矯正施設であって、ほとんど一つの行刑組織なのである。実際、それは理性によって治められてはいない。ところが、専制政治よりたしかにずっと合理的な民主政治は至る所で災厄を生んでおり、例外は称賛に値するイギリス人におけるように、それが法律に書かれず、ただ「感じられ」ているだけで権力の真の源泉となっている場合、つまり事実も論理も無視する浅薄な理論家がその上に社会を定礎したと称する契約そのものを民主政治が強制し得る場合だけである。

重要なのは理性ではなく権力である。真空があるところにはいつでも権力が遅かれ早かれ入りこみ、革命の無秩序から新しい秩序を作り出すに違いない。ジャコバン派とナポレオンは犯罪者であり、暴君であろうが、しかし権力を握り、権威を体現し、服従を強要し、なによりも罰を下し、それによって無力で誤りやすい人々の遠心的傾向を制限している。したがって彼らの方が、有害な思想の行商人である批判的知識人より千倍も好ましい。知識人は社会の構造を壊し、あらゆる生命過程を断ち切るので、ついには非合法ではあっても歴史の要請に応えるなんらかの力が立ち上がって彼らを一掃するに至る。

あらゆる権力は神に由来する。有名なパウロのテキストについてのメストルの解釈はまさに字義どおりである。あらゆる力は尊敬に値する。あらゆる弱さは、どんなところにある弱さでも、蔑視さるべきである。たとえ「天国の次に美しい王国」(70)の聖別された君主——フランスのルイ一六世——の行為でもそうである。ジャコバン派は無頼漢で人殺しだが、恐怖政治は権威を再建し、フランスの国境を守り、さらにこれを拡げた。それゆえ、彼らの方が、権力をしっかり掌握せずにとり落としたジロンド派の自由主義者、理想主義者より究極的価値序列の上で高い位置を占める。たしかに正統な権威だけが有為転変に耐えて残るであろう。真の教会の永遠の法によって聖化されないたんなる征服は強盗行為である。「時計や煙草いれを盗むのと同じように町や地方を盗むことはもはや許されない。」(71)そしてこの点は一八一五年の国境画定者たちについてもフリードリッヒ大王やナポレオンの場合と同様に正しい。[72] メストルはむきだしの軍事的支配を繰り返し弾劾している。「戦争の技術の分野でなにかが完成されることは、その都度、純粋かつ端的に一つの不幸である。[73]」軍事政府を彼は(彼自身のサヴォアのそれをも含めて)バトノクラシー、[74] つまり棍棒の支配と呼び、それは「時代の悪夢[75]」だとしている。「私はこれまでずっと軍事政府を嫌ってきたが、今も、また今後も生きている限り嫌うであろう。[76]」彼が嫌う理由はそれが恣意的で、国王と古い諸制度の権威を弱め、革命やキリスト教の伝統的諸価値の転覆を招くからである。[77] それにしても、混沌状態こそが脅威であるような瞬間がある。そうした時には最悪の政府といえども無政府状態よりはましであり、それどころか、もっとも仮借ない専制だけが社会の解体を抑止し得る。この点で彼はマキアヴェッリやホッブズと、そして権威をそれ自体として擁護するすべての人々と見解を同じくする。

革命——最大の悪——はそれ自体、邪悪を罰し、受難を通じてわれわれの堕落した本性を生まれ変わらせるために神が置かれたプロセスであり(われわれは一九四〇年にペタンとその支持者たちがフランスの敗北に施した神学的解釈を想起させられる)、歴史における他の大きな諸力と同様に神秘的な過程である。したがって「人間が革命を指導するのではなく、革命が人間を操る。[78]」実際、革命はこの上なく下劣な人物を道具とすることがある。——ロベスピエールの「悪魔的天才のみがこの驚異(対仏同盟に対するフランスの勝利)を演じ得た。……血と成功に酔ったこの力ある怪物、この恐るべき現象こそ……フランス人に下された恐ろしい劫罰であると同時に、フランスを救う唯一の手段であった。[79]」彼はフランス人を暴力の極点にまで駆り立て、その心を無慈悲にし、断頭台の血で狂わせ、ついに彼らは狂人のように戦って敵を一人残さず壊滅した。だが革命がなかったならば(ロベスピエールの徒輩は自分たちが革命を為したと不遜にも考えるが、彼らが革命を為したのではなく、革命が彼らをつくりだしたことは明らかである)、ロベスピエールは以前のままの凡人だったであろう。

権力を握る人間は自分がいかにして権力を握るに至るかを理解しない。自分の力は他の人々以上に自分自身にとって謎である。偉大な人間が予測も支配もできぬ状況がすべてを彼のために、彼の力を借りずに行なう。──これが「人間の計画と共に働く秘密の力」[80]、摂理、ヘーゲルの理性の狡知である。ところが人間には虚栄心があって、神がこの世を統べる動かし難い法を自分の意志で破れると空想する。民主主義に対する信仰の根幹にあるのは、無力にもかかわらず、自己欺瞞で増長した人間のこの妄想であると、メストルは飽きるほど繰り返している。自分自身の知恵と力を誤って意識し、他人や制度の優越を認めるのを頑に拒んだことが人間の権利を宣言したり自由についてごたくを並べる笑うべきがらくたを生みだす。「人は自由に生まれたと言うものは誰であれなんの意味もない文を口にするものである。[81]」人とは彼がいまあり、かつてあったとおりのもの、彼がいま為し、かつて為したことそのものである。人が本来あるべき姿でないと言うのは正気を害なう言い草である。われわれは歴史に聞かなければならぬ。歴史こそ「政治の実験場」、すなわちこの主題について唯一信頼の置ける教師だからである。「歴史は決して真実の逆をわれわれに告げることがない。[82]」一つの本物の経験は一〇〇巻の抽象的思弁を吹き飛ばす。[83]

ところが人民の自由と民主主義の観念はそうした根拠のない抽象に基づくもので、経験の支持も神の啓示の支持もない。もし権威が正当に属すべき場所――教会と「神聖化された」君主制――に権威を認めないとすれば、人は人民の暴政という最悪の暴政の軛に繋がれるであろう。自由の名において反乱を起こすものは暴君となって終る、とボナールは（ボシュエを引用し、半世紀後のドストエフスキーに反響を残して）言った。メストルはただ、ルソーの諸原理を信奉すれば、不可避の帰結として、人民は主人に次のように言われる状況に導びかれると付け加えただけである。『諸君はこの法律を望んでいないと思っているが、実際には諸君はこれを望んでいるのだとわれわれは請け合う。それでもこれを斥けるならば、われわれは諸君を銃殺して、諸君がたしかに望んでいるものを望まなかった廉で諸君に罰を下すであろう。』そして、その後で実際そうするのである。[84]」適切にも「全体主義的民主主義」と言われるようになったものをこれ以上明晰に定式化した例はおそらく未だかつて口にされたことがない。数多くの科学者が断頭台の露と消えたとしても、それはただ彼ら自身の責任であると、メストルは冷笑を浴びせて言っている。[85] 彼らをその名において殺した観念は彼ら自身の観念であった。そうした観念は権威に対するあらゆる反抗と同じく、その生みの親を滅ぼすのである。

思想の自由な交流に対するメストルの激しい憎悪とあらゆる知識人に対する彼の侮蔑は、たんなる保守主義でも、彼が育った教会と国家への正統信仰や忠誠でもなく、それらよりずっと古く、同時にまたずっと新しい何か――異端審問の狂信的な声の残響であると同時に、現代の戦闘的な反合理主義的ファッシズムのおそらくもっとも早い時期の旋律を響かせているなにものかである。

VIII

メストルのもっとも鋭い文章のうちにはロシアについて書かれたものがあり、彼はその地で生涯でもっとも創造的な一五年を過ごしている。[86] アレクサンドル一世は一時彼を秘密の政治顧問として用いたことがあるが、メストルが皇帝に提供した所見と助言は、明らかにロシアそのものを超え、同時代のヨーロッパ全体に適用するつもりのものであった。彼はその政治的警句で有名になり、ことに皇帝が自由主義に傾いた時期が過ぎると、彼の警句はアレクサンドルとその政治顧問たちのおおいに好むところとなった。「人は一般に一人になると邪悪に過ぎて自由ではおられぬ[87]」とか、「いたるところ少数者多数者を指導する、なぜなら、多少とも強力な貴族制なしに公的権威は目的を果し得ぬから[88]」というような箴言はサンクト・ペテルブルクの貴族的サロンでおおいに気に入られたはずで、彼の名は同時代のロシア人の回想録に肯定的に言及されている。[89]

メストルのロシアについての観察は並はずれて刺激的である。最大の危険はアレクサンドルの開明的な政治顧問たちがとり返しのつかぬ形で推進した自由主義と科学の奨励に由来する。ロシア正教の世俗における指導者、アレクサンドル・ゴリツィン公(一七七三―一八四四、一八〇三年以後、アレクサンドル一世の下で宗務総監を務めた保守派の指導者)に当てた書簡で、彼はロシア国家の安定を脅かす三つの危険の源に言及している。第一に自然諸科学の教えに刺激された懐疑主義的探求の精神、第二に、万人は自由平等に生まれ、すべての権力は人民に存すると宣言して、自然権として権威に対する抵抗を誘発するプロテスタンティズム、そして最後に農奴の即時解放要求である。いかなる主権者も宗教か奴隷制の助けを借りずに数百万の人間を統治し得るほどの力はもたない、と彼は明言する。(90) キリスト教以前には、社会は奴隷制の上に安らっていた。それ以後は宗教の権威——聖職者による統制——の上に安んじてあり、だからこそ奴隷制を廃絶し得たのである。だがロシアでは、そのビザンチン的起源により、またタタール人の支配とローマからの分離のために、教会に権威が欠けている。したがってロシアで奴隷制が存在するのはそれが必要とされ、皇帝もそれなしには支配し得ないからである。(91) カルヴィニズムが拡がればロシア国家の基礎を掘り崩すであろう。自然科学は、世界の一部を既に焼き尽くし、止めるものがなければいずれ全体をなめつくしてしまうであろうあの燃えるような高慢の炎を、まだ(火のつきやすいロシアでは)燃え上がらせていない。(92) 教育者の目的は、神は人間を社会のために造られ、社会は政府なしに存し得ず、政府はまた臣下の側に服従と忠誠、ある種の義務感を要求するという知識を伝授することである。メストルは一連の個別的指針の形に助言を具体化している。(93) 弊害は正せ、しかしできる限り農奴解放を遅らせよ。平民の授爵には慎重であれ——これは影響の大きかった書物『古く新しいロシアについての覚書』における歴史家カラムジン〔ニコライ・ミハイロヴィッチ、一七六六—一八二六、フリーメーソン思想から出発したが、フランス革命批判から保守化しロシア民族主義に転じた作家、歴史家、『覚書』はエカテリーナ・パヴローナ大公夫人のために一八一〇年に書かれたものだが公刊は一八六一年〕の精神に一致しており、この書はスペランスキーと彼の改革への熱意に疑問を呈するものであった。富裕な地主を後押しし、個人的才能を伸ばしめよ、しかし商業を奨励してはならぬ。科学を制限し、ローマ的、ギリシャ的諸原理を育てよ。ローマ・カトリックを保護し、可能な場所ではイエズス会の教師を活用せよ。何でもやらかしかねない外国人に地位を与えるのを避け、どうしても外人教師を雇わねばならぬなら、せめてローマ・カトリック教徒にせよ。これらの助言は反西欧派の保守主義者に非常に歓迎された。サンクト・ペテルブルク学校区の視学官であったウヴァロフ伯〔セルゲイ・セミョーノヴィッチ、一七八六―一八五五〕は優れた生徒であることを証明し、一八一一年に彼の監督下にある学校から哲学、国民経済学、美学、商学を追放した。後には教育相として悪名高き三つのスローガン――正教、独裁、民族性――を宣言したが、それは同様の原理が大学や教育制度全体に適用されることを示していた。このカリキュラムは事実ロシアでその後――アレクサンドル一世の治世の中葉から一八六〇年代におけるアレクサンドル二世による諸改革まで――半世紀にわたって厳格に守られた。それは八〇年代、九〇年代に、宗務院(つまり教会)の名高い宗務総監〔コンスタンティン・ペトローヴィッチ・ポベドノスツェフ、一八二七―一九〇七、アレクサンドル三世、ニコライ二世の師傅、一八八〇年以後宗務総監として保守反動の中心人物と目された〕によって深い郷愁の目で見られたものである。

もし国民に自由を認めるならば、ロシアは失われる。彼の言葉はこうである。

ロシア人の欲望を砦に閉じこめ得たとしても、それは砦を吹き飛ばすであろう。ロシア人はど情熱をこめて何かを欲するものはいない。……ロシアの下層階級の商人でさえ、観察してみれば、自分の利益をどれほどよく知っていて、いかに利に敏いか分かるだろう。彼がこの上なく危険な仕事を行なうのを、とりわけ戦場でこれを行なうのを見よ。どんなに彼が勇敢になり得るか分かるであろう。三六〇〇万ものこの種の人間に対して自由を与える気になり、実際そうしてしまったなら——この点はいくら強調しても足らないが——たちどころにすべてが燃え上がり、ロシアは焼き尽くされるであろう。(94)

そしてまた、

これらの農奴たちが自由を受け取ってみると、まわりはいかがわしいどころではない教師や力もなければ評判も悪い聖職者ばかりだと気づくであろう。何の準備もなしにこのような状況にさらされれば、間違いなく彼らは突如迷信から無神論に、受動的服従から放埒な行動に移行する。こういった気質の持ち主すべてに対して、自由はまるで飲んだことのない人間に強い酒が与える効果をもつであろう。この自由を見るだけでも、それに加わらぬ人々さえ道徳を忘れてしまう。……これに加えて、若干の貴族たちの無関心、無能や野心、外国からの犯罪的行為、決して眠っていない憎むべきセクトの暗躍などなど、さらにはまた大学におけるプガチョフの(95)輩を考慮せねばならない。(96)国家は、十中八九、長すぎてたわんだ木の梁のように、文字どおりまっぷたつに割れるであろう。

また曰く、

なんと説明しがたい妄想が一つの偉大な民族をして宇宙の法則に反してやっていけると空想する地点にまで到らしめたのか。ロシア人はすべてを一日で望む。中間の道はない。学問の目的地にはゆっくりと這っていかねばならず、飛んでいくことはできないというのに。ロシア人は二つの同じように不幸な考えを抱くにいたった。第一はすべてのものの頭に文学と学問をかぶせることであり、第二はあらゆる学問の教えるところを一つの全体の中に融合することである[97]。

そして同じように、

もし近代的理論が人民に浸透し、世俗権力がそれ自体の他に寄り掛かるべきものをもたなくなるとしたら、ロシアに何が起こるだろうか。まさにあの全面的な破滅の前夜に、ヴォルテールは「すべては書物が為したことだ」と言っていた。まだしっかりと立っている幸せなロシアの胸に抱かれている間に、繰り返そうではないか、「すべては書物が為したことだ」と。書物に気をつけよ！　この国の政治の大きな課題は学問が安全に社会に浸透することを許されるときが来るまで、その支配を遅らせ、教会の権威を主権者の強力な味方として用いることであろう[98]。

そしてまた、

ロシア人には何事も面白がってする(私は何事も笑いものにするとは言っていない)傾向があるが、その彼らもまたこの蛇と戯れることになったら、どんな国民にもまして残酷に噛まれるであろう。[99]

唯一の希望は教会と貴族の諸特権を維持し、商人と下層階級を彼らの位置に留めておくことにある。なによりも「学問を人民の下層階級に広める」のを促進してはならず、「無知な、あるいはことを望む熱狂者がそうした試みを思いついたなら、すべて、それと気取られぬように、妨害しなければならない。[100]」また、

西方からの移住者をより厳しく監視しなければならない。とりわけドイツ人とプロテスタントはあらゆる種類の問題について青年を教化しようとこの国にやってくるので警戒しなければならない。ロシアにやってくるこの類の外国人一〇〇人のうち少なくとも九九人は国家にとってもっとも望ましからざる獲得物である。財産と家族があり、道義も評判も高い人たちは祖国を動かないからである。[101]

実際メストルは、自由学芸と科学の発展を慎重に遅らせる政策、すなわち、ルネサンスから現代まで西洋の思想と行動を変革してきた中心的な文化価値のあるものを事実上圧殺することをあからさまに弁護したほとんど最初の西洋の作家であった。ただしこの不吉な理論がこの上なく豊かに花咲き、容赦なく適用されるのを見る運命は二〇世紀のものであった。おそらくそれこそはわれわれの時代のもっとも特徴的で、もっとも暗澹たる精神現象であったし、それは今も決して終わっていない。

IX

同時代の鋭利でリアリスティックな観察者として、メストルに匹敵するのはトクヴィルだけである。われわれは既に彼のロシアの状況の分析がいかに予言的であるかを見た。同様に、正統王朝派の仲間たちが大革命は一つの過渡的局面であって、その帰結は取り消すことができ、人間精神の一時的逸脱であって、それが終れば事態はまた元のように流れるかも知れぬとみなしている時期に、メストルは革命以前の秩序を建て直そうと試みるのはレマン湖の水を全部壜に詰めようとするようなものだと明言していた。(102) 外国列強の助けを借りた王党派の反革命以上にフランスを弱体化するものはなく、それはあの素晴らしい王国をばらばらに解体してしまうであろう。フランスを保存したのは栄光の革命軍であった。

メストルは、精神的教師の一人であったサヴォア司祭、ティオラスに従って、ブルボン家の復辟を予言したが、その王朝は長続きしないだろうと付け加えてもいる。というのも、あらゆる権威は信仰に基礎をおくものであるのに、ブルボン家は彼ら自身とその運命に対する純粋な信念を著しく失っているからである。そしていずれにせよ何らかの改革は導入されねばならなかった。イギリスのチャールズ二世はその国にとって幸いなことにチャールズ一世とは違っていた。これと対照的に、皇帝アレクサンドルやナポレオンは文字どおりメストルを魅了した。彼はサヴォア王家にとても忠実に仕えたが、これを称賛していたとはほとんど考えられない。彼は自分の忠誠が人に対するものでなく、制度としての王位に対するものであると明言し、時にはこれを余りにもはっきりさせすぎるほどだった。彼は、ヨーロッパで進行しつつある事態についての不愉快な真実を、田舎くさく、すぐに怖気づくサルディニアの宮廷の人々に言い聞かせることに嗜虐的な喜びをおおいに感じた。彼の出した至急便は通常の外交文書の丁重な文体で書かれているが、それでも彼が名宛人に抱いていた忠誠と軽蔑のいり混じった感情を完全に隠してはいない。

この政治的リアリズムと、またそれが意識的に鋭く表現されたために、彼は、カリアリとトリノでは危険な過激派、一種の王党派ジャコバンと一生疑われた。(103) 彼はたしかにこのちっぽけで神経質でもったいぶった、限りなく用心深い小宮廷が釣り上げた一番大きな魚であった。誰しもが認める才人であり、広く称賛を集め、彼の時代のそれまでもっともよく知られたサヴォア人であった。彼を用いぬわけにはいかなかったが、遥かサンクト・ペテルブルクに遠ざけておくのが最善であり、かの地では、人を不安にさせる彼の観察が得体の知れぬアレクサンドルを明らかに喜ばせていた。

彼は人生の最高の日々をサンクト・ペテルブルクで送っており、伝記作家がわれわれに残した肖像も大部分この時期の友人知己による印象に基づいている。彼らは献身的で心のやさしい父親、忠実で明るく神経細やかな友人というイメージを伝えており、事実また彼の私信はこの印象を支持している。彼はロシアの貴婦人たちに気配りと皮肉とゴシップに満ちた面白い手紙を書き、これらの婦人たちを彼自身の〔カトリック〕信仰に改宗させ、それに成功し過ぎて皇帝の不興を買うほどであった。(104)

メストルのよく知られたロシアの友人たちが残したすべての証言がこの判断を支持しており、それらによれば彼の性格はやさしく、辛辣な皮肉を飛ばしながら、亡命と物質的貧困の条件の中で至極陽気であった。彼の道徳的政治的世界はまさにその正反対である。それは罪と残虐と受難に溢れ、権力の道具として選ばれたものたち、すなわち絶対的圧倒的な権威を揮って自由探究に向うあらゆる傾向に対して、またなんらかの世俗の道を通じての生命、自由、幸福の追求に対してやむことなき戦いをしかける人々が行使する猛烈な抑圧を通してのみ生き残ることができる、そういう世界である。彼の世界はロマン主義者の世界よりはるかに現実的でずっと残酷である。紛うかたなくこれと同じ旋律がニーチェやドリュモンやベロックのうちに聞こえるまでには半世紀経たねばならず、またその旋律はフランスのアクション・フランセーズの全体主義者《アンテグラリスト》や、あるいはさらにもっと低級な形ではわれわれの時代の全体主義体制のスポークスマンたちの言うところに聞こえるものでもある。ところがメストル自身は自分を滅びゆく文明の最後の守護者と感じていた。その文明は敵に囲まれており、比類なき残忍さを以て守られねばならない。言語の性質とか化学の進歩というような明白に理論的な主題に対する彼の態度ですら、強烈な論争的輝きを帯びる。[105] 人は自らの世界とその価値の絶望的な防御に乗り出すと、何一つ譲ることができなくなる。壁にあいたどんな穴も致命的であり、いかなる地点も死んでも守らねばならない。

X

メストルの死の五年後サン・シモン派の指導者たちが将来の課題はメストルの思想とヴォルテールの思想とを和解させることにあると宣言した。これは最初はばかげたことのように見える。ヴォルテールは個人の自由のために働き、メストルは鉄鎖の側にある。ヴォルテールはもっと光をと叫び、メストルはもっと闇をと唱えた。ヴォルテールはローマ教会を激しく憎み、最小限の美徳さえこれに認めなかった。メストルは教会の悪徳までも好み、ヴォルテールを悪魔の化身とみなした。『夜話』の中のヴォルテールに関する名高い何ページか[106]――その憎悪はこの仇敵のしかめっ面や、しじゅう見せる横目でにらみつつ歯を剝きだすいやらしい笑い方をぞっとするひきつり笑いの一種と描くとき最高潮に達する――は心の底からのものである。ところがサン・シモニアンのこの見方には、混乱してはいるが驚くほど予言的なこの運動の教理の多くにおけると同様に奇妙な真理があり、時の経過はやがてそれが恐ろしい真理であることをも示すに至るであろう。実に現代全体主義の諸体系は、その修辞スタイルではないとしてもその行為においてヴォルテールとメストルの見方を結びつけるものである。それらはとくに両者が共通にもつ資質を受け継いでいる。というのは、両者は対極に位置しながらも、フランス古典思想の中の頑強な精神《タフ・マインド》の伝統に属しているからである。二人の思想は厳しく対立していたであろうが、精神の質はしばしば驚くほど似ている(実際後の批評家はこの点を指摘してきたが、ただしこの質がどんなものであり、その影響が何を産みだしたかは通例述べていない)。ヴォルテールもまたその敵も弱さとか曖昧さとか甘さといった欠陥は知性にも感情にも微塵もなく、他人のそうした弱点を容赦しなかった。彼らはほのかな炎に対立し煌々たる灯の側に立つ。あらゆる曖昧模糊としたもの、朦朧としたもの、感傷的で印象主義的なもの——ルソー、シャトーブリアン、ユーゴー、ミシュレ、ベルグソン、ペギーの雄弁——に執拗に反対する。二人は無慈悲なほど感情を冷却させる作家であり、人を蔑み、冷笑的で、本当に非情で、時として本当にシニカルである。彼らの氷の如く、滑らかで明瞭な表面の横に置けば、スタンダールの散文はロマンティックであり、フローベールの作品は水はけが悪い泥沼である。マルクス、トルストイ、ソレル、レーニンこそ——(その思想ではなく)その精神の型において——二人の真の継承者である。極度に冷酷な目で社会の有様を眺めていきなり衝撃を与え、感情を冷却させ、情緒の湿りを拭い去り、非情な政治的歴史的分析を意識的なショック療法として利用する傾向が、以来、近代の政治技術に著しく入りこんできた。

感傷的で混乱した思考過程の容赦なき暴露にはヴォルテールが大いに責任を負っているが、もしそうした能力がメストルの歴史主義や政治的プラグマティズムと手をつなぎ、人間の能力と善性についてのともに低い彼の評価、そして生の本質は受難と犠牲と降伏への渇望だとする彼の信念が結びついたならば、さらに加えて、支配者の使命に徹して人道的な試みに耽る誘惑を断固として退ける少数者が無力でまとまりのない多数者を不断に抑圧することなくして統治は不可能であるという、メストルの考えぬかれた信念が加わるならば、そのときこそわれわれは現代のあらゆる全体主義に流れる濃厚なニヒリズムの血筋に近づきだす。自由主義的幻想を剝ぎとるのにはヴォルテールを使うことができ、その後に現われる荒涼たる剝出しの世界を治めるべき妙案はメストルに用意してもらえる。たしかにヴォルテールは専制も欺瞞も擁護しなかったが、メストルは両方の必要を説いた。「人民主権の原理は危険すぎるから、たとえそれが正しくとも隠しておく必要があろう[107]」と、メストルは(プラトンとマキアヴェッリ、ホッブズとモンテスキューの残響を響かせて)言っている。この言葉はまた、リヴァロルが言ったとされる、平等は素晴らしいがなんだって民衆にそれを言うんだという有名なセリフに反響を残している。結局のところ、おそらくサン・シモニアンはそれほど逆説を弄していたわけではなく、彼らの創始者のメストルへの賛辞は、サン・シモンに刺激を受けた自由主義者や社会主義者には奇妙に見えたとしても、真正の類似に基づいていたのである。オーウェルの名高い悪夢(と同時に、その発想源であった現実の体制)の中身は直接メストルとサン・シモニアンの両方のヴィジョンに関係している。それはまたヴォルテールの内に見出されるはずの深い政治的シニシズムにもなにごとかを負っており、この政治的シニシズムに対してこそこの比類なき作家の言葉はマキアヴェッリやホッブズのような本当に偉大で独創的な思想家をはるかに上回る影響を及ぼしたのである。

XI

ある優れた哲学者がかつて次のように言ったことがある。独創的思想家の中心的理論を真に理解するためには、彼の論証の論理を追うというより、まず第一に、その思想の核心にある固有の宇宙像を把握する必要があるというのである。というのも論証はどんなに説得的で知的に感銘深くとも、原則としてやはり外面的作業——現実の、あるいは潜在的な批判者や敵対者の側からする、現実の、あるいは考え得る反論に対する防衛的な武器——に過ぎないからである。論証はその思想家がいかなる心理過程を経て結論に達したかを照らしだしはしない。また、彼の説得の努力の対象となる人々が提示される諸観念を理解し受容しなければならぬとすれば、どうしても把握する必要のある中心的な概念を伝え、正当化するための唯一と言わぬまでも本質的な手段すら、彼の論証からは明らかにならない。

一般論としてはこれは明らかに行き過ぎである。たとえばカントやミルやラッセルのような思想家は、どのようにしてそれぞれの立場に到達したにせよ、合理的論証によってわれわれを説得しようと試みており、少なくともカントはそれ以外のなにものにも頼っていない。彼らはそうした論証が誤りであると反論によって明らかにされるか、または彼らの結論が普通の経験によって反駁されるならば、自分の誤りを認める用意があると明言している。だがより形而上学的傾向の多くの思想家についてはこうした一般論は成り立つ。——プラトン、バークリー、ヘーゲル、マルクスはその例であり、さらに、より意識的にロマン主義的、詩的、宗教的な思想家でその影響が良きにつけ悪しきにつけアカデミックなサークルの範囲をはるかに超えてきた人々は言わずもがなである。こうした思想家も論証を用いるであろう——事実彼らはしばしばそうする——が、そうした論証が正しいかどうかによって彼らの存在が重視されたり批判されたり、また正当に評価されたりするわけではない。というのも彼らの本質的な目的は世界とその中での人間の位置と経験とについて包括的な概念をたてることにあり、彼らは納得させるよりは改宗させることを、訴えかける相手のヴィジョンを一変させることを目指しているからである。そうした新しいヴィジョンによって、人々は諸事実を「新しい光の下に」、「新しい角度から」見るようになり、以前はさまざまな要素のつながりのない寄せ集めに見えたものが一つの体系的で相互に関連のある統一体として見えてくる、そういう新しい型にはめて事実を見るようになればよいのである。論理的な理由づけは既存の理論を無力化したり、特定の信念を論駁する助けにはなるが、補助的な武器であって、主要な征服手段ではない。主要な手段はものを見る新しい範型それ自体であって、それが改宗者の感情や知性や精神を虜にするのである。

特に一九世紀のメストルの賛美者がそうだが、かつては彼についてよく次のように言われたことがあった。つまり彼は理性の武器を用いて理性を打ち負かし、論理の武器を用いて論理の不適切を証明したというのである。だがこれは事実ではない。メストルは教条的な思想家であって、その究極の原理と前提はなにものによっても揺るがし得ず、端倪すべからざるその創意と知力を傾けて事実を自分の先入観に合わせたのであって、新たに発見されたり、新たに明確になった事実に合う概念を形成するために創意と知力を用いたのではない。彼は訴訟理由を説明する弁護士のようなもので、結論はすでに定まっている。つまり、彼はその結論にどうにかしてたどり着かねばならぬと心得ており、それは彼が何を学び、何に出会おうと真理を確信しているからなのである。問題は疑っている読者をいかにして説得するか、厄介な証拠、あるいははっきり反対の証拠をいかにして退けるかだけである。彼の主要な論法は先決問題の回避であるとジェームズ・スティーブンが言うのは正しい[108]。彼は検討されていない前提から出発し、証拠がなんであれ彼の理論を断固として押し通す。実際、(プトレマイオスの天文学における周転円のように)明白な例外を説明するアド・ホックな仮説が十分な数あれば、どんな理論も見事に擁護でき、どんな教理も「救う」ことができる。もっとも、なんらかの論理的障害を解決するためにアド・ホックな仮説を導入するたびに、その理論が当てはまるような事例は数が減り、それにつれて理論がだんだん役に立たなくなるのは当然であるが。

彼の根本的な信念の対象――神がわれわれに植えつけた本有観念、合理的ないし経験的に定式化したところで単なるヴェール、時には人を誤らせるヴェールに過ぎないような霊的な真理、ノアの洪水以前の人間が有し、今のわれわればらばらな断片しかもっていない太古の知恵、善悪正誤の判断に関する直観的確実性、彼の教会がこの上なく固く堅持する、証明されておらず、また証明不可能である教義――これらについてメストルは何一つまともな論拠を提出していない。明らかに、彼は、いかなる経験も、また常識や科学が証拠と認めるどんなものも原則としてこれらの真理を覆すことはできないと考えるであろう。二つの信念が互いに矛盾したり、あるいはそれぞれが明らかに反論しえない異論によって否定されるとしても、もし信仰や権威がそれでも決めていることならば、二つとも信じなければならず、たとえ知力の足らぬわれわれにはどうしてそうなのか分からなくとも、原則として両者は調停可能である――この命題は論証されるのではなく、単純に主張されるだけである。同様に理性が常識に抵触するならば、理性を毒物のように扱って、呪いをかけて追放しなければならないという観念は合理的思考の尊重と寸分たりとも両立しがたいものである。経験ではなく権威に訴え、純粋なドグマを論争のとどめに利用するものである。

たとえば、メストルは、罪あるものの上にふりかかるにせよ罪なきものにふりかかるにせよ、あらゆる受難は誰かがいつの時かに犯した罪の償いに違いないと主張する。なぜそうなのか。なぜなら苦痛には目的がなければならず、その唯一の目的は刑を科すことにあるから、宇宙のどこかに相応の罪があって、それが相当する量の受難を引き起こしているに違いないというのである。そうでなければ悪の存在を説明したり、正当化することはできないであろうし、宇宙は道徳的統治を欠くことになろう。だがこれは考えられないことである。世界がある道徳目的によって統治されているということは自明とされている。[109]

彼は大胆にいかなる憲法も討議の結果ではないと主張する。個人や人民の諸権利は成文化されぬのが最善であり、成文化されるとしても、以前からずっと存在し、形而上学的直覚によってとらえられた不文の権利を単に書き写したものでなければならない。というのも法の文言によって生きるものは誰でもそれによって無力にされるからである。では成文憲法についてはどうだろうか。メストルの晩年(憲法についてのエッセイを書いていた頃でさえ)にはアメリカ憲法は力強く、またうまく機能していた。だがそれはただイギリスの不文憲法に基づいていたからに過ぎない。[110]だがフランスについてそれは妥当しない。ナポレオン法典やスペインの新憲法もそうである。メストルにはそれらが失敗せざるを得ぬことが分かる。彼は論拠を必要としない。バークが知っていたように、彼もまた何が永続し、何が移ろいゆくか、何が永久に存在し続ける運命にあり、何が人間の手になる儚い仕事であるかを知っている。「もろもろの制度が強靱で持続的なのは……それらがどの程度神的なものと考えられるかによる。[111]」人は何物も創造しない。樹を植えることはできるが、樹を作ることはできない。修正はできても創造はできない。フランスの一七九五年憲法は単なる「学者の練習問題[112]」であり、「すべての国民のために作られた憲法はいかなる国民のためにも作られていない。[113]」憲法は一つの国民が置かれた状況とその性格から、ある特定の時点、ある特定の場所に生まれ育つものでなければならない。人々は抽象原理のために戦う――「カードで大きな家を建てるために殺し合っている子供たち。[114]」「共和制度――人間の討議というぐらぐらの構造の産物――はなんの根ももたない。それはただ地面に置かれただけだが、それ以前から来たもの(君主制と教会)は植えてあったものである。[115]」

　神はどんなもので、われわれは神にいかなる義務を負うかを告げる仕事を神がアカデミーに委ねたと信ずる男はどうかしているに違いない。国民に善悪を教えるのは高位聖職者、貴族、国家の大官の仕事である。……他のものはこの種の事柄を論議する権利をもたない。一国の人民からその自然の教義を奪いとるようなことを言ったり書いたりするものは強盗と同じように縛り首にすべきである。[116]」

　それでは高位聖職者、貴族、国家の大官はどこからその権威を引き出すのか。主権者からである。つまり世俗の国家の中では国王からだが、究極的にはそれはあらゆる精神的権威の源泉である教皇から引き出される。自由は国王からの贈り物である。国民は自らに自由を与えることはできない。もろもろの権利、あらゆる自由はなんらかの日時に主権者が許し与えたものに違いない。基本的権利は許し与えたものではない。それらの権利は存在するがゆえに存在し、過去の霧の中に、不可思議な神的起源をもって生まれたものである。[117] 主権者たちの権利それ自体には日付がない。それは永遠のものだからである。主権は分割できない。もしそれが分配されるならば、権威の中心がなくなり、すべてがばらばらに崩れてしまうからである。地上の主権者と立法者はただ神の名においてのみ行動することができ、彼らのなし得るすべては創造の日より存在している既存の権利、義務、自由、特権を新たに集めて再編成することである。

すべてこうしたことは中世の死せるドグマのように見え、メストルはまさにそうだからこそこれを信じたのである。明らかな例外に出会うと、彼はそれを無視してとばしてしまう。たとえば、英国の憲法は権力の分割の上にしっかり定礎されているではないかと指摘するものがあるかもしれないと、彼は言っている(現実の諸政府についての経験的研究は彼の関心領域に入っていなかった。この点では彼はモンテスキューの有名な誤解を繰り返しているだけである)。この点はどう説明すべきか。彼の答えは英国憲法は不可思議であり、神的なものだというのである。それというのも、そのような混沌たる諸要素から秩序を形成することはいかなる人間精神にもできたはずがないからである。字を書いて窓からばらまいてみたらそれが一つの詩になっていたとすれば、それは人間を超える力が働いていたことの論拠にならないだろうか。英国の法と慣習の不条理と矛盾そのものが人間の弱々しい手を神的な力が導いている証拠なのである。というのも、英国憲法がもし単に人間に起源をおくものであったなら、とっくの昔にそれが潰えていたことは明らかだからである。これはあからさまな循環論法である。

この点で、不文のものに対して成文化されたものは何であれ頼りにならぬ道具だという命題に対する反論として、ユダヤ人は旧約聖書の字句を信じてともかく生き残るのに成功してきたではないかと指摘するものがあるかもしれない。メストルはこの反論にも備えている。聖書がユダヤ人を守ってきたのはまさに聖書が神的なものだからであり、そうでなければもちろんユダヤ人はとうの昔に滅びていたはずである。ところが別の場所では彼は旧約聖書の独特の地位をすっかり忘れて、アジアやアフリカで社会的安定が維持されたのは赤裸の力だけによるのではなく、コーランや孔子やその他、旧約新約両聖書に啓示された真理と明らかに抵触するもろもろの命題を含み、神的起源をまったくもたない聖典が巨大な政治的権威を有したからでもあるという事実について語っている。このように彼は論点を回避し、循環論法に訴えるだけでなく、論理的一貫性を守ろうともしなかった。だがもし理性がいかなる代価を払っても回避すべき毒物であるとすれば、こうした非論理性はすべて得点なのである。

メストルの強みは合理的議論にあるのでもなければ、巧妙な決疑論にあるのでさえない。彼の言語は時には理性の仮面を被ることがあるが、徹頭徹尾非合理主義的で、教条主義的である。また、彼のテーゼのいくつかが疑いなく有する説得力は、彼の文体が力強く、才気に溢れ、独創的で面白いという事実のせいだけではない。「彼ら〔メストルと〕〔ジョン・ヘンリー・〕ニューマン〕はどちらも育ちの良い人間が話すように書いた」とジェームズ・スティーブンは言っている。[118] その雄弁はしばしばまばゆいばかりである。メストルは一九世紀のフランスのあらゆる政論家の中でもっとも読みやすいが、それが彼の強みを成しているのではない。彼の天才は社会的政治的行動のより暗い部分、注目されることは少ないがしかし決定的な要素に対する深く的確な洞察に存する。

メストルは独創的な思想家で、時代の流れに逆らって泳ぎ、同時代の自由主義者たちがこの上なく神聖視した決まり文句や彼らが信仰してやまぬ公式を粉砕してやろうと意を決していた。彼らが理性の力を強調したのに対して、彼は非合理的衝動の執拗さと広がりを指摘し、信仰の力と目に見えぬ伝統の強さを、また人間という素材についての進歩主義者――理想主義の科学者、政治と経済の大胆な計画家、技術の支配の熱情的な信奉者――の意図的な無知を衝いたが、おそらくこれを為すのにはしゃぎすぎるほどだった。彼の周囲では誰もが人間の幸福追求について語っているというのに、彼は人が自己を犠牲にし、受難し、権威、それも何に由来するにせよ上にある権威の前にはひれ伏そうとすること、そしてまた支配し、権威を行使し、権力をそれ自体のために求めようともすること――こういった傾向が歴史的には少なくとも平和と繁栄、自由と正義、幸福と平等への欲求と同じように強いということを強調したのである。ここでもまた彼は相当に誇張し、自らの指摘に意地の悪い喜びを感じたが、しかしそこにもなにがしかの真実は確かにあった。

彼のリアリズムは激烈で気違いじみ、偏執的で残酷なほど狭隘な形式をとっているが、それでもやはりリアリズムである。元に戻せることと戻せないことについての鋭い感覚は、早くも一七九六年に、一度革命運動がその仕事を為した以上、フランスの王政を救えるのはジャコバン派だけであり、古い秩序を復旧する試みはむこうみずな愚行で、ブルボン朝は復位しても長続きしないと彼の口に言わせているが、そうした感覚を彼はいつまでも失わなかった。神学（そして一般に理論）に関しては一途の教条主義だったが、実践においては彼は慧眼のプラグマティストであり、そのことを心得ていた。彼が宗教は真実である必要はないとか、あるいはまた、宗教の真理はそれがわれわれの願いを満たすという事実から成っていると強調したのは、こうした気持ちからである。「もしわれわれの推論がもっともらしく、……なによりそれが心地よく、われわれをより善くするものであるならば、それ以上何を要求できよう。もしその推論が間違っていたとしても、それはよいものである。というより、よいものであるということがその推論を真実にするのではなかろうか。[119]」

二〇世紀前半、そしてさらにその後まで生きたものは誰でも、メストルの政治心理学がそのあらゆる逆説と時として陥る浅薄な反革命的愚論にもかかわらず、またその貢献が人道的で楽天的な人々の見たがらない破壊的諸傾向――ドイツのロマン主義者が事物の暗く夜行的な側面と呼んだもの――を暴露し強調した点だけにあるとしても、時として理性信奉者の信仰よりは人間行動のより良き指針であったことを疑い得ない。少なくともそれは、理性信奉者の往々にして単純で皮相な、しかも一度ならず破滅的であった処方箋に対して、効きめが鋭く、明らかに役に立つ解毒剤を提供することができる。

XII

これほど大胆で際立った人物が彼の世紀を通じて批判者の側に非常に鋭い反発を起こさせ、そうした反応がわれわれの時代にも一向変わらないのは多分驚くに値しない。彼はさまざまな時期に好奇心と嫌悪感、追従とみさかいのない敵意をかきたてた。おそらく彼ほどピント外れの評言を評釈者から加えられたものもこれまで少ない。彼はよき父であり、よき夫、よき友人であったから、F＝A・ド・レキュールはこの「知的偉人は小羊のようにやさしく、鳩のように素直であった」[120]と言っている。彼に賛辞を呈してきた司祭たちでさえここまでは言っていない。彼が戦争の神性を語っているので、J・デサンの目に彼はダーウィン以前のダーウィン主義者と映った。[121]一般に受け入れられた見方をひっくり返したがゆえに、彼は異端のプロテスタント神学者ダヴィッド・フリードリッヒ・シュトラウスに比較された。ナショナリズムの重要性を認めたがゆえに、彼はイタリアのリソルジメントやウィルソン大統領、そして民族自決原則の予告者とされる。[122]さらにまた「諸国民の団体」[123](société des nations〔国際連盟〕)という語を最初に使った一人であったことから、実は彼がこの言葉を使ったのはこれを合理主義者の典型的なナンセンスとこきおろすためだけであったのに、国際連盟の予言者にまでされた。[124]

彼と会った人たちの回想は鋭い機知と辛辣な攻撃を自在に操る魅力に溢れた男の肖像を描きだしており、それらの回想によるとメストルはどこへ行っても聞き手を魅了し、とりわけサンクト・ペテルブルクでは貴族のサークルで大いにもてはやされた。なにかにつけ逆説的な疑問を発しながら、答えはろくに聞こうとしない、他に類をみない見事な文章家であった。――ラマルティーヌは彼のことをディドロの後継者と呼び[125]、大批評家サント・ブーヴも同じように褒めそやしている。実際、彼をいちばんうまく描いた描写はサント・ブーヴのもので、サント・ブーヴは彼のことを謹厳実直だが情熱的で孤独な思想家と言っている。激しく真理を求め、沸き出る発想でいっぱいでありながら、それを示して一緒に議論する相手がサンクト・ペテルブルクにも他のどこにもほとんどおらず、そのためどうしてもたった一人で書くことになり、その理由一つだけでも、ものごとを彼の「過激真理[126]」によって極端にしがちであり、いつも攻勢に出て論敵の最強の切札に襲いかかり、殺すつもりで引金をひきたがる、これがサント・ブーヴ描くところのメストル像である。したがってその姿はたいてい攻撃的である。サント・ブーヴが挙げている絶妙の例の一つは、スタール夫人がイギリス国教会の長所について彼に講義したのにやり返したメストルの言葉である。「御説のとおり……それは猿の中のオランウータンのようなものです[127]」と彼は言ったというのである。――プロテスタントの他の宗派を猿と呼んだのはまさに彼ならではの言い方である。サント・ブーヴはメストルを、偉大で力強い精神と呼び、生涯その魅力の虜となった。外見も威厳があり、容姿端麗で、あるシチリア人の訪問者は彼のことを「頭に雪を、口には火をのせ[128]」(la neve in testa ed il fuoco in bocca)と評している。

メストルはヘーゲルと同じように、人類の文明における一つの長い時代が終ろうとする時に生きているという意識をもっていた。「私はヨーロッパと共に死ぬ。喜んでその件をしよう」[129]と彼は一八一九年に言っている。レオン・ブロアはメストルの著作を彼の時代、そしてわれわれの時代の、文明のヨーロッパを送る葬送演説と見なした。[130]にもかかわらず、彼が今日興味深いのは、死にゆく文明の最後の声、(彼自身が自らを意識したような)最後のローマ人としてではない。彼の作品と人物とは一つの終りではなく一つの始まりとして意義がある。それらが重要であるのは、彼が、ファッシストの先駆者の一人シャルル・モーラスにおいて、また反ドレフュス派のカトリックやヴィシー体制の擁護者たち、時にキリスト教徒である前にカトリックであったと評されたあの人々において頂点に達する大きな力強い伝統の最初の理論家だったからである。モーラスはヒットラーの体制に協力する用意があったであろうが、その理由には、メストルをナポレオン(彼はナポレオンに会おうと試みたが果たせなかった)にひきつけた理由、また彼をして、仇敵であったロベスピエールの方を、ナポレオンやロベスピエールに滅ぼされた穏健派やカリアリの主君を取り巻く頼りにならぬお上品《ビヤン・パンサン》な凡人たちよりも尊敬させた理由に通ずるものがあった。

メストルの価値の物差しでは権力がほとんど最上位にくる。なぜなら、権力は世界を統べる神的原理であり、あらゆる生と行為の源泉、人類の発展の最高の要素だからである。権力のふるい方、なかんずく決定の下し方を知るものは誰でも人を従わせる権利を手に入れ、そのことによって、摂理ないし歴史が特定の時点でその不可思議な目的を達成するために選んだ道具となるのである。単一の源泉への権力の集中はロベスピエールと彼の部下の専制支配の本質であり、コンスタンやギゾーのような穏健派があれほど激しく反発したものだが、メストルにとっては人間のつくった規則によって権力が拡散するよりずっと好ましいものである。しかし、もちろん権力をそれが本来、また確固としてあるべきところ——古い、確立された、社会が生み出した諸制度であって、人間の手がつくったものでなく、また民主的に選出されたり、自分で勝手になった個人でもないもの——におくこと、それこそが政治的道徳的な洞察と叡知である。あらゆる簒奪は、神の宇宙法則を軽んずるがゆえに最後には失敗する。権力はそのような法則の道具であるもののうちにのみ存する。そうした法則に逆らうのはただの知力が提供する誤りやすい武器で宇宙全体の流れに対抗することであり、そんなことはいつでも子供っぽい愚行、いやそれ以上のもの——人間の将来に向けられた犯罪的愚行である。この将来がどんなものであるかは、歴史と人間性の大いなる多様性のリアリスティックな評価を通じてのみ言うことができる。理論上の徹底した先験主義にもかかわらず、メストルは、もし神の意志の作用を理解しようとするならば、出来事は経験的に、また歴史状況の変化に留意して——それぞれの状況を固有の文脈において——検討しなければならないという教義を説いた。

この歴史主義、すなわち人間を支配する力の多様性やもろもろの社会とそれらを構成する精神的文化的要素の形成過程に対する関心は、ヘルダーとヘーゲルとドイツのロマン主義者がずっと暗い言葉で、またサン・シモンがもっと抽象的に説いていたものと同じであるが、今日ではわれわれの歴史観の大きな部分を占めており、そのためこのような考えが陳腐どころか逆説であった日からどんなにわずかな時しかまだ経っていないかをわれわれは忘れてしまっている。メストルはまた、抽象観念と演繹的方法の無力を批判した点でもわれわれの同時代人である。しかも、彼はそう言わないであろうが、抽象観念や演繹的方法は敬虔なカトリックの護教者をもその論敵に劣らず支配していたのである。物事がいかにして起こるかを説明し、われわれが何を為すべきかを示すのに、人間の本性とか権利や美徳や外的世界の本性といった一般観念から演繹しようとする試みの信用を落とすのに彼ほど多くを為したものはいない。——演繹手続きによってわれわれが引き出せる結論は前提のなかに入れておいたものだけであり、しかもその際われわれは自分のしているのはそれだけに過ぎないということに気づかず、これを認めないのである。

メストルが反動と呼ばれたのは当然だが、それでも彼は無批判に受容された観念をたいていの自称進歩派より鋭くより効果的に批判した。彼の方法は、たとえば科学を重視したコントやスペンサーの方法よりも現代の経験主義にずっと近く、その点では一九世紀の自由主義の歴史家の方法以上である。そしてまた、メストルは言語習慣や発話形式、偏見や民族の性癖のような「自然な」諸制度が人々の性格と信念の形成に大きく与ることに気づき、それらの社会的哲学的重要性をもっとも早く認識した思想家の一人である。すでにヴィーコは言語、図像、神話を人間と制度の生長について他では得られぬ洞察を与えるものとして語っていた。ヘルダーとドイツの言語学者たちはそれらを民族のもっとも深い願望、もっとも典型的な性質から流れ出るものとして研究した。政治的ロマン主義の父たち、特にハーマン、ヘルダー、フィヒテはそれらを人間性の真の要求を満たす自由で自発的な自己表現の形式とみなし、臣民の自然な傾向を圧殺した集権的フランス国家の厳格な専制の対極にあると考えた。メストルが強調するのは、諸社会の生命と成長とを情熱をこめてうたいあげた人々が称揚した「民族の魂」のこうした麗しく、しかし一部は想像の産物である属性ではない。それどころか、彼は、闇に閉ざされ、半ば無意識な記憶と伝統と忠誠心が一体として恒久的に安定を保ち、攻撃を許さぬ権威をもつことを力説し、同時に意識下にあってあらゆる制度的な力を超え、超自然的とみなされるさらに暗黒の諸力こそ集団の服従を強要するものであると強調する。絶対的支配はその根拠を問うことさえ恐ろしいときにいちばん成功する点を大いに強調する。彼が科学を恐れ、忌み嫌うのは、それが懐疑的探究に対して唯一抵抗力のある神秘に余りにも光を当てて、その結果これをなくしてしまうからであった。彼の慧眼をもってしても、科学の技術的手段が理性ではなく反理性と結びつく日がこようとはほとんど予測できなかった。自由主義が一つではなく二つの敵——一方では合理的科学的な組織の専制、他方では理性に敵対する神秘的偏執的信仰の力——に直面し、ヴォルテールとメストルの追随者がそれぞれ祝福したこれら二つの力が手に手を取って、かつてサン・シモンがあのように熱烈だが、間違った楽観論を以て予言したあの連合を組むとは、彼の慧眼も予見できなかったのである。

メストルはパレートと同じようにエリートを信用したが、いかなる道徳的価値基準を採用すべきかについてのパレートのシニカルな無関心——すなわちエリートは自身が採用する価値基準とまったく別の基準を大衆に説いてかまわないという主張は彼にはなかった。過剰な光は人類の大半にとってよくないと彼は考えたにもかかわらずそうであった。ジョルジュ・ソレルと同じように、社会的神話の必要を信じ、戦争は国家間でも社会の内部でも不可避と考えたが、彼と違ってメストルは、大衆の信ずる神話——ひたすらこれを信じさせることによってのみ大衆を勝利に導くことが可能となり、またそうすべきでもある、そういう神話を、勝利した階級の指導者自身が見透かしてしまうことは許さなかった。ニーチェと同じように、彼は平等を忌み嫌い、普遍的自由の観念を馬鹿馬鹿しく危険な空想と考えたが、歴史の進行に反逆することはなく、人類がそれまでに歩んできた苦難の道が置かれている枠組みを壊そうとは願わなかった。彼は当時流行の社会的政治的標語にひきつけられることなく、政治権力の性質をマキアヴェッリやホッブズ、ビスマルクやレーニンがそれぞれの時代に行なったと同様に明断に見、またそれを彼らと同じように赤裸な言葉で叙述した。この理由のために、一九世紀のカトリックの指導者たちは、聖職にあるものも平信徒も、公式には強靱で敬虔な教条主義者として彼を大いに褒めそやしながら、実は彼の名前を出されるだけで、あたかも彼が誠実に防衛目的の積りで鍛えた武器が余りにも危険——持っている人の手の中でいきなり爆発しかねない爆弾のように——に過ぎるかの如く、不安を感じたのであった。

メストルは社会を弱く罪深い人間、矛盾する欲求に引き裂かれ、自分で操るには激しすぎ、何らかの合理主義的公式によって正当化するには余りに破壊的な諸力にあちこち引き回されるそういう人間たちが織り成す解きほぐせない網の目と見た。あらゆる事業は苦しく、失敗を避けがたい。仮にもそれが成就するとすれば、それは偉大な知恵と強い意志を備えた存在、すなわち歴史(これは彼にとってほとんど神の言葉の受肉である)の諸力を宿し、己れの生命を刻みつつ、神の定めた秩序の編成、抑圧、維持にあたる、そういう存在がつくる階層秩序の導きの下に置かれたときだけである。人間の事業は神の秩序との一体化を果たすこの犠牲行為によってのみ完成し、現世における報酬を何一つもたらさない、説明しがたい自己犠牲こそ神の秩序の命ずる法なのである。彼が擁護した社会構造は、少なくともキリスト教の伝統と同程度にはプラトンの『国家』における守護者と『法律《ノモイ》』における夜の評議会から引き出されたものである。それはドストエフスキーの有名な喩話の中の大審問官の祈りに親近性を有している。彼のヴィジョンはたいていの人が今なおそれによって生き、あるいは生きようと欲している光を教条的に拒否することのうえに出来上がっているだけに、人間の自由を真に評価する人々には忌み嫌われるものであろう。それにしても、メストルは彼の偉大なテーゼを構築する過程で、彼の同時代人が不快を催し、後の人々は怒って否定し、ようやく今日になって承認された決定的な真実を一度ならず暴露(そして猛烈に誇張)し、しかもそれはしばしば彼が初めて明らかにしたことであった。――もちろんそうした真理が今になって承認された理由はわれわれの洞察がより完全になったとか、自己認識や誠実さの増大によるわけではなく、メストルが社会組織の解体に抗する唯一の処方箋とみなした秩序が、われわれの時代にそのもっとも忌まわしい形で現実化したからであるが。かくして、かつてメストルが歴史分析をかりて望見した全体主義社会は現実のものとなり、それによって、測り知れない人間の受難を代償に、現代を見通した注目すべき恐ろしい予言者の深さと輝きを確証するに至ったのである。

(1) Book 1 (Jeunesse), VI, 17 ('A un visiteur parisien'), 2nd stanza: p. 958 in *Œuvres complètes: Poésie II*, ed.

Jean Gaudon (Paris, 1985).

(2) 以下、通例『夜話』*Soirées* として引用〔サン・ペテルブールは地名としては以下サンクト・ペテルブルクと表記するが、この書名のみフランス語表記に従う〕。メストルからの引用の出典は *Œuvres complètes de Joseph de Maistre*, 14 vols and index (Lyon/Paris, 1884-7 and later unchanged impressions) による〔以下『全集』とし、巻数およびページ数を付す〕。このエピグラフについては『全集』V 26.

(3) Émile Faguet, *Politiques et moralistes du dix-neuvième siècle*, 1st series (Paris, 1899), p. 1.

(4) *Ibid.*, p. 59.

(5) *Ibid.* ('un paganisme un peu "nettoyé"').

(6) *Ibid.*, p. 60.

(7) S. Rocheblave, 'Études sur Joseph de Maistre', *Revue d'histoire et de philosophie religieuses* 2 (1922), p. 312.

(8) George Brandes, *Main Currents in Nineteenth Century Literature*, English trans. (London, 1901-5), vol. 3, *The Reaction in France*, p. 112.

(9) E. Quinet, *Le Christianisme et la Révolution française* (Paris, 1845), pp. 357-8.

(10) *Correspondance de Stendhal (1800-1842)*, ed. Ad. Paupe and P.-A. Cheramy (Paris, 1908), vol. 2, p. 389.

(11) René Doumic, *Études sur la littérature française*, 1st series (Paris, 1896), p. 216.

(12) 主に『文学者の肖像』*Portraits littéraires* の中の「ジョセフ・ド・メストル」'Joseph de Maistre' (マクシム・ルロア編『著作集』第二巻) *Œuvres*, ed. Maxime Leroy (Paris, 1949-51), vol. 2, pp. 385-466 および「ジョセフ・ド・メストル伯未公刊書簡および小品集」'Lettres et opuscules inédits du comte Joseph de Maistre' (2 June 1851),『月曜閑談』*Causeries du lundi* (Paris, 1926-42), vol. 4, pp. 192-216 を参照。

(13) ただしこの意見はカナダ人で彼の伝記を書いたリチャード・ルブランやエミール・シオラン、それにもちろん私自身のとるところではない。私としても彼を過去の存在とかたづけられればよいと思うのだが、今世紀のもっとも暗い出来事の数々がそれを許さない。参照、Richard A. Lebrun, *Joseph de Maistre: An Intellectual Militant* (Kingston and Montreal, 1988); E. M. Cioran, *Essai sur la pensée réactionnaire: A propos de Joseph de Mai-*

stre (Montpellier, 1977).

(14)『全集』I 74.

(15)『全集』I 18.

(16) *Correspondance diplomatique de Joseph de Maistre 1811-1817*, ed. Albert Blanc (Paris, 1860) (以下、*Correspondance diplomatique* と表記), vol. 1, p. 197.

(17) 'Mémoire au duc de Brunswick', p. 106 in Jean Rebotton (ed.), *Écrits maçonniques de Joseph de Maistre et de quelques-uns de ses amis francs-maçons* (Geneva, 1983).

(18) メストル家文書中の一七九三年七月一六日付、ヴィネ・デ・ゼトール宛のメストルの書簡に引用。参照、Lebrun, *op. cit.* (註13), p. 123, note 68.

(19) カール・ベッカーの著書〔Carl Becker, *The Heavenly City of the Eighteenth-century Philosophers*〕(New Haven, 1932) の表題。

(20) 本文ではこのパッセージの一部しか訳していないが、原文はメストルをこの上なく特徴的で、絵に描いたように示し、またもっともその激しい一面をのぞかせているだけに、全体を示す価値がある。〔以下の訳文中《 》内は本文に訳出した部分の再掲である〕「《生きとし生けるものの全世界を統べるのはあからさまな暴力であり、すべての被造物に武器をもたせて共滅に導く、神の定めた憤激とも言うべきものである。無生物の世界を離れた瞬間から、暴力による死という掟が生命のほんの始まりでしかないものの上にも刻まれていることが分かる。植物の世界ですでにそれが感じられる。巨大なきささげから名もない野草に至るまで、どれだけの草木が死に、どれだけが殺されるであろうか。だが、動物の世界に足を踏み入れるや、この法は突如としてこの上なくおぞましいその姿を明らかにする。目には見えないが明らかな力が》生命の原理を暴力的手段を通じて絶えず明らかに示す。その力は動物の各種ごとにある動物は他の動物を《餌として食べるように指定してある。かくして昆虫が餌になり、爬虫類が餌になり、鳥が餌になり、魚が餌になり、四足獣も餌になる。生きものが他の生きものに食べられていないときは一瞬たりともない。これらのありとあらゆる動物たちの上に人間は置かれているのであり、殺してやまぬ人間の手は生きている何物をも逃さない。人間は食糧を得るために殺し、着るために殺す。着飾るために殺し、攻撃のために殺し、身を守るために殺し、知識のために殺し、愉しみのために殺し、そして殺すために殺す。傲り高ぶった残忍な王として、人間はすべてを欲し、なにものの抵抗も許さない。》人間は何頭の鮫や鯨からどれだけの油がとれるかを知っている。博物館の壁にはモンブランやチンボラソの山頂で飛んでいるのを捕らえた美しい蝶が細いピンで刺してある。人は鰐を剥製にし、蜂鳥をホルマリン漬けにする。人間の命令によって、ガラガラ蛇は保存液の中に入って死に、そのままの姿で長蛇の列を為す見物人の目を楽しませる。主人を乗せて虎狩に行く馬は獲物の皮を背に乗せて歩く。人間は《小羊を裂いて腸をとりだし、竪琴を奏で》、鯨の髭で若い娘のコルセットを支え、《狼の恐ろしい牙を切り取って美しい工芸品に磨き上げ、象の皮を剝いでこどもを躾ける鞭にする。——人間の机の上には動物の屍が山と積まれている。》哲学者は恒久的殺戮がいかに全体図のなかに予定され、定められているかさえ見出すことができよう。だがこの法は人間で終るのだろうか。おそらくそうではない。《では他のすべての生きものを殺す人間を殺すのは誰か。人間自身である。人間を殺す役割を負っているのは人間である。》だが人間はどのようにすればこの殺戮の法を履行できるのだろうか。道義に厚く情け深い人間、愛するために生まれ、自分のことのように他人のために涙し、涙を流すことに喜びを感じ、ついには涙を催させるために物語まで作ってしまう人間、そして、不正に血が流されたときには最後の一滴まで報いを求める(『創世記』九-五)と神に言われた人間がどのようにしてこの法を行なうのか。戦争がその命令を成就するのである。大地が血を求めて叫んでいるのが聞こえないのか。動物の血では足らず、法律の刃が犯罪者の血を流してもなお不足している。もし人の裁きがすべての罪人に及ぶならば、戦争はなしですむであろう。だが人の裁きはごく少数の罪人にしか及ばず、犯罪者を赦すことさえ少なくない。そのような残酷な慈悲が戦争を引き起こす一因となりはしないか、とりわけそれと同時に、そうした慈悲に劣らず愚かで有害なもうひとつの無分別がこの世から贖罪の火を消してしまおうと努めるとすれば、戦争が不可避となりはしないかとは思ってもみないのである。大地の叫びは無駄ではない。戦争の火はすぐにつく。人は突如として憎しみとも怒りとも違う神の憤激に駆られ、自ら何を望み、何を為そうとしているかさえ意識せずに戦場へ行進する。この恐ろしい謎は一体なんだろうか。これほど人間の本性に反し、人間が嫌がるものはない。それなのに人は自ら嫌うことを熱狂して行なう。人を殺そうとするその時になって命令に逆らった例がこれまでにあっただろうか。ネルヴァ〔トラヤヌス帝の前のローマ皇帝(九六—九八)〕だろうがアンリ四世だろうが命令とあらば人は暗殺するであろう。もっとも憎むべき暴君であろうと、比類なく傲岸で血を恐れぬ猛将であろうと、「われわれは従わない」という声を聞くことは決してないであろう。戦場での反乱、結束して暴君を倒した例は私の記憶に浮かばぬ出来事である。人を戦場に引きずる力には何人も抵抗せず、抵抗し得ない。人間は罪なき殺人者、あるおぞましい力の受動的な道具として、自分自身が掘った穴に頭から飛び込んでいく。自分が死の原因をつくったことには思いも及ばず、人を殺し、自らの死を受け入れる。(もろもろの国民は自分のつくった穴に陥り。「詩篇」九-一五)〔『旧約聖書』(日本聖書協会、一九五五年版)による。ただし新共同訳聖書では該当の文章は「異邦の民は自ら掘った穴に落ち」と訳され、「詩篇」九-一六に置かれている。〕

《そうしてこそ》ウジ虫から人間に至るまで《生きとし生けるものを統べる暴力による破壊という大法則は完成する。永遠に血にまみれたこの地球はまるごと、あらゆる生きものをいけにえにする巨大な祭壇に他ならず、その犠牲は終りなく、容赦なく、止むことなく続き、ついにはすべてのものがなくなり、ついに悪が止み、死そのものが死を迎えるのである。》(なぜなら、最後の敵として滅ぼされるのは死だからである。「コリント人への手紙第一」一五-二六)。『全集』Ⅴ 22-5.

(21) '(el) matadero del difunto conde José de Maistre'. Miguel de Unamuno, *La agonía del cristianismo*: p. 308 in *Obras completas*, ed. Manuel García Blanco(Madrid, 1966-), vol. 7.

(22) このもっとも広く知られているメストルの文章は、それゆえ原文で示す価値がある。〔以下、本文に引用された英訳部分の仏語原文なので訳出を省略。〕『全集』Ⅳ 32-3.

(23) たとえば、『全集』Ⅰ 407, Ⅷ 91, 222, 223, 268, 283, 311-12, 336, 345, 512-13.

(24) 脚注で彼はユヴェナリス〔ローマの諷刺詩人、c五〇—c一三〇〕のこの言葉'Graeculus esuriens in caelum jusseris, ibit'(*Satire*『諷刺詩』3. 78)を引用しているが、誤ってこれをマルチアリス〔同じくローマ詩人、c四〇—c一〇四〕に帰している。

(25) 『全集』Ⅷ 299.

(26) 『全集』Ⅷ 305.
(27) 『全集』Ⅷ 297-8.
(28) 『全集』Ⅴ 3-4.
(29) 『全集』Ⅴ 10.
(30) 『全集』Ⅰ 111.
(31) 『全集』Ⅴ 116.
(32) 『全集』Ⅳ 66.
(33) 『全集』Ⅳ 67.
(34) 『全集』Ⅳ 67-8.
(35) 『全集』Ⅱ 338, Ⅷ 280.
(36) 『全集』Ⅱ 338. ファゲはメストルの文章のパラフレイズだが、明らかに彼自身がこしらえた鋭い警句を使っている。曰く、「羊は肉食獣に生まれたが、どこでも草を食べているといったとしても同じように正しかろう。」Faguet, *op. cit.*（註3）, p. 4.
(37) 『全集』Ⅰ 376.
(38) 『全集』Ⅴ 197.
(39) ベーコンを論駁するために書いた論文の課題は、ベーコンには自分自身が先駆けとなった諸科学の非経験的要素を理解する形而上学的な力がなく、彼はせいぜいのところ精神気候の変化のバロメーターであって、それを引き起こした人間ではなく、「諸科学の情熱的愛好者」というよりは「その多情な宦官」である（『全集』Ⅵ 533-4）ことを示すにある。ここにはいくらかの真実があるかもしれないが、メストルがそれを意図したり、自覚していたとは思われない。
(40) 『全集』Ⅰ 246-7.
(41) 'Joseph de Maistre'（註12参照）, p. 422.
(42) 『全集』Ⅴ 2.

(43)『全集』Ⅷ 282.

(44)『全集』Ⅰ 88. 同様に彼はギリシャ王国の将来についても見誤り、それについての暗く、根拠のないことが明らかになった彼の警告は、サンクト・ペテルブルクにおける亡命仲間であったギリシャの愛国者、アレクサンデル・ヒプシランティの目に余計なお節介と映っただけであった。メストルはヒプシランティの意図は野心に燃えたファナリオット〔イスタンブールに住むギリシャ人〕の婦人、ロクサンドラ・ストゥルダ、後にエドリング伯爵夫人となり、サント・ブーヴの文通相手であったこの女性を通じてずっと知らされており、彼は彼女に社交上のゴシップや父のような助言を記した手紙を書いている。二人の文通はメストル自身のサンクト・ペテルブルクにおける立場が政治的に不安定になりだし、伯爵夫人の方もそれまで役に立つ友人関係であったものが政治的なひけめになり始めたとみなしたときに終った。

(45)『全集』Ⅳ 132-3.

(46)『全集』Ⅳ 84-5.

(47)『全集』Ⅳ 63.

(48)原語は 'censitaire'〔cens 貢租を払う人、貢納義務者〕。

(49)『全集』Ⅷ 283-4.

(50)『全集』Ⅷ 67.

(51)参照、*Lettres à un gentilhomme russe sur l'inquisition espagnole*.『全集』Ⅲ 283-401.

(52)『全集』Ⅷ 81.

(53)『全集』Ⅷ 82.

(54)『全集』Ⅲ 184.

(55)『全集』Ⅷ 82.

(56)『全集』Ⅷ 94.

(57) Anatole France, *Le Génie latin* (Paris, 1913), p. 242.

(58)『全集』Ⅸ 78 ; cf. Ⅲ 394.

(59) サンフ伯爵夫人 Comtesse de Senfft 宛、一八三四年一〇月八日付書簡。Félicité de Lamennais, *Correspondance générale*, ed. Louis le Guillou (Paris, 1971-81), vol. 6, letter 2338, p. 307.
(60) 『全集』Ⅴ 34.
(61) 『全集』Ⅴ 33.
(62) 『全集』Ⅷ 294.
(63) 『全集』Ⅳ 63.
(64) 『全集』Ⅳ 119.
(65) 同前。
(66) 参照、Elio Gianturco, *Joseph de Maistre and Giambattista Vico: Italian Roots of Maistre's Political Culture* (Columbia University Ph. D. thesis) (Washington, 1937).
(67) 『全集』Ⅳ 88.
(68) 「トルコはどのように統治されているか。コーランによってである。……それなくしてはオスマンの帝位は一瞬にして消えてしまうであろう。中国はいかにして治められているか。孔子の教え、孔子の法、孔子の宗教によってであり、彼の精神こそ二五〇〇年前から統治してきた真の主権者である。……」『全集』Ⅷ 290.
(69) 「行商人の集まり」というスピノザの国家観についてのヴィーコの議論を参照。*The New Science of Giambattista Vico*, trans. Thomas Goddart Bergin and Max Harold Fisch, revised ed. (New York, 1968), para. 335 (p. 98). またボナールはこう言っている。「まるで社会が家々の壁や町々の城壁だけでできてでもいるかのように、人間の生まれるところにはどこでも、父、母、子供、言語、天国、神、そして社会が存在するのに、まるでそうしたものが全然ないかのように。」L. G. A. de Bonald, *Du divorce ...*, 2nd ed. (Paris, 1805), p. 13.
(70) 註15参照。
(71) 『全集』Ⅸ 77.
(72) 興味深く、また特徴的なことに、メストルのナポレオンに対する態度は両面的である。一方でナポレオンは俗っぽい成り上がりもので古い諸価値の残忍な破壊者、教皇と正統君主の迫害者、神聖な儀式を忌まわしくも戯画化した戴冠式の恥ずべき張本人であり、道徳的賤民、人類の敵である。他方彼が権力の現実を明断に把握し、民主主義者、自由主義者、知識人、そして憎むべきセクトのその他のメンバーをあからさまに軽蔑したこと、なによりもブルボン家の愚かさや柔弱さにひき比べて、フランスを再び栄光の絶頂に引き上げたこの男の軍事的行政的才能はリアリズムと権威の使徒に強く訴えないはずはなかった。メストルはフランス皇帝の犠牲者の一人の公的代理人であり、サンクト・ペテルブルクにフランス大使がいるということ(自動的にそれは彼自身の外交上の身分の公的承認を妨げた)だけで毎日屈辱を味わわされたにもかかわらず、ナポレオンに会うことを望んだ。ナポレオンの方もメストルの著作の鋭さに感銘を受け、その内容に政治的親近感を覚えたといわれる。メストルは自分の置かれた状況を途方もなくじれったく感じた。そこでカリアリの宮廷に手紙を書いて、自分の主張を述べてみた。ナポレオンはたしかに簒奪者だが、オレンジ公ウィリアム以上の簒奪者であろうか。後者に始まる王朝はヨーロッパのあらゆる君主から承認されているではないか。ナポレオンは冷酷な殺人者だが、イギリスのエリザベス(一世)ほども無実のものを殺したであろうか。いずれにしろあらゆる権力は、正統なものも正統性を欠くものも、神に由来する。しかもボナパルトは偉大なフランス王国の国境を守り、拡大したのであり、この事業は彼がなんらかの意味で神の道具でなかったならば果たし得なかったであろう。こうした決疑論はサルディニアの役人たちを驚かせただけであった。国王ヴィクトル・エマヌエレは深く衝撃を受け、この彼の代理人がコルシカ生まれの怪物と少しでも接触するのを固く禁じた。メストルは心の底から失望した。だが彼は忠誠心をあらゆる美徳の上に置いていた。正統な王権の体現者が取るに足らぬ人物であればあるだけ、一層大きな服従をこれに捧げるべきである。そうすれば臣下が主権者に対して負う無条件的服従の原理は一層光り輝くものとなるであろう。外交文書における彼の応答はますます辛辣で皮肉な調子になっていった。彼はそれ以前に「驚くべき」要求をしたと非難されたことがあった(『全集』XI 104-5)。彼は内大臣にいつでもその命令に文字どおり従うと約束した。しかし、彼を驚かさないとは約束できなかった。メストルはついにナポレオンに会うことはなかった。

(73)　一八一六年四月二四日および五月四日付のヴァレーズ伯(サルディニア外務大臣)宛書簡。*Correspondance diplomatique*, vol. 2. p. 205.

(74) 『全集』IX 59.

(75) 一八〇四年七月二二日および八月三日付の騎士ロッシ（サルディニア国務大臣）宛書簡。トリノ国立文書館蔵。J. Mandoul, *Joseph de Maistre et la politique de la maison de Savoie* (Paris, 1899), p. 311 に引用。

(76) 『全集』IX 58. そしてまた、「戦争の技術を少しばかり忘れさせてくれる君侯に限りない祝福を。」『全集』VII 134. また、ローマ帝国末期の軍事的体制について、「慢性の疫病」だと言っている。『全集』I 511. この主題全体に関して、François Vermale, *Notes sur Joseph de Maistre inconnu* (Chambéry, 1921)、とくに第三章 'Joseph de Maistre contre le militarisme piémontais', pp. 47-61, esp. pp. 48-9 を見よ。それでも彼は、もし君主が軍事独裁を命ずるならば、たとえ気が進まぬにしろこれを受け入れるだろうと明言している。

(77) 戦争と軍国主義とのこの鋭い対比はプルードンが（メストルとほとんど同じ言葉で）その『戦争と平和』において繰り返している。トルストイは彼自身の『戦争と平和』を書いている間にメストルの著作を読んだのだが、彼はこの傑作の中である役割を果たしているこの逆説そのものを、（少なくとも彼の一人の批判者ボリス・アイケンバウムが想定しているように）単にプルードンに負っているだけでなく、意識的、無意識的にメストル自身に負っている可能性がある。

(78) 『全集』I 7.

(79) 『全集』I 18.

(80) 『全集』I 118.

(81) 『全集』I 426.

(82) 『全集』VIII 294; cf. I 266, I 426, II 339, VII 540.

(83) 『全集』I 426.

(84) 『全集』I 107.

(85) 『全集』I 9.

(86) 以下の引用は『ロシアについての四章』からのものだが、この作品はメストルの余論集《オビテル・ディクタ》で、驚くべき洞察と予言的な力に満ちた意見を含んでいるが、今日ではほぼ完全に忘れられている。

(87)『全集』Ⅷ 279 (cf. Ⅱ 339).

(88)『全集』Ⅷ 280 (cf. Ⅱ 339).

(89) 例えばヴィーゲリとジハレフによって。F. F. Vigel', *Zapiski* (Moscow, 1928), vol. 1, p. 275 (cf. vol. 2, p. 52); S. P. Zhikharev, *Zapiski sovremennika* (Moscow, 1934), vol. 2, pp. 112-13. これに対してレオ・トルストイは、『戦争と平和』の歴史的背景を研究していたときに、たしかにメストル自身の著作と彼の同時代人のメモワールを利用し、彼について皮肉な肖像を描いている。「モルトマール男爵」の名前で登場し、典型的なフランス亡命貴族としてサンクト・ペテルブルクのサロンで人気絶頂の彼は、ロシアの首都で開かれたある華麗な夜会で流行の先端を行く貴婦人たちに向かってナポレオンやアンギアン公や女優のジョルジュ嬢のおかしな逸話を語っている。後に、今度は単に「多くの才能に恵まれたある男」として、別のあるパーティーに現われ、ヴァシーリー王太子とクツーゾフについて会話を交わす。小説のさらに後では、実名でも言及されている。『戦争と平和』第一巻、第一部、一、三章、第三巻、第二部、六章、第四巻、第三部、一九章。

(90)『全集』Ⅷ 288.

(91)『全集』Ⅷ 284.

(92)『全集』Ⅷ 285.

(93)『全集』Ⅷ 355-9.

(94)『全集』Ⅷ 288-9.

(95) エメリヤン・イヴァノヴィッチ・プガチョフはエカテリーナ大帝時代に鎮圧された農民コサック反乱の指導者である。

(96)『全集』Ⅷ 291-2.

(97)『全集』Ⅷ 300.

(98)『全集』Ⅷ 344.

(99)『全集』Ⅷ 354.

(100)『全集』Ⅷ 357.

(101)『全集』Ⅷ 358-9.
(102)『全集』Ⅸ 58.
(103) 註72参照。
(104) 彼が改宗させた中でいちばんよく知られているのはスウェッチン夫人(Mme de Swetchine, 一七八二―一八五七)で、彼女の有名なパリのサロンは一八三〇年代、四〇年代には教皇至上主義的カトリシズムの本拠となった。だが他にもメストルの仲間《セナークル》の一員となり、その時代のサンクト・ペテルブルクでもっとよく知られていた改宗者があった。その中にはエドリング伯爵夫人(旧姓ストゥルザ、名高いファナリオットの陰謀家〔註44参照〕)、トルストイ伯爵夫人、A・ゴリツィン公、M・ゴリツィン公、ガガーリン公があり、ガガーリン公は後にパリでイエズス会に入り、メモワールをかいている。(実際ペテルブルクの貴族たちに対するメストルの影響をもっとも明らかにするのは彼とスウェッチン夫人の回想である。)それに忘れてならぬのはシチャゴフ提督の美しい夫人で、彼女のローマへの改宗は家族をいたく悲しませた。『戦争と平和』におけるヘレーヌ伯爵夫人とイエズス会士との関係についてのレオ・トルストイの非常に辛辣な描写はおそらくメストルのサークルの活動に基づいている。イリューミニズムは以前からロシア宮廷内のいくつかのサークルに深く浸透しており――皇帝自身ゴリツィン公と後にはフォン・クリュデナー夫人の影響のもとにこれに改宗した目立った一人であった。メストルは若い頃フリーメーソンの支部に関係し、サン・マルタンの敬虔な著作を称賛していた。彼はその著者を同盟者――ローマ教会の同伴者(ちょうど今世紀のある種のカトリック教徒がベルグソンをそう見たように)とみなした。彼は唯物論を融解し、人間の心を凍らせるプロテスタントから人を守り、カルヴィニズムの貪欲から真の教会への橋渡しの役を果たし、「人々を教義と霊的な観念に慣れさせ」(『全集』Ⅷ 330)、そしてキリスト教世界の統一のために働いたというのである。メストルはペテルブルクの雰囲気をよく心得、カトリックの大義に共感をかきたてるために為し得ることを行なった。とくにフランスのイエズス会士の保護のために働いたが、この修道会は以前に教皇の命令で解散させられ、修道士たちは革命を避けてロシアに逃げてきていたのである。メストルは彼らの保護に働き、ロシアの地にイエズス会の学寮をつくる許可さえ彼らのためにとってやった。これらもろもろの活動に対してロシア正教会は次第に疑念を抱くようになっていた。実際、アレクサンドルが一八一七年、例によって突然に、明白な理由なしに(といっても正教会の長に強要されたことは確かだが)メストルに即時退去を求め、深く失望させたのは、彼が生涯深く傾倒したイエズス会の闘士として熱心に活動したためであり、また生まれのよい人々を釣り上げて改宗させたからであろう。彼はパリ経由でトリノに帰り、五年後に死んだときにはピエモンテで位の高い閑職にあり、その傑作『サン・ペテルブール夜話』はまだ出版されていなかった。

(105) ファゲはこれはただどんな考えでも相手側の考え——この場合にはコンディヤックやコンドルセ、その友人たちの考え——は論駁してやろうという欲求のなせる業だと考えている。そうかもしれない。メストルの動機が何であれ、それは力強く鮮やかになされた反撃である。

(106) 『全集』IV 205-10, VI 458-9では、ヴォルテールをペストに侵された貴重荷物にたとえている。

(107) 『全集』IX 494.

(108) Sir James Fitzjames Stephen, *Horae Sabbaticae*, third series (London, 1892), p. 254.

(109) 『全集』IV 22-8.

(110) 『全集』I 87.

(111) 『全集』I 56.

(112) 『全集』I 74.

(113) 同前。

(114) 『全集』I 78.

(115) 『全集』I 127.

(116) 『全集』V 108.

(117) 『全集』I 68.

(118) Stephen, *op. cit.* (註108), p. 306.

(119) 『全集』I 40.

(120) F. A. de Lescure, *Le Comte Joseph de Maistre et sa famille 1753-1852: Études et portraits politiques et lit-*

téraires (Paris, 1892), p. 6.

(121) J. Dessaint, 'Le Centenaire de Joseph de Maistre', *La Revue de Paris*, 1 July 1921, pp. 139–52 : see p. 143.

(122) メストルをイタリアのリソルジメントの先駆者に仕立てる試みについては、彼の外交書簡集を編纂したアルベール・ブランの著作（註16参照）、既出のＪ・マンドゥルの本（註75）、——また後にはアドルフォ・オモデオなどの鋭利な学者（*Un reazionario : Il conte J. de Maistre* (Bari, 1939)）も——を見よ。これらの著者はメストルをほとんどイタリアの自由主義的愛国者の一人、マッチーニに並ばぬとしてもロスミーニ〔Antonio Rosmini-Serbati, 一七九七—一八五五〕やジョベルティ〔Vincenzo Gioberti, 一八〇一—五二〕に匹敵するものと扱っている。だがこうした見方に根拠はないように思われる。メストルは反ガリカン主義者であり、教皇の世俗における権威を擁護した。危急の場合に彼が、ヴァティカンがイタリアを統一し、世俗の、外国に支配された君主国や共和国に分かれた分裂を終わらせることを期待した人々の列に加わりえたのはこのためである。また彼はどこかで、政治意識のある人間にとって外国の支配に服さねばならぬことほど辛いことはないと確かに言っている。——いかなる民族も他国に従属しようとは望まぬ、したがって民族の解放者に誉れあれと。だがこの別に特異ではない常套句からメストルをリソルジメントの予言者に仕立てあげるには距離がある。何らかの愛国的感情に身を委ねたという限りでは、彼は最後の日まで、「ヨーロッパに真の統治権を行使する」（『全集』I 8）フランスの熱烈な賛嘆者であり、その王室の変わらぬ支持者であった。ボンバ王にはあの偉大な王家の血が流れていたから、おそらく理想主義の革命家たち以上に彼にとって重要だったであろう。自由主義と民主主義を彼は憎み、軽蔑した。そしてもちろん革命は社会秩序が蒙るあらゆる運命の中で最悪のものであった。

(123) 『全集』V 13.

(124) こうした珍説の全部ではないがいくつかは Constantin Ostrogorsky, *Joseph de Maistre und Seine Lehre von der höchsten Macht und ihren Trĕgern* (Helsingfors, 1932) に集められている。

(125) A. de Lamartine, *Cours familier de littérature* (Paris, 1859), vol. 8, p. 44.

(126) 'Joseph de Maistre' (註12参照), p. 427.

(127) *Ibid.*, p. 429.

(128) *Ibid.*, p. 455.

(129) 『全集』XIV 183.

(130) Léon Bloy, 'Le Christ au dépotoir', *Le Pal* No. 4 (2 April 1885): p. 83 in *Œuvres de Léon Bloy*, ed. Joseph Bollery and Jacques Petit (Paris, 1964-75), vol. 4.

〔松本礼二訳〕

ヨーロッパの統一とその変転

I

人類が互いに容赦なく殺し合いを続けたという点では、二〇世紀に匹敵する世紀はない。これは今では、憂鬱な常識である。二〇世紀の殺戮と比較すれば、さしもの宗教戦争やナポレオン戦争も世界の一地域に限られており、むしろ人間的であるように思えてくる。現代の憎悪と闘争の原因を一般的に検討していく資格は、私にはない。私としては、この状況の一つの側面だけに直接に注目したいと思う。われわれの住むこの二〇世紀には、熱狂的な思想家の抱いていた政治思想が――これら思想家の中には、それぞれ自分の生きた時代にはほとんど注目されなかったものもいる――人々の生活にたいして革命的な影響を与えた。これほどまでに激烈な影響を与えたのは、一七世紀以来なかったことであった。私はこのような思想の中で、善かれ悪しかれわれわれの生活に深甚な影響を及ぼした一つのグループの思想について論じたい。

人生の目的についてのわれわれの思想は、われわれの祖先の思想、少くとも一八世紀の後半以前に流布していた思想とは一つの本質的な点で似ていない。むしろそれに対立している。一八世紀後半以前では、世界は単一の理解可能な全体を成していた。それは物質的か精神的かは問わずいくつかの安定した要素から成っていた。これらの要素は、もし安定していなければ現実のものではなかった。すべての人が、人間の本性(human nature)と呼ばれるいくつか不変の特徴点を共通に有していた。さまざまな個人、文化、国民の間にはもちろん差異があったが、その間の類似性の方がもっと大きく、かつ重要であった。共通の特徴の中でもっとも重要なのは、理性と呼ばれる能力を所有していることにあると考えられていた。この理性によって、それを所有している人は真理——理論的真理と実際的真理の双方を知覚できる。そして真理は、どこにいるかにかかわりなくすべての合理的精神には等しく目に見えるものであった。この共通の本性があるために、人々は互いにコミュニケートし、かつ自分の信じている真理を他人に説得しようとすることが必要となった、そればかりかそれが合理的なこととなった。極端な場合には、ある前提のもとで(例えば、理性の時代の偉大な寓話であるモーツァルトの「魔笛」の中でザラストロがそのような前提に立っている)、他人に強制を加えることも合理的なことになった。その前提によれば、たとえ人々が命令に従うとしても(他の手段が尽きた場合には、従うように強制されたとしても)、結果として彼らは教師、立法者、支配者が真理と考えているものの正しさを承認しているだけなのである。彼らはそれに従うことによって、賢明になり善良になり幸福になるであろう。二〇世紀においては、理性の普遍性か何か他の原理の普遍性かはともかく、このような普遍性の主張はもはや当然のこととは考えられていない。アメリカの評論家ウォルター・リップマンが公共の哲学と呼んだものを、政治や社会生活の自動的な前提条件と考えることはできなくなった。これがわれわれの生活を大いに変えたのである。

このことは、ファッシズムの場合にもっとも明白である。ファッシストと国家社会主義者は、自分たちの目標を劣等の階級や人種や個々人が理解したり共感したりできるとは期待していなかった。彼らの劣等性は血や人種やその他の動かしがたい特徴によるものであって、生得のものであり、後から抹消できたりするものではない。彼ら劣等な人々が支配者と平等であると主張したり、支配者の理想を理解できると主張したりするのは、傲慢で僭越なことと考えられた。〔『テンペスト』の〕キャリバンには、空に向って顔を上げ、プロスペロの理想を一目なりとも見ることはできない、ましてやその理想をともに抱くことはできないと考えられていた。奴隷の仕事は服従することである。主人が奴隷を踏みにじる権利を持つのは、例えばアリストテレスが主張したように、ある人々は生れながらに奴隷であるという事実によるものであった。奴隷には自分から命令を与えたり、あるいは何故自分が何かをするよう強制されるのかを理解したりするだけの人間としての資質がないというのである。

ファッシズムがこの態度の極端な表現であるとすれば、ナショナリズムはすべてある程度までその影響を蒙っている。ナショナリズムは国民性の現実についての意識ではなく、それにたいする誇りでもない。それはある民族には独自の使命があるとする信念である。この民族の使命は、何であれその部外者の目標や特質と比べて本質的に優れているとする信念である。したがって私の民族と他の人々との間に対立があれば、他者にいかなる犠牲を強いることがあっても、私は私の民族のために戦わねばならない。この他者がそれに抵抗すれば、それは劣等の文化に育てられ、劣等の人々から生と教育を受けたということから当然に予想できることなのである。彼らはもともとの前提からして、私の民族と私とをつき動かしている理想を理解できないのである。私の神々は他の人々の神々と対立しており、私の価値は他者の価値と対立している。そして、これら対立する神々の主張を調停できるようなより高い権威は存在しない。絶対的で普遍的な法廷は、もちろんのこと存在しない。まさにそれ故に、諸民族、諸個人の間の戦争が唯一の解決策とならざるを得ない。

われわれは、大抵のところ言葉で考える。しかし言葉はすべて特定の言語に属しており、特定の言語は特定の文化の所産である。全世界的な人類語は存在していないから、人間にたいする普遍的な法や権威も存在しない。もし存在するなら、それらの法やその権威がそのまま地球を支配する主権となるであろう。ナショナリストにとって、これは可能なことでも望ましいことでもない。普遍的な法は真の法ではなく、コスモポリタン的な文化は見せかけ、幻想である。国際法が法と呼ばれるのは、あやふやな類推によっているにすぎない、過去の普遍主義から激しく訣別したことを匿すための一つの空虚な礼儀でしかないのである。

マルクス主義の場合は、このような想定はあまり明白でない。それは少くとも理論においては国際主義的である。しかしマルクス主義は一九世紀のイデオロギーであり、当時いたる所に浸透していた分離主義の影響を免れていない。マルクス主義は理性の上に築かれている。つまり、関連する事実を知っている合理的な人間にはマルクス主義の命題は理解可能であり、その真理を「証明」できると主張している。それはすべての人に救済を提供しており、原則として誰もがその光明を見てとることができる筈である。それを見なければ、身の破滅を招くだけである。

しかし、実際にはそうでない。マルクス主義社会学の基礎になっている経済下部構造とイデオロギー上部構造という理論は、人間の頭の中にある思想は彼が生産体系の中で占める地位、つまり彼の属する経済的階級によって条件づけられていると教えている。個々の人間には、この事実はありとあらゆる自己欺瞞と合理化によって蔽い隠されている。しかし、ある特定の階級に属する大多数の人々が自らの階級の利益に有利なものだけを信じるものだということは、「科学的」な分析によって常に明らかにされるであろう。この階級的利益が何であるかは、科学者の客観的歴史分析によって決定できるであろう。彼らがそう信じる理由として何を、いかに誠実に理由を挙げるにせよ、この事実に変りはない。逆に、ある思想を信じれば自らの階級の立場が弱められるならば、その思想に不信を抱き、それを拒否、誤解、歪曲し、それから逃れようとする。

いわば誰もが二つのエスカレーターのどちらかに乗っている。私は、生産諸力との関係において勝利にむかって昇っていくか、破滅にむかって降りていくかのいずれかの階級に属している。いずれにせよ、私が馴れ親しんでいる私の信条と世界観――法的、道徳的、社会的、知的、宗教的、美学的等々の思想――は、私の属している階級の利益を反映するであろう。もし勝利にむかって動いている階級に属していれば、私は自分の目で見ているものを恐れないから、現実主義的な信条を持つだろう。私は時流に乗って進んでおり、真理を知ればますます自信が強まるだけである。逆に敗北する階級に属しているならば、私は自分の運命を宣告している事実を見つめることができず――自分が破滅することになっているという事実を認識できる人は、ほとんどいないからである――、そのため事態の読みを誤り、真理を直視するのがあまりに苦痛であるために、それにたいして耳と目を閉してしまうことになるであろう。当然の結論として、上昇しつつある階級に属する人々が没落しつつある階級に属する人々にたいして、後者が自分を救う道は唯一つ、歴史の必然性を理解し、できるものならひたすら破滅に向っているエスカレーターから急勾配で上に向っているエスカレーターに飛び移ることだと説得しようとしても、無駄なことである。もともとの前提として、敗北する階級の成員は万事を物を歪めるレンズを通してしか見られないようになっているからである。迫りつつある死という明々白々な徴候でさえも、彼らには健康と回復の証拠と見えてくるであろう。彼らは楽観的な幻覚に陥り、別の経済階級に属する人々が親切にも与えてくれる警告をことごとく誤解せざるを得ない。このような妄想は、それ自体が歴史から死刑を宣告された階級にしがみついていることの副産物である。進歩派が反動派の同胞たちを敗北から救おうとしても無駄である。破滅する人々には進歩派の声は聞こえない。彼らの破滅は確実なのである。すべての人が救われるのではない、プロレタリアートは、自分が救われると考えてよいが、自分の抑圧者の運命については見ない振りをしておくのがよい。たとえ悪にたいして善で報いようとしても、敵を歴史の「清算」から救うことはできない。敵はいわば「消耗品」であり、彼らの破滅は避けられない。合理的な人は、それを嘆くべきではない。それは理性の進歩のために人類が支払わねばならない代価だからである。天国の門への道には、当然に死体が散らばっているのである。

このような結論は、違った道を通って行き着いたものであるがナショナリストないしファッシストの観点と奇妙に似ており、前代の世界観とは異っている。キリスト教徒、ユダヤ教徒、イスラム教徒の間に、あるいはそれぞれの信仰の中でのさまざまな宗派の間にいかに激しい憎しみがあったとしても、異端の絶滅を唱える議論は常に、人を真理に目覚めさせることが原理的に可能だという信念にもとづいていた。真理は一にして普遍的であり、したがって誰にも見える筈なのである。また、あまりに暗愚で邪念が強く死の苦痛によってしか救いようのない人、つまり救済の見込みのないものはごく少数だという信念があった。それは、人間は一つの本性を共通に持っており、そのため人間の間のコミュニケーションが原理的に可能であり、したがってコミュニケーションを保つことが常に道徳的義務となるという想定にもとづいていた。先ず疑いをかけられ、次いで完全に崩壊したのが、この想定であった。善人は悪人を救おうとしてはならない。それは非合理で実現不可能なことになったのである。

人類を二つの集団――一方では本来の人間、他方では何か別のより低い人々、劣等の人種、劣等の文化、人間以下の存在、歴史によって死刑を宣告された民族や階級(1)――に分けることは、人類史では新しいことである。それは共通の人間性、それ以前の宗教的なものか世俗的なものかは問わず一切の人間主義《ヒューマニズム》が立脚してきた前提を否定することである。この新しい態度から、人々は自分の同胞の何百万もの人々を完全な人間ではないと見るようになり、彼らを救おうとしたり、彼らに警告を与えようとしたりする必要はないと考え、良心の痛みを感じることなく殺戮できるようになった。そのような行為は通常、野蛮人、未開人――文明の揺籃期によくある前合理的な精神的態度の人々の行為とされてきた。そのような説明はもはや役に立たない。高度の知識と技能、さらには一般的教養を身につけながら、しかも民族、階級、あるいは歴史そのものの名において他者を容赦なく破滅させることは、明らかに可能なのである。もしこれが幼児期であるとすれば、いわば高齢化してからの二度目の幼児期、しかもそのもっとも嫌悪すべき形態のものと言わねばならない。人間はいかにしてこのような破目に陥ったのか。

Ⅱ

現代のこの恐るべき特徴の少くとも一つの根は、考察に値いするであろう。各世代の人々が問うてきた問題の中には、人間はいかに生きるべきかという根本的な問題があった。この種の問題は、道徳、政治、社会の問題と呼ばれるが、それは各時代の人々を悩ませ、変りゆく環境と思想によって異った形態を帯び異った回答を受けてきたが、それでもいくつかはいわば一家族の成員たちのように似かよったところがあった。いくつかの問題は他の問題よりも根強く残った。人間の永遠の特徴から発生する問題は、各世代で基本的ないし恒久の問題と呼ばれた。「私はいかに生きるべきか」、「私は何をなすべきか」、「私は何故、そしてどの程度まで他人に服従すべきか」、「自由、義務、権威とはそれぞれ何か」、「私は幸福、知恵、善良さをそれぞれ求めるべきなのか、それはまた何故か」、「私は私自身の能力を発揮すべきなのか、それとも自分を他者の犠牲にすべきなのか」、「私は自ら統治する権利を持つのか、それともうまく統治されることを要求する権利しか持っていないのか」、「権利とは何か、法とは何か、個人、社会、あるいは全宇宙が実現を求めざるを得ない目的といったものがあるのか、そんなものはなくて、食べている食物、育ってきた環境で規定された人間の意志しかないのか」、「集団や社会や民族の意志といったものはあるのか、そこでは個人の世界は一つの断片にすぎず、その枠組の中で個人の意志ははじめて何らかの効果や意義を持つのか」。国家（あるいは教会）に対するに個々人と少数者集団、権力や効率や秩序を求める国家の意志に対するに幸福や身体の自由や道徳原理を求める個人の要求、これらすべては一つには価値の問題であり、また一つには事実の問題――「すべし」と「である」の問題であった。そして人間は歴史の記録に残っているかぎり、それらの問題に取りつかれてきたのである。

　私は次のように言ってよいと考えている。これら基本問題にたいしてどのような答が出されたにせよ、ともかく一八世紀中葉以前にはそれは原理的に答を出せるものと思われていた。（たとえあなた自身答が何かを知らなかったとしても、どのような答が正しい答なのかということまで判らないような問題ならば、それは問題があなたには理解できないということであり、つまりはそれはもともと問題ではないことを意味した。）価値の問題も事実の問題と同じような意味で回答できるものと考えられていた。リスボンはコンスタンチノープルからどれだけ離れているか、私には答えられないかもしれない。しかし私は、どこに答を求めるべきかを知っている。物質が何から構成されているか、紀元前五世紀のエチオピアを誰が支配していたか、患者がこの病気で死ぬかどうか、私自身には答えられない。しかし、それぞれの問題に専門家がいて、私は彼らの意見を聞くことができる。彼らはわれわれが共通に住む社会で適切と認められている方法を用いて真理を発見しようとして、それぞれに最善を尽すであろう。たとえ私がたまたま答を知っておらず、また誰も知っていないとしても、真の答は原則として発見可能であることを私は知っているというのは、以上のような意味でのことである。

価値の問題――「人は何をなすべきか、あれこれのことが正しいのは何故か、これは善か悪か、正か偽りか、許されているか禁止されているか」という形式の問題についても、同じことが想定されていた。道徳や政治や神学の思想史は、敵対する専門家たちの敵対する主張の間に生じた激烈な対立の歴史である。あるものは神の聖典に記されている神の言葉の中に、あるものは啓示や信仰や聖なる神秘など、理解できないとしても信じることができるものの中に、答を求めた。またあるものは、公認の神の解釈者――教会と聖職者――の発言の中に答を求めた。それぞれの教会が同じ答を出さなかったとしても、あれこれどれかの答が正しいに違いないことを疑う人はいなかった。この宗派の答が間違っていても、別の宗派の答が正しいと考えられていたのである。あるものは合理的形而上学の中に、あるいは個人の良心の判断のようなある種の無謬の直観の中に答を見つけた。さらにあるものは経験的観察、科学の実験室、経験素材への数学的方法の応用の中にそれを発見した。これら困難な問題の真の答はこれであるというさまざまな敵対する主張の間で、絶滅戦争が戦われた。何といっても、誰もが問うているもっとも深遠かつ重要な問題——真の生き方という問題についての答がかかっていたのである。人々は救済を得るためには死ぬ覚悟でいた。魂は不死で、肉体の死の後で公正な報いを受けられると信じていたから、なおさらそうであった。しかし、不死や神を信じていなかったものも、それが真理であると確信できるならば、真理のために苦しみ死ぬ用意があった。真理を求めそれに従って生きること、たしかにそれは真理を求めることができる人誰もの窮極の目標だったからである。これがプラトン派とストア派、キリスト教徒とユダヤ教徒とイスラム教徒、有神論者と無神論的合理主義者の信じていたことであった。原理と大義——宗教的なもの、世俗的なものの両方を含めて——のための戦争、さらには人間の生そのものが、このもっとも深い想定がなければ無意味に思われたであろう。

現代の世界観は、この礎石を砕くことによって作り出された。この点をできるだけ単純に言えばこうである。道徳や政治における客観的真理という観念が懐疑主義や主観主義や相対主義の登場によって揺がされたというにとどまらない。万人にとって常にどこでも真である普遍的な道徳的真理という観念がひっくり返されただけならば、もっと古い体系の中に縫い込める形で事態を修復できたであろう。人間の必要、人間の性質は風土や土壌や遺伝やさまざまの人間の制度によって異っていると言うことができたし、実際にそう言われてきた。そこでは、各人、各グループ、各人種にそれぞれもっとも必要としているものを与えるような方程式を作り出すことができた。そして方程式はそれ自体、やはり万人に共通な単一の普遍的原理から抽出されたのである。必要はさまざまに異ってはいても、すべて人間の必要であり、環境や事情の差異と変化に対応して同じ人間性が合理的な反応をしているだけであった。人間と人間にとって必要なことは分析、分類することができ、自然と歴史の知識に照らして互いに調整、調和させることができ、できるだけ多くの人々のできるだけ多くの必要にたいして社会的、政治的措置によって最大の可能な充足を与えられるような社会が創造されるであろう。それが啓蒙思想、とりわけ功利主義の綱領であった。必要の相対性という枠組の中にあっても、人はいかに生きるべきか、何をなすべきか、正義や平等や幸福とは何かの問題はまだ事実の問題であると前提されていた。つまり全宇宙や神の御業の観察ではないとしても、人間の本性の観察によって、心理学、人類学、生理学などの新しい学問によって解決できるものと考えられていたのである。聖職者や形而上学的な賢者に代って、今では道徳の専門家は科学者、技術の専門家ということになった。しかし何が正しいかのテストは、やはり合理的人間が自分で発見できる客観的真理という基準にあった。私が語ろうとしている変化は、これよりははるかに根本的で、すべてを根底からひっくり返すような性質のものであった。

Ⅲ

古い見方は、三つの中心的な前提にもとづいていた。一つは、価値の問題はすべて客観的に答えられるという前提である。神秘主義者と非合理主義者は別の道を目指しているから、合理的な人々だけがこの答を得られると言うものもいた。しかし、答が何らかの意味で真であるならば、それは万人にとって真であることは、誰も疑わなかった。第二に、普遍的真理は原則として人間に理解できるという前提である。ある学派の思想家たちは、真理発見の能力は人によって違うと主張した。彼ら――特にプラトンと彼の弟子たち――は、道徳、知性、宗教、神学、人種等々の上下の階層の中で才能のあるものはないものよりも高い地位におかれる自然の秩序があると信じていた。それに反対する人々は、原則として人はそれぞれ自分自身のことは一番よく知っていると信じた――大抵のプロテスタンティズムの教義、ルソーとカントと世俗的民主主義論の核心にあったのが、これであった。第三に、真の価値はさまざまあるとしても互いに対立する筈はないと想定されていた。もし宇宙が秩序《コスモス》であり混沌《ケーオス》でないとすれば、いかに生きるべきかの問題にたいして客観的な答を発見できるとすれば、明らかに最善であると証明されるような一つの生き方があると考えられた。もし二つの生き方があり、その二つよりもよい生き方がなく、しかもその二つが両立しないとすれば、両者の間の――したがって両者それぞれの支持者の間の――対立は、原則として合理的には解消できないからであった。しかし、すべての人にとって、常にどこでも真であるような一つの普遍的な答がないとすれば、その問題は本物の問題ではなかったということになるであろう。もともと本当の問題には真の解決、一つで一つだけの解決がある筈であり、他の解決はすべて偽りである筈だからである。

次のように言いかえることもできるであろう。すべての問題にはそれぞれ答がある。その答は、事実についての真実の説明という形式のものでなければならない。いかなる真理も他の真理と矛盾することはあり得ない——これは単純な、疑問の余地なく成立する論理法則である。したがって、「私は権力を、知識を、幸福を、義務の履行を、美しいものの創造を目指すべきか」、「私は他人を強制すべきか」、「私は自由を、平和を、救済を求めるべきか」のような問題にたいする真の答は対立する筈はない。もし対立すれば、一つの真理が他の真理と両立しないことになり、それは論理的に不可能なことだからである。このことから、論理的に次の結論にいたるであろう。すべての真理は互いに両立しており、さらにおそらくは互いに他を前提にするような関係にあるから、すべての厄介な問題にたいするすべての真の答を合成した完全な生活のパターンを演繹できる筈である。そして人はこのパターンの現実化を求めねばならないということになるであろう。人は弱く、罪深く、無知で、この完全なパターンが何かを発見できず、発見したとしてもそれに従って生きていくことはできないかもしれない。しかし、そのようなパターンが存在しないならば、もとの問題に答えることはできない筈である。そしてもともと、字義通り回答不可能な問題は問題ではなく、気まぐれ、ノイローゼ、個人あるいは社会の病気の現れ、精神医が治すべきもので、思想家の手には負えない問題ということになるであろう。

このような根本的前提——人間は、この前提のもと過去二〇〇〇年以上も暮してきた——から、対立と悲劇は人間の生にとって本来固有のものではないという一つの帰結が生じる。悲劇——たんなる災難ではないものとしての悲劇は、人間の行為、性質、価値の対立から成っている。すべての問題が原則として回答可能であり、すべての回答が両立するとすれば、そのような対立は原則的に常に避けることが可能の筈である。したがって人生の悲劇的要素は常に、避けることができる人間の過ちによっているることになるであろう。完全な人間は悲劇などは知りもしないであろう。聖者と天使の世界には矛盾というものがなく、したがって喜劇も悲劇もない。

古典古代以来の西欧思想を支配していたこの前提は、一九世紀の第一・四半期にはもはや当然のこととは考えられなくなった。その頃、新しくてはるかに強力なものの姿が、ヨーロッパ精神を占領していた。それは、自分の意志を自然や社会に押しつけていく英雄的な個人の姿であった。調和したコスモスの頂点にある人ではなく、むしろそこから「疎外」され、それを征服し支配しようとしている人の姿であった。

私が何を言わんとしているのか、一つの例を挙げて説明したい。一六世紀にはカルヴァンとルターとが、例えばロヨラやベラルミノ(一五四二—一六二一、イタリアの聖職者)が問うたのと同じような神学上の問題を問いかけた。そして両名の答は違っていたから、お互いに激しく戦った。どちらも相手の立場を全然尊敬しなかったし、できる筈もなかった。むしろ逆に、敵が頑強かつ激烈に反抗すればするほど、真の信仰者の目には敵はますます呪われた存在となった。真の信仰者は、自分が真理を手中に握っており、敵はそうでないと思っていた。むしろ敵手が彼自身の異端の説を深く信じていればいるほど、神と人間の目から見て敵はますます憎むべきものになる筈であった。法王がブルーノを焚刑にし、カルヴァンがセルヴェトゥスを焚刑にした時、彼らは焚刑の犠牲者を真理の光明にたいする叛徒と考えていた。真理の基準は公的であるから、万人が原則としてこの光明を見ることができた。したがって心と精神と魂がよほどひねくれていなければ、誰もがその光をかり、永遠の真理について同じものを頭に描ける筈であった。真理の基準は、少くとも今日の物理学者の用いているのと同じくらい普遍的であると考えられていた。今日の物理学者は、同じデータ、同じ検証済みの方法を用いれば別の有能な物理学者でも同じ結論に到達せざるを得ないということ、それを事実として信頼できると感じている。

したがって、死刑を宣告された異端の徒の運命には、ロマンティックなもの、悲劇的なものなどは全くない。共感を起こさせるようなものは何もない。異端は彼自身にとって、また彼が歪めようとしている社会にとって危険である。彼の魂は救ってやらねばならないが、彼が真理に激しく頑固に反抗している状態には明らかに威厳などない。感嘆に値いするものなど、まるでない。むしろ逆に、頑固であればあるほど、それだけ彼は呪われた不快な存在なのである。イスラム教徒が十字軍に殺された時、イスラム教徒が自分の価値を守って死ぬのは、十字軍の戦士が自分の価値を守るというまったく同じ理由で死ぬのと同じように正しいのかもしれぬという観念、たとえ間違っていても、自分の理想や原理のために死ぬことは尊敬すべきだという思想は――自分が真と信じるもののために死ぬ人は、それ自体で、信念を妥協させたり、原理を犠牲にして生命を助かろうとする人よりも尊敬に値いするからという理由で――中世では考えられなかった立場であった。(2) もちろん、人は真理のためには生命を投げ出さねばならなかった。しかし、虚偽のために死ぬことには――たとえそれを真理と誤解した場合にも――高貴なところはまったくなかった。真理は必ずしも一つではなく、価値の数は多く、その間に対立があるかもしれないし、たとえ自分以外の誰もが反対していても自分自身が真理と信ずるもののために死ぬことには何か崇高なところがあるという観念は、私の思うに、一八世紀以前には非常に風変りな立場のように見えたであろう。「あなた」の真理とは違う「私」の真理と呼べるもの、他の時代の真理と対照的なある時代の真理と呼べるものはなかった。唯一つの真理だけしかなかった。キリスト教徒は慈悲深くなければならない。イスラム教徒のように虚偽のために死ぬ人を見て、キリスト教徒の中の優れたものは、憐みを感じたに違いない。勇敢な人々、もっとよい大義の役に立たせることができた美徳の持主を殺さねばならなかったのである。彼らイスラム教徒の死体に唾を吐きかけたり、その墓を汚したりするのは、不名誉なことであった。しかし憐みと、信念そのものにたいする尊敬——偽りの理想への信念であるが——とは別のものである。後者は、私がこれから話す時代以前には理解不可能なことであった。

およそ一八二〇年頃には、非常に異った見方が支配的になっている。詩人や哲学者、特にドイツの詩人や哲学者が、今では人になし得るもっとも高貴なことは、いかなる代価を払っても自分自身の内的な理想に仕えることだと言っている。この理想は、孤独な個人にだけ啓示されたもので、他のすべての人には偽り、あるいは馬鹿げたものと思われるかもしれない。その個人の属している社会の生活や世界観と対立しているかもしれない。しかし彼はそのために戦わねばならぬ。他に道がなければそのためには死なねばならぬというのである。しかし、もしその理想が偽りであればどうであろうか。まさにこの点で、範疇の根本的な移動、人間精神における大きな革命となるような変化が生じている。理想が真か偽りかという問題はもはや重要ではなく、むしろ全体としては理解不可能なことと考えられている。理想は至上の命令という形式で提出されている。それはあなたの中で燃えており、ただそれだけの理由で、あなたの内なる内面の光に奉仕せよというのである。自分の正しいと考えることをなせ、自分の美しいと思うものを作れ、自分の窮極の目的であるものにしたがって暮せ——自分の生活の中の窮極の目的以外のものはすべて手段であり、目的には一切のものを従属させねばならぬ——まさしくそれが、あなたに要求されていることなのである。その課題を果せという命令、要求、義務は、真でもなく偽りでもない。それは命題ではない。何かを述べたものではなく、事実を説明したものでもない。真か偽かを立証できるものではない。誰かが発見して、誰かがその真偽を点検するようなものではない。それは目標なのである。論理学、政治学のモデルが自然科学、神学あるいはその他事実についての知識ないしその記述という形式から、生物的な衝動と目標という概念、芸術的創造という概念から成る何ものかに向って突如として移行したのである。この点について、もっと具体的に説明したい。

Ⅳ

芸術家が芸術作品の創造に取り組んでいる時、彼は——俗説はその逆の見方であるが——何かあらかじめ存在しているモデルからいわば転写するのではない。画家が描く前、あるいは構想する前に、画はどこにあったのか。作曲家が構想する前に、シムフォニーはどこにあったのか。歌手が歌う前の歌はどこにあったのか。このような問いは無意味である。それは、「私が散歩する前の散歩道はどこにあったのか」、「私の生きる前の私の生はどこにあったのか」と問うのと似ている。生とはそれを生きることであり、散歩とはそれを散歩すること、歌は私が作曲、あるいは歌う時に、私の作曲し歌うものである。私の行動とは別の何ものかではない。創造とは、何かすでに与えられている固定的で永遠のプラトン的パターンを写《コピー》そうとする行為ではない。写すのは職人だけのすることと、芸術家は創造するのである。

これが自由な創造としての芸術の理論である。私は、それが真理であるかどうかには関心がない。関心があるのは、この何か発見するのではなく発明するものとしての目標ないし理想という観念が西欧思想の支配的範疇となったという事実である。これは人生の目的についてのある捉え方を前提にしている。そこでの人生の目的は、独立に客観的に存在するものではない。あたかも埋められた財宝のように、発見されるかどうかはともかく、それ自体として存在し、人間が探し求めることのできるようなものではない。それは行動――行動としての形、質、方向、目的を持った――である。何か作られたものではなく、すること、あるいは作ることそのものである。それは、行為をしている行為人、発明者、創造者を離れては存在しないし、むしろ理解不可能である。この観念がヨーロッパの社会生活、政治生活に入り込み、それを転換させていった。それは、政治行動は既存の公的基準で測定されるという古い理想にとって代った。公的基準は宇宙の客観的構成要素の一つであり、具眼の士、賢者や専門家ならはっきりと看取できるし、むしろ彼らはだからこそ賢者、専門家と呼ばれていたのである。しかし、今や人の目的はいかなる代価を払っても自分の内なる個人的なヴィジョンを実現することとなった。彼の最悪の罪は、彼のもの、彼だけのものであるこの内なる目標にたいして不実であることである。このようなヴィジョンが他人にどのような影響を与えるかは、彼の関心事ではない。彼は自分の内なる光に忠実でなければならない。彼の知っていること、彼の知る必要のあることはそれだけ、それがすべてである。芸術家は自分の職業をもっと強く意識しているというにすぎない。哲学者、教育者、政治家も強く意識している。しかしその意識は、すべての人にあるものである。

職業的賢者という人物像――現実のある領域について専門知識を身につけ、現実と対立しないようわれわれの足取りを導いてくれる職業的賢者という人物像は、ロマンティックな英雄という人物の前に溶解しはじめる。この英雄は賢明でなくてはならぬという訳ではなく、内面に調和がなければならぬというのでもない。また彼の世代にたいする立派な案内役である必要もない。彼は例えばベートーヴェンのように(彼の人物像がロマン主義者に深甚の影響を与えている)粗雑で無知、貧しくて汚れた衣服を着、世間にうとく実際問題については愚かで、他人との関係では無作法で無礼で乱暴であるかもしれない。しかし彼は、一つの理想に全面的に献身しているが故に聖なる人である。彼は多様なやり方で世間に盾つき、憎しみと不評を買い、社会、政治、宗教の規則を破るであろうが、しかし彼のやらないことが一つある。それは俗物たちに身売りはしないということである。もし彼が自分の内なるヴィジョンを妥協させ、自分の職業と自任しているもの――芸術作品や科学の創造、あるいはある型の生活を生きること――を断念し、内なる疑念や痛みを抑えるという代価のもとで、富、名声、高い社会的地位、安逸、快楽、内外の調和の獲得等のために職業を捨てるならば、彼は光明を裏切り、永遠に呪われることになるであろう。人の内なる光が他者のために光るのかどうか、彼がその光にうまく奉仕するかどうかは、問題ではない。彼がその過程で自分を笑いものにしようと、ことが失敗に終ったとしても、彼は内なる光に奉仕せねばならない。むしろそのような失敗は世俗的な成功よりは限りなく立派なことと考えられる。さらには芸術家としての成功――それが自分の使命と自任するもの、内なる声がそうせよと命じるものにたいするひたむきの奉仕の成果であったとしても――よりも立派なことと考えられるのである。(3)

フィヒテとフリードリッヒ・シュレーゲル〔一七七二―一八四五、哲学者・評論家・詩人〕が、そしてある意味ではバイロンもまたそうであったが、彼らがそれぞれの同時代人の想像力の上に焼きつけた物の見方がこれであった。これがシラーのカール・モール、クライストの主人公たち、そしてある程度までのこととして世間に挑戦するイプセンの強くて孤独な人物たちの新しい世界観(Weltanschauung)である。それはもっぱらドイツ的観念、むしろもっと広くノルディックな観念であり、おそらくはエックハルトやベーメのような人々の神秘主義にまで遡れるものであろう。それは宗教改革の神学の中に力強く表現されているが、おそらくはさまよえるチュートン部族にまでさらに遠く源を辿れるのかもしれない。チュートンの諸部族は、ローマ帝国とローマ教会の普遍的法体系を無視して自らの慣習を東から西へ、北から南へと持ち運び、彼ら自身の部族的な慣習

(consuetudines)(ローマ人たちがそう呼んだ)を万人に共通な、ともかくも大多数の人々に共通な国際法(jus gentium)の上に押しかぶせていった。部族の慣習はその部族のいわば人格の表現であり、それがまさに部族なのである。それは部族のさすらいとともに動き、それに抵抗するものは何であれ自らの意志に服従させていく。フィヒテの自我は能動的で創造的な原理であり、自我に抵抗する死せる自然界にその人格を押しつけていく。ここでの自然界は、外から形成されるのを待っている原材料なのである。ストア派やトマス派、フランスの唯物論哲学者、シャフツベリーやルソーが、それぞれの非常に違ったやり方で教えたように、追従したり模倣したり、あるいは崇拝したり服従したりしなければならない対象ではない。それは賢明ですべて摂理にかない、一切を治療するもの、それに反抗すれば我が身が危くなるといったものではない。

　フィヒテの世界形成者《デミウルゴス》としての人間、自らの至上の意志を死せる物に押しつけていく人間という捉え方は、後にカーライルとニーチェが激烈なまでに劇的に表現するが、それはこの新しい革命的態度の表現であり、同時にその徴候であった。統一的なヨーロッパ世界はそれによって粉砕された。個人、集団、文化、国民、教会など個々の区別された実体、自他ともに識別できるそれ自身の「人格」を有したもののすべてが、今やそれぞれ独立の目標を追求する。かつては相互依存が大きな美徳とされたものが、今では独立、自分自身の進路を自ら決定する能力が美徳となる。理性は統一するが、意志――自己決定――は分裂させる。私がドイツ人ならば、私はドイツ的美徳を追求し、ドイツ的音楽を作曲し、古来のドイツ法を再発見し、私にとって可能な限りの全面的なドイツ人として、豊かで表現力に富み多面的になれるよう、私の内なるものを涵養していく。私が作曲家ならば、できる限り作曲家たらんと努め、その唯一つの聖なる目標のために生活の全側面を従属させていく。その目標のためにはいかなる犠牲も惜しくはない。これが全面的に開花したロマン主義の理想なのである。古い前提条件は一夜にして消滅した。生についての共通の理想とは何であるのか、その観念そのものが意味を失った。行動の問題はもはや問題とは意識されなくなったから、それには答がなくなった。「私は何をなすべきか」、「善、あるいは持つに値いするものは何か」、「私の価値はすべて互いに両立可能か」を私が問うとしても、答は内省的なものとしての知識の中ではなく、行為そのものの中にある。私は私の内奥を見つめ、私の内に見出した目標、私自身の内なる声の命令——聞く耳さえあれば、誰の中にもその声は語りかけてくる——にしたがって「私自身を表現する」。私の価値は互いに両立可能であろうか。おそらくは不可能であろう。知識は絶対的な目標ではない。平和や幸福もおそらくはそうでないであろう。しかし何らかの致命的な事実についての知識が私の平和や幸福を破壊するかもしれない。そうなるものならば、救いはない。これら両立不可能ないくつかの理想の間の衝突が、私の運命なのだ。正義と慈悲は両立しない。それでも私は、その両方を求めねばならない。選択の余地はないから、求めねばならないのである。その一方を否定することは嘘を言うことであり、光明に反して罪を犯すことである。

この二つの価値が何であるかを認識することは、時としてその両者がともに絶対的価値で和解不可能な関係にあることを認識することである。このようにして悲劇が生の中に入り込んでくる。合理的調整によって解消できるものとしてでなく、むしろ生の本質的要素として入り込んでくる。それを排除できると思うのは、自らを欺き、浅薄になり、目を真理からそむけることである。私には理想があり、私は自らの生をそれに捧げる。あなたにもあなたの理想がある。われわれ二人の生は、それぞれの生の織り成すそれ自身の内なるパターンという観点に立たずしては理解できない。もし二人の理想が対立するならば、どちらか一方が自分の信念を妥協させるよりも二人で決闘する方が――そのため一方が他方を殺すか、両方が死ぬかという結果になっても――比較にならない位ましである。何らかの妥協、和解、あなたの真の自己にたいする責任を回避しようとする試みよりは、あなたがあなたの理想――私はそれを嫌っているが――のために戦うならば、私はその方をはるかに尊敬する。ここから高貴な敵という考え方に進んでいく。この高貴な敵は、平和的で慈愛深い俗物や臆病な味方よりもはるかに優れている。すべての目的は対等である。目的は目的そのものである。人は、それぞれに追求するものを追求する。すべての人、すべての文化に適用できる客観的な序列を定めるのは不可能である。聖なるものとして守らねばならない唯一つの原則は、各人が破滅、混乱、死をものともせず自分自身の目標に忠実でなければならぬということだけである。これが全面的に開花し、もっとも熱狂的な形態をとったロマン主義の理想なのである。

過去一五〇年はある意味で理性と知識にもとづく古い普遍的理想と、芸術的創造という観念、または自己表現と自己主張への(あるいはその裏返しの自己犠牲への)願望という観念との間の対立と相互作用の舞台であった。今日、ロマン主義的理想をそれがもたらした善悪のすべてを含めて回顧するならば、それは光り輝いて見えると同時に暗黒にも見えるであろう。一方でそれは、新しい美学的理想、思想的一貫性そのものにたいする尊敬の誕生を記す劃期であった。理想主義(この思想の革命の過程の中ではじめて現代的な意義を持つようになった言葉であった)は、一八世紀以前には感動的ではあっても子供っぽくて馬鹿げた傾向と考えられ、実際的な分別と比べられてとかく不利な立場に立たされていたが、一九世紀初頭にはそれ自身で絶対的な価値となり、われわれは今でもそれに敬意を払っている。ある人について彼は理想主義者だと言う時には、その意味するところはこうである。たとえ彼の理想がわれわれから見て馬鹿げたもののように見え、あるいはわれわれの反撥を買うものだったとしても、彼の行動に私心がなく、彼が原則のために、明白な物的利益に反しても自らを犠牲にしようとしているならば、われわれは彼に深い敬意を払ってしかるべきだと思うことなのである。これはまったく近代的な態度であり、それとともに殉教者とか少数者とかがそれ自体で高い価値を与えられるようになる。かつての見方では、殉教者は真理であると承認されているもののために死んだ場合にだけうやまわれた。少数者は真の信仰のために迫害を受けた時だけうやまわれた。ロマン主義者におけるように、どんな信念、どんな原則のためであれ、ともかく動機が善良で、つまりはかなりの誠実さと確信の深さでもって動機が支えられているならば尊敬するといったものではなかった。

私が述べようとしていることは、実際にはいわば世俗化されたキリスト教、キリスト教の考えを個人主義的、道徳的ないし美学的な観点に転換させたものである。態度と感情の質においては同じである。しかしそれにたいする理由——そしてその内容——が変化したのである。キリスト教は現世における失敗を死後の美しさと対照させた。あるいは（そのプラトン主義的な神秘的な形式のもと）影と外見の世界における失敗を真の世界（日常の生活はその偽りの映像にすぎない）における永遠の喜びと対照させた。ロマン主義の見方は成功そのものを俗悪、非道徳的として非難する。成功は自らの理想にたいする裏切り、敵との卑劣な取引きの上に成り立つことが多いからである。それに対応して反抗のための反抗、理想主義、誠実さ、動機の純粋さ、あらゆる逆境に抗しての抵抗、崇高な失敗に高い価値がおかれ、それが現実主義、世俗的な知恵、打算、そしてそのようなものから得られる報酬——人気、成功、権力、幸福、心の安らぎ、すべて道徳的にあまりにも高い代価を払って手に入れたものである——と対照される。それは調和と知恵に対立するものとしての英雄主義と殉教主義の理論である。それは心を躍らせ、大胆で、華やか、そして不吉でもある。私の強調したいのは、この最後の不吉な側面である。

屋根裏の部屋で貧窮と苦痛と戦いながら不滅の作品を創造するというベートーヴェンの感動的な姿は、やがてナポレオンの姿に道を開いていく。ナポレオンにとっての技《アート》とは、国家と人民を作ることである。もし自己実現を窮極の目標として目指すのならば、暴力と手練で世界を転換させることも一種の崇高な美的な行為にならないであろうか。創造の天才を持つ人と、持たない人がいる。持たない人は、持つ人によって人生の型をはめられる——そして型を破られる——ことを自分にふさわしい運命、むしろ大きな特権と考えねばならない。芸術家が色を混ぜ、作曲家が音を混ぜるように、政治における世界形成者《デミウルゴス》は自分自身の素材——内に眠っているさまざまな可能性についてほとんど意識していない平均的で才能に恵まれなかった人々——にたいして自分の意志を押しつけ、それを素晴らしい芸術作品——国家や軍隊、ある種の偉大な政治、軍事、宗教、司法の構造物に仕上げていく。これは苦痛を伴うかもしれない。しかしそれは、音楽における不協和音のように全体の調和と効果のためには不可欠なのである。偉大な創造の作業の犠牲になった人々は、自分たちだけではもともとの低い本質からしてはとても達し得なかったような高みに引き上げられたことを思い、自らを慰め、むしろ心を躍らせるべきであろう。それは古い道徳からすれば野蛮な干渉、帝国主義、征服者や国家やイデオロギーや民族の天才などの栄光のために個人を圧殺し不具にすることと呼ばれるであろうが、そのような行為がこうして正当化される。

ここから極端なナショナリズム、ファッシズムまでは、ほんの一歩である。人生を芸術作品に似たものにしなければならない。絵具と音に通用する法則は人間にも通用する。人間を「人的材料」、天才的な創造者の意のままに加工されるものと見ることができるという想定がいったん下されると、個人という観念、各人がそれぞれ理想と目標の源泉を成しているという観念——つまり彼自身が一つの目的である——は覆えされる。この恐るべき結論は、ロマン主義の美徳、殉教、反抗、一貫性、自らの理想にたいする献身におかれた価値——その名のもとで古い普遍的法則が破られてしまった——と同じ想定から生じている。部族の慣習、フランク族やロムバルト族にだけ固有のもので、あれこれの部族、この人とこの文明だけでなく過去と未来の人と文明にも共通するもっと大きな原則にたいしても頑として譲らないものは、西欧にとってはきわめて破壊的な力となる。もし価値が発見するものでなくて作られるものとすれば、もし芸術について真であるもの(おそらくは芸術についてだけ)がもっと広く他の人間関係の分野にも通用するとすれば、発明家はそれぞれの発明の実現を求め、夢想家はそれぞれの夢を、各民族はその目標を、各文明はその価値を他に押しつけていくことを求めざるを得ない。こうして万人にたいする万人の戦争、ヨーロッパの統一の終りが訪れる。今や非合理的な力が合理的な力の上におかれる。理性によって批判できないもの、訴えかけられないものが、理性で分析できるものよりも迫力があるように思えてくるからである。芸術、宗教、ナショナリズムのよってくる源泉は暗く、客観的な検討に反抗し、知的な分析にあえば消滅してしまうものであり、その深部の暗い源泉はまさにそれ故に超越的で不可侵、絶対のものとして守護し崇拝されるのである。

こういう反論があるかもしれない。結局のところ工業文明はナショナリズムとともに起り、その一つの要素であるが、それは破壊の力ではなく統合の力であり、貿易と産業は諸国民の間の垣根を倒して統一を進めたではないか、という反論である。しかしそれは、歴史的にはまったく正しくない。工業文明は国民意識に目覚めた中流階級を引き上げ、それに武器を与え、コスモポリタン的なヨーロッパの支配階級と対立させた。ナショナリズムは工業文明に育てられる。しかしナショナリズムが成長するには工業文明は必要でない。一九一四年の後に、ヒットラーとナセルとアフリカの目覚めの後に、そしてイスラエル国家の成立とブダペストの反乱というもっと予想されなかった事件の後になっても、右の古い命題、ナショナリズムは資本主義の副産物であり、資本主義の凋落とともに凋落するという命題を今なお主張する正気の論者がいるであろうか。マルクス主義者もそのように主張してはいない。ともかく今日政権の座にあるマルクス主義者はそうでないし、実践にたずさわっているものはましてやそうではない。それでは、今述べたような偽りの臆説はいったいどこから生れてきたのであろうか。

V

ヨーロッパの歴史は公的秩序への願望と個人の自由への願望との間の一種の弁証法であるというのが、通説である。秩序を求めるのは、いわば原初のものにたいする恐怖心によっている。支配力不在の状態からひき起される混沌、伝統と習慣と生活の規則の弱まりにたいして壁と生け垣を建て、人間が深淵に転げ落ちないように、人間を過去に結びつけ、未来への道を示すようにいわば階段に手すりをつけようとすることである。制度があまりにも固定化し成長の妨げになると、秩序は抑圧となり、秩序の崇拝はかえって秩序をおとしめることになり、それは遅かれ早かれ生き動き創造したいというほとんど生理的な欲求、新しさと変化への要求によってつき破られてしまう。ロマン主義は、息のつまる拘束衣になってしまった道徳と政治の構造にたいするまさしくそのような反抗の爆発であった。拘束衣はやがてほころび始め、ある日のこと、あの国この国と次々に引き裂かれていった。すべての革命と同じく、ロマン主義は新しい真理を明らかに示し出し、人々に洞察力を与えた。人々はその洞察力を再びまったく失うといったことにはならなかったであろう。またそれは古い制度を再生させる。やがて革命は行き過ぎになり、歪曲と過剰をもたらし、それ自身が専制となり、それ自身の犠牲者を生み出した。このような革命につきものの歪曲はすでによく知られているが、われわれの世代は他の人間社会がかつて精神の逸脱のために支払ったよりもおそらくはより大きな代価を、その歪曲のために支払ったのである。

この反抗の起源は周知のことである。リシュリューとルイ一四世の軍隊がドイツ住民の大部分を蹂躙して屈辱を与え、北方でプロテスタント的ルネサンスの新しい文化が自然に発展するのを抑えつけた。ドイツ人はその一世紀後、文化、芸術、哲学の世界でフランスの重苦しい抑圧の手に反乱を起し、啓蒙思想にたいする大規模な反撃を開始することで復讐を遂げた。それは普遍的なもの、時間を超越したものに対抗して個性的なもの、民族的なもの、歴史的なものを讃美するという形を採った。また天才的なもの、不可解なもの、一切の規則と慣習に反抗する精神の飛躍を賞揚し、個々の英雄、法の上に立ち法を超えた巨人を崇拝し、不可侵の法を有している大きな非人格的秩序を攻撃するという形を採った。この大きな秩序はすべての人間の機能、集団、階級、目的にたいしてそれぞれ適切な地位をあてがっていく。それは古典的伝統に特徴的なことであり、宗教、世俗の両面にわたって西欧世界の構造にしっかりと織り込まれていたものであった。劃一性にかわっての多様性、馴染み深い伝統という規則にかわっての霊感、節度と明晰さと論理的構造にかわっての尽きざるもの、縛られざるもの、夜と非合理なものにたいする崇拝、それが荒ぶれるドイツ精神の貢献であった。それがフランス正統思想という息の詰まりそうな牢獄の中へ新鮮な風のように吹き込んできたのである。こうして一八世紀中期のフランスの思想と嗜好、その死んだような何でも平均にならしていくような合理主義的学者気取りにたいして、一敗地にまみれたドイツ人たちの偉大な反抗が始った。それは当初は芸術と芸術思想、宗教、人間相互の間の人的関係、個人の道徳にたいして生気を吹き込んだ。やがて感情の潮が岸を越えて高まり、政治と社会生活という隣接の領域に氾濫して、文字通り破滅的な結果をもたらした。どんな形のものであれ、とことんまで行くことが平和的な交渉、中途半端なやり方よりも人間たるものにふさわしいことと考えられるようになり、極端、対立、戦争がそれ自体として讃美されるようになった。

想像力をかりてある一つの分野から他の分野へ大きく類推を進めていくという方法がある。一方の分野ではある特定の原理が有効で適用可能であるが、それを他の分野に移してみるとたしかに面白く、事態が大きく変って見えてくるとしても、理論的には間違いで、実践的にはひどいことになり勝ちである。人間の思想と行動の歴史の中で、この想像による類推ほど致命的な役割を果したものはあまりないであろう。ロマン主義運動、そのナショナリズムにとっての意味がまさにそうであった。英雄的な個人、自由な創造者が非政治的な芸術家のこととは考えられず、他人の意志を自分の不屈の意志に従わせていく政治指導者のこと、自我を張り通そうとする階級、人種、運動、民族のことと考えられるようになった。自分自身の自由とは一切の反対者を絶滅させることだと考えられるようになった。自由と権力とは同一のもの、自由であるとは自分の邪魔になるものから自由になることとする観念は古来の思想であるが、ロマン主義者はそれに飛びつき、乱暴に誇張していった。ロマン主義にもっと典型的であったのは、自我偏執狂的な自己への屈従――自分自身の真の内なる本質、自分の私的な感情、自分自身の血脈の構成、自分自身の頭蓋骨の形状、自分の生地等に身を委ねて、自分が他の人々と共有しているもの、理性、普遍的価値、人類共同体の意識などを見捨てることであった。

ヘーゲルとマルクスの新合理主義は、ある意味で歴史の仮借ない諸力の中に客観的基準、人間精神の進化の法則、生産力と生産関係の発展を発見することによって、ロマン主義者の手放しの主観主義と自我崇拝に反対しようとした。しかしこの二人もロマン主義の影響をかなり強く受けており、進歩とは社会の優勢な一部分が他の部分を敗北させ吸収していくことだと考えていた。ヘーゲルにとって、人間精神の進歩と解放は理性の勝利にあったが、それは他の形態の人間組織に優越する国家のうちに、非歴史的民族にたいする歴史的民族の勝利、「ドイツ的」文化の他の文化にたいする勝利、ヨーロッパ文明の他の「見捨てられた」人間文化、例えば中国文明のような「死せる」文明や野蛮なスラヴ諸民族にたいする勝利のうちに体現されていた。対立、闘争、不和がなければ進歩は止まり、停滞が始まる(とヘーゲルは言う)。同じようにカール・マルクスにとって、プロレタリアートはその敵を抑圧することによってはじめて自由になることができる。もともとの前提からして、プロレタリアートは敵とは何も共通に有していない。進歩とは自己主張であり、その担い手が生物か無生物かを問わず自らを妨害するものをすべて排除(ないし吸収)することによって、自由に発展しかつ創造できるような領域を征服することである。ヘーゲルでは、それは国家として組織された民族であった。マルクスでは、革命勢力として組織された階級であった。いずれの場合にも、理想が勝利するには多数の人々を犠牲にし、彼らを絶滅させねばならなかった。統一は人類の最終目標かもしれない。しかしそれを達成する方法は、戦争であり社会の解体であった。その道は地上の天国へと通じているかもしれない。しかしそこには、敵の死体が転がっている。敵にたいしては涙を流してはならない。正と邪、善と悪、成功と失敗、賢さと愚さはすべて結局のところ歴史の客観的目的によって規定されており、それが人類の半分——非歴史的民族、衰退しつつある階級、劣等人種——にたいしてプルードンの言う「清算」の刑を「宣告」しているからである。あるいはトロツキーが同じように華麗な言葉で言ったように、歴史のゴミだめに行くように宣告しているからである。

それでも、ロマン主義のヒューマニズム——この同じ奔放なドイツ精神——から、われわれは重要なことを洞察できるようになっており、そのことは簡単には忘れられないであろう。第一に、価値を作るのは人間そのものであり、したがって価値を作る人は、何か彼よりも価値の高いものの名において殺されることはあるまい——彼より価値の高いものはないからである——という点である。カントが人間はそれ自体が目的であり、何かの目的のための手段ではないと言った時、彼が言わんとしたのがこのことであった。第二に、制度は人間によって作られるだけでなく人間のために作られており、もはや役に立たなくなった時にはその制度は捨てねばならぬという点である。第三に、進歩や自由や人間性などいかに高尚なものであってもそれら抽象的理念の名において、あるいは制度の名において人間を殺戮することにはならないという点である。人間だけが物を価値あるもの、あるいは神聖なものにできるのであって、価値がその人間によって与えられている以上、理念や制度はそれ自体で絶対的価値を持たないからである。したがってそれに抵抗したり変革したりしようとする試みは、神の意志にたいする反抗、死によって罰せられるべき行為といったことには決してならないからである。第四に――これは自余のことから出てくる結論であるが――すべての罪の中で最悪の罪は何らかの固定された基準、いわゆるプロクルーステスの寝台のために人間を貶め、人間を辱しめることだという点である。この固定されたパターンは、人間の願望とは無関係に何らかの客観的権威を持つものとされ、人々は自らの意志に反してそのパターンに押し込まれてきたのである。

ロマン主義の運動から生じたこのような人間観は、今日でもわれわれの中に残っている。それ以後の人類がさまざまな悲惨な体験を経たにもかかわらず、ヨーロッパに住むわれわれはそれを捨て去りはしなかった。まさにこの理由からして、ヘーゲルとマルクスが歴史の進軍に反抗するものは誰もが破滅する運命にあると予言した時、彼らの警告は遅きに失したのであった。ヘーゲルとマルクスは、それぞれの流儀で人々に次のことを告げようとした。自由と救済への唯一つの道は自分の目前にある道――宇宙的理性を体現した歴史が提出した道である。それに対応しようとしないもの、あるいは合理性、利益、義務、権力、成功は長い目で見ればお互いに同じものであり、道徳と賢明さに合致するものであることを認識できないものは、「歴史の諸力」によって破滅させられるであろう。それに反抗するのは自殺的な愚行なのである。しかし、この線に沿った形而上学的な威嚇は全体として効果がないことが明らかになった。マルクスのいう抵抗しがたい力——抵抗するものは絶滅されると彼は警告した——にもかかわらず、非常に多くの人々が敢えて自らの原理を守ろうとしたからである。個々の人間の理想は、客観的有効性の保証がなくても重視された。むしろ尊重された。理想にたいする忠実さ、理由はともかく人が真あるいは正と信じるものにたいして揺ぎない敬意をもつこと、それが重要なことになった。その重要な何ものかの名において、人々は神秘的な力を持っているとされる歴史や現実そのものにたいして敢て反抗しようとした。ドン・キホーテは愚かで非実際的、そして無力であっただけでなく(この点は誰も否定しなかった)、彼の民族、人種、階級の歴史的地位を無視したがために進歩の諸勢力に反抗しており、したがって悪であり邪であると人々に説得するのは、もはや不可能なことになった。いつもそうであったが、人々は立ち上り、自らの信念のために殉教者になり、時には彼らを破滅させたものからも尊敬されるようになった。彼らは原理のために拷問を受けて死んだ。ともかくも彼らの信じるところでは、その原則は普遍的で万人にたいして拘束力があり、人間の本質の一部——まさにそれ故に人が人と呼ばれるような——であった。彼らは、これらの原理を破れば、人間としての尊敬を受ける権利を一切放棄したことになると感じていた。それを裏切れば、自分自身にたいして、あるいは他人にたいして顔向けできないと感じていた。まさにこの理由からして、一九四〇年、勝ち誇るドイツの指導者たちが敗れた国々にむかって現実主義への訴えを発したのが、無駄に終ったのである。まったく理に適ったことであったが、彼らはこう言った。抵抗は無益である、新しい秩序が到来しつつあり、この秩序は全世界の価値を転換させるであろう、それに抵抗すれば粉砕されるだけではない、後の世代(彼らは当然に勝者の道徳によって育てられているであろう)から愚かもの、光明に敵対するものとして見捨てられるであろう――この種の論議では、普遍的な人間の価値を真に信じている人々の精神を打破できなかった。あるものは教会、あるいは国民的伝統、あるいは客観的な真理の認識などに祭り上げられている普遍的理想の名において抵抗運動に立ち上り、またあるものは個々人の目標――個々人のもの、私的なものであるが故にかえって神聖な目標であった――のために立ち上った。

このような理想への献身、その理想のよってくる「源」が何であるかにかかわりなく――求めようにも源がないとも、よく主張される――理想に献身することは、現代の実存主義の立場と親近性がある。実存主義の立場は、何か広大で客観的な形而上学的秩序の中に道徳的信念の保証を求めようとするのは、自分の外に助けを求め、何か自分より強いものによりかかり、何か客観的なものに命じられているからとして自らの行為の合理的正当化を引き出そうとする人間の側での哀れな試みにすぎぬと言う。そのような客観的なものは存在しないのかもしれぬという事実――人間の価値はまさにそのもの、人々がそれを価値と認めるが故に価値であり、それ以外の理由はないという事実――あるいは理由があるとすれば、この特定の目的はたとえ何であれ、人が選んだものであり、それ故に窮極の目標であるというそれだけの理由であるという事実――このような事実に直面する勇気がないために、合理的な正当化を求めようとするのである。人が選ぶもの、それが窮極の目標であり、それ以外にそれを超えた正当化はない。窮極の目標は他のすべてのものを正当化するから、それ自体での正当化は要る訳がないのである。人間主義的なロマン主義者は、人は独立で自由であり、つまりは人間の本質は意識や道具の発明ではなく、選択の力にあると主張する。右に述べたような実存主義者は、その正嫡の末裔である。ある有名なロシアの思想家がかつて言ったように、人間の歴史にはきまった筋書《リブレット》きはない。役者は自分の役を即興で作らねばならない。われわれは保証と慰めを得ようとして現実を一つのパターンの中に整理しようとするが、現実はそのパターンを破ってあふれ出てくる。宇宙はジグソウ・パズルではない。われわれは一つのパターン、すべてのコマがうまくはまる唯一つのパターンがあると意識してあれこれ継ぎ合せてみるが、そのようなものではないのである。われわれは対立する価値に直面させられる。それらの価値が何らかの方法で、あるいはどこかで両立する筈だという理論は、あどけない願望にすぎない。経験はそれが偽りであることを示している。われわれは選ばねばならぬ。そして何かを選べば他の何かを失わねばならぬ。おそらくは取り返しはつかないであろう。個人の自由を選ぶならば、もっと能率的になり得る組織形態は犠牲にしなければならなくなるであろう。正義を選べば、慈悲は犠牲にせざるを得ないであろう。知識を選べば、無邪気さ、幸福は犠牲にしなければならなくなるであろう。民主主義を選ぶならば、軍国主義化や従順な階層秩序から得られる強さは犠牲にしなければならないであろう。平等を選ぶならば、個人の自由はある程度犠牲にしなければならない。自らの生活のために戦うことを選べば、文明の多くの価値——それを創り出すのにどんなに苦労したとしても——は犠牲にしなければならぬ。にもかかわらず、人間の栄光と威厳は、選ぶのは人間であるという事実にある。何かのために人間が選ばれるのではないという事実、人間は自分自身の主人になり得るという事実(時には恐怖心、孤立感に満されることがあるとしても)にある。全体主義の政治構造は人から責任感、自由、自他にたいする尊敬の意志を一撃のもとに奪い去り、体制の枠内にうまくはめ込もうとするが、それを受け入れてまで人間は安全と静穏さを求めさせられたりはしないという事実にあるのである。

VI

一九世紀の自由な芸術家の混沌たる反乱というかなり無害な形態、全体主義という邪悪で破壊的な形態、そのいずれの形態においてもロマン主義の現実を解体させていく力は少くとも西ヨーロッパではすでに使い尽くされたようである。安定と理性とを目指す力が再び出現しつつある。しかし何ごとも決して完全に出発点にもどったりはしない。人類の歩みは循環的でなく、苦痛をともないながらラセン形に進むようである。そして民族もまた経験から学ぶ。ついこの間のホロコーストから何が現れたであろうか(4)。人間そのものにいわば本質的な普遍的な価値がいくつかあるという新しい意識らしいものが、西欧で生れつつあるようである。炎症状態でのロマン主義——ファッシズム、国家社会主義、そして共産主義の形態でも——は、その理論よりもむしろ支持者の行動によっていくつかの価値を踏みにじり、ヨーロッパで深い衝撃を生んだ。これらの価値は乱暴に捨て去られたまさにその時にその活力を立証し、戦争で手足を失った帰還兵士のようにヨーロッパの良心につきまとうことになった。

これらの価値とは何であろうか。それはいかなる地位を占めるのか。われわれは何故それを承認しなければならないのか。いく人かの極端な実存主義者とニヒリストが主張したように、人間的な価値などはなく、ましてやヨーロッパ的価値などないというのが真実ではないだろうか。人々は何の理由もなく、ただ行動に出るから行動に出ているというのにすぎないのではないか。私は詩人であることに、そしてあなたは絞首刑吏であることに、それぞれ自分を賭ける。それが私の選択であり、あなたの選択である。この二つの選択に差をつけ、私の道徳があなたの道徳より優れている、あるいは劣っていると評価できるような客観的基準はない。われわれは選ぶから選ぶのであり、それ以上言えることはない。そして、もしそれが対立や破壊をもたらすとすれば、それは世界がそうなっているからであり、万有引力を認めるのと同じように、それを認めねばならない。それは違った人、民族、文化のこれまたそれぞれに違った性質に内在している事実なのである。このような判断が妥当でなかったことは、いまや明らかである。それを証明するには、全体主義の行き過ぎた行為が引き起した大きな、そして広範囲の恐怖感だけで充分であろう。それに衝撃を受けたという事実が、人類の多数——特に西ヨーロッパ人の多数——が現実に生きる基準にしている価値尺度が存在していることを示しているからである。それは、たんに機械的に習慣によって生きている価値ではない。自ら意識した瞬間には人間の本性を構成しているものとしての価値である。

この人間の本性とは何か。肉体的に何であるかを言うのは、さして難しくはない。思うに、人はいくつかの身体的、生理的、神経的な構造、いくつかの器官、いくつかの身体的な感覚と心理的性質、考え意志を持ち感じる能力を所有している。これらの特徴の中のあまりにも多くを欠いている人は人と呼ぶよりは、動物ないし無機的なものと呼んだほうがよいであろう。しかし他方で、われわれが人間の本性と考えるものの中に同じように深く入り込んでいるいくつかの道徳的な性質がある。われわれと人生の目的について違った意見を持った人々と出会ったとしよう。彼らは自己犠牲よりも幸福を、友情よりも知識を優先させている。われわれは彼らを同じ人間として受けいれるが、それは何が目的であるかについての彼らの観念、彼らが自らの目的を擁護してくり出してくる議論、彼らの全般的な行動が、われわれが人間と見なすものの限界内に入っているからである。しかし、(有名な例を引いて言えば)自分の小指の痛みを和げるために世界を破壊してもよいと思っている人、あるいは無実のものを処刑したり友人を裏切ったり子供を拷問したりすることは一向に悪くないと思っている人に出会ったならば、このような人とは議論できないことを知るであろう。われわれが呆れてしまうからではなく、彼らが何らかの意味で非人間だと考えるからである——彼らのことを、道徳的白痴と呼ぶであろう。時には彼らを精神病院に入れたりもする。彼らは、人間を構成している最低限の肉体的特徴を欠いた生物と同じように、人類の境界線の外にいるのである。われわれは、根本的な道徳的、政治的決断を下す時には、訴えかけている法律と原則が——いわば無から立法するのとは違って——ともかくも記録に残っている歴史の全期間にわたって多数の人々に認められてきたという事実を頼りにしている。それを否認できないものと考える。いかなる法廷、いかなる権力も公認の手続きによって人に偽証を許したり、自由に拷問を許したり、慰みに人を殺すのを許したりはできない。われわれは、これら普遍的な原理ないし規則が廃止されたり変更されたりするのを想像することができない。言いかえれば、それをわれわれとわれわれの祖先が自由に採択したものとは扱わず、むしろそもそも人間であること、他人とともに一つの共通の世界で生きること、他人を人間と認め、他人から人間と認められることのいわば前提条件と見るのである。これらの規則が無視されたが故に、われわれはそれを意識せざるを得なくなったのである。

これは、古来の自然法への一種の回帰である。しかしわれわれの一部にとっては、経験論的な衣裳をまとっての回帰であり、もはや必然的に神学的ないし形而上学的な基礎にもとづくものではない。したがってわれわれの価値が客観的で普遍的だと言うのは、外から押しつけられた客観的な法規——われわれが自分たちで作ったのではないからわれわれには破ることができない法規があると言っているのではない。われわれは人間であるが故に、これら基本的原理を承認せざるを得ない——正常な人間ならば寒さよりも暖さを、虚偽よりは真理を求めざるを得ないように、また無視されたり誤解されたりするよりはありのままの自分を他人に認められたく思わざるを得ないように——と言わんとしているのである。これらの原理が基本的で、長い間かつ広く認められている時には、われわれはそれを普遍的な倫理法則と考える。そして人々がそれを認めないと主張する時には、彼らは嘘をついているか自分を欺いているに違いないと想定する。さもなければ、道徳的な識別の力をいくらか失っており、その限りで異常と想定する。そのような規範があまり普遍的でなく、深くもなく重要でもない時には、それを(重要性としてはだんだんに下っていくが)慣習、慣行、礼儀、趣味、エチケットなどと呼び、それについては大きな差が出るのを許すだけでなく、むしろ積極的に期待する。むしろわれわれは、多様性それ自体はわれわれの基本的な統一性を破壊しないと見ている。逆にわれわれは、劃一性は想像力の欠如と俗物主義の産物、極端な場合には奴隷制の一形態とも考えるのである。

われわれの行為の共通の道徳的基礎――したがってまた政治的基礎は、われわれが現代に目撃した戦争と人間性の堕落によって握り崩されなかったばかりか、むしろ今世紀の初めの四〇年間よりももっと広く、もっと深く根を下しているようである。私は、「われわれの」行為と言う。西欧世界の習慣と世界観のことを言っているのである。英国、オランダ、スカンディナヴィア諸国が相対的均衡に到達してからも、ドイツ、そしておそらくフランスもそうであったが、今日のアジアとアフリカはまさに破壊的ナショナリズムの煮えたぎるるつぼである。人間性は安定した足どりでは進まないようである。民族的発展の危機は同時には起らない。にもかかわらず、最近のヨーロッパの激烈な逸脱現象が終った後に、回復の徴候が現われているようである。つまり正常な健康――われわれをギリシャ的、ヘブライ的、キリスト教的、人間主義的な過去に再統一している習慣、伝統、なかんずく共通の善悪観への回帰の徴候があるようである。そのような共通の過去は、ロマン主義の反抗によって転換させられはしたが、本質的にはそれにたいする反動として、この回帰が生じている。今日のわれわれの価値は、ますます古い普遍的な基準のものになっているようである。その基準が、文明社会の人々(いかに退屈な人々であっても)を野蛮人(いかに才能があったとしても)からはっきり区別している。われわれが侵略に抵抗し、あるいは専制体制のもとで自由の破壊に抵抗する時、われわれの訴えかけるのはこのような価値である。そしてわれわれは、呼びかけている相手がたとえどのような政治体制のもとに暮していようと、現実にわれわれの言葉を理解していることにはいささかの疑いも抱かずに、訴えかける。彼らがどんな素振りをしているかにかかわりなく、彼らが現実に理解していることはあらゆる証拠からして、明らかだからである。専制主義の代弁者たちは、彼らの行っている残虐行為と抑圧はそれと同じ価値のためにやっていることで、彼らが築こうとしている新しい世界でその価値をもっと強く輝かせようと意図したものだと表明するかもしれない(必ずしも誠実にとは言えないであろうが)。もしそこに真実の響きがないとしても、それは少くとも冷笑主義ではなく、偽善である。自分たちも有徳であるよう見せかけようとしているのであって、それこそ威信を回復したヒューマニズムにたいする讃辞を述べたものと言ってよい。

今世紀の二〇年代、三〇年代、左右の全体主義がヒューマニズムの価値そのものを善悪双方を含めて拒否した時には、そうではなかった。当時の彼らは、そのような価値に自分たちも(われわれよりもよく)奉仕しているなどとは言わなかったが、今日ではますます頻繁にそう言っている。私は、これは本物の進歩、われわれが一つの共通の道徳的世界に生きていることの承認にもとづいた国際的秩序に向っての真の進歩であるように思われる。われわれの希望は、このことの上に立たねばならない。

(1) 個々人として上に向っているエスカレーターに大きく跳び移ることが許されるとしても——結局のところ、マルクス、エンゲルスをはじめ多くのブルジョワ的革命家がそうしたように——この跳び移りは個人としてだけできることで、階級全体、さらにはその大きな部分としては決してできることではないとされた。

(2) モンテスマは、アズテックの宗教はアステカ族には最適であり、キリスト教はスペイン人には最適であると言ったが、モンテスキューはそれについて、彼の言ったことは馬鹿げていないと言っている。この発言は、教会と急進派の双方からもっともいかがわしい発言と見なされることになった。

(3) モーツァルトとハイドンは、二人の交響曲の長所も二人の動機の純粋性と比べれば重要でない——何故なら二人は神の聖なる道具であり、嫉妬深い神に仕える聖職者であるから——などという意見を聞かされたら、途方もなく驚いたに違いない。この二人は自分のことを御用聞きと思っていた。大工が食卓を作り、それがよく出来ていれば客がつき、よく売れ、作ったものは金持ちで有名になる。同じように芸術家も注文に応じて芸術作品を作る。誰かが当時貧窮のどん底にあったモーツァルトにむかって、一曲作ってある貴族のパトロンに献げてはどうかともちかけたところ、モーツァルトは腹を立てて、自分は落ちぶれているかもしれないが、作曲料ももらわないで曲を書くほどには落ちぶれてはいないと答えた。

(4) この論文を書いたのは、一九五九年のことであった。

ロマン主義における「意志」の讃美
――理想世界の神話にたいする反乱――

I

思想史は比較的新しい知識の分野であり、学問の世界の多くのところで今だに疑いの目で見られがちである。それでも思想史は、面白い事実を発掘してきた。もっとも印象深いものの一つに、ともかくも西欧世界のわれわれにとって馴染み深い概念と範疇の年代記を発掘したことがある。それら概念、範疇のいくつかがいかに新しいか、われわれの一見もっとも深く根差しているかに見える態度のいくつかがわれわれの祖先にとってはいかに奇妙に思えたことであろうか、このようなことをわれわれは驚きを感じながら発見した。祖先にとって奇妙だというのは、彼らの知らなかった個々の科学技術上の発見発明にもとづく思想のことではない。物質の性質についての新しい仮説のことでもない。時間的、空間的にわれわれから遠く隔った社会の歴史のことでもない。物的宇宙の進化や、われわれ自身の行動のバネ、あまり検討されていないことであるが、われわれの行動の中で無意識で非合理な要因の果す役割のことでもない。私のいわんとしているのは、もっと広く、しかもそう簡単に個々の原因にまで遡れないようなもの――ともかくも西欧文明の中で広く承認されかつ意識的に追求されてきた世俗的な価値、理想、目標に生じた変化のことなのである。

今日では、次のような想定を聞いて誰も驚きはしないであろう。例えば、多様性は一般に劃一性よりも望ましいという想定である。単調さ、劃一性等は、今日ではむしろ軽蔑の言葉である。また人格の資質については、一貫性と誠実さはそれにかかわる信念ないし原理の真実性、有効性とは無関係に尊敬すべきであるという想定もある。心の温かい理想主義は、たとえ不便になることがあっても冷たい現実主義よりは高貴であるとか、同じように寛容は不寛容よりも高貴であるという想定――これら美徳とされているものも、行き過ぎれば危険な結果になることもあるが――等々もそうである。しかし、このように考えられるようになったのはそう古い昔のことではない。一つは善であり、多（多様性）は悪である、何故なら真理は一つであり、誤りだけはたくさんあるからというのが、はるかに古く、プラトン主義の伝統に深く根差す考えだったからである。アリストテレスは、人類のタイプは互いに異り、したがって社会組織には柔軟性が必要であることを認めはしたが、その彼にしてもこのことを事実として認めただけであった。残念に思うこともなかったが、是認した様子はまったくなかった。そしてごくわずかな例外を別とすれば、このような見方は古典世界、中世世界で支配的であり、おそらく一六世紀までは真面目に問い直されることもなかったのである。

もう一つ例を挙げれば、一六世紀のカトリック教徒で次のように言ったりする人が誰かいたであろうか。「私は、宗教改革を推進している人々の異端の説は大嫌いだ。しかし彼らは、その忌わしい信念を誠実に、また一貫して信奉し、また実践し、そのために自分を犠牲にしようとしている。その誠実さ、一貫性に、私は深く感動している」と。むしろ逆に、そのような異端の徒、あるいはイスラム教徒、ユダヤ教徒、無神論者のような異教の徒の誠実さが深ければ深いほど、彼らはそれだけ危険になり、魂の破滅をもたらすことであろう。それだけに一層容赦なく彼らを一掃してしまわねばならない。偽善や同化拒否は少くとも真の教義を正面から攻撃しないが、異端——人間の目的についての偽りの信念——は社会の健康にとって偽善や同化拒否よりも危険な害毒だからである。真理かどうかだけが問題であり、偽りの大義のために死ぬのは邪悪なこと、あるいは憐むべきことである。

したがってここには、一六、七世紀になってもまだ支配的であった見解と近代の自由主義的な態度との間には、共通の基盤がない。古代世界あるいは中世に、人生や思想における多様性の美点についてかつて口にしたものが誰かいるであろうか。しかし、オーギュスト・コントのような近代思想家が、われわれは道徳や政治では意見の自由を許しているのに何故、数学ではそれを許さないのかと考えた時、その疑問そのものがJ・S・ミルやその他の自由主義者にはショックであった。それでもこのような近代的な信念は近代自由主義文化の一部を成しており(そして今日では、もっと古い見方に回帰した人々から、いわば左翼、右翼の両方から攻撃を受けている)、比較的新しいものなのである。そして、それに説得力があるのは、西欧思想の中心的な伝統にたいする深くかつ根本的な反抗に由来しているからなのである。この反抗は、私は一八世紀の真中の三分の一の時期、もっぱらドイツで明確に現れてきたと思っているが、それが古い伝統的な思想の根底を揺がせ、ヨーロッパの思想と行動に深甚でかつ予言不可能な影響を与えた。おそらくそれは、ヨーロッパの意識に宗教改革以来最大の転換を引き起した。その起源もまた、曲りくねった回り道を通って宗教改革にまで遡ることができよう。

II

ほとんど許しがたいような単純化と一般化が許されるとすれば、私は、プラトン以降の(ピタゴラス以降と言ってもよいかもしれない)西欧の知的伝統の中核は次の三つの無条件の独断にもとづいていたと言いたい。

(a) すべて真の問題には一つの真の答、一つだけの答があり、他のすべての答は真理を逸脱しており、したがって偽りである。そしてこのことは、理論や観察の問題にも行為や感情、つまりは実践の問題——事実の問題にも価値の問題にも当てはまる。

(b) そのような問題にたいする真の答は、原則として知ることができる。

(c) これら真の答は、互いに矛盾する筈がない。一つの真の命題が他の真の命題と両立しないことはあり得ないからである。多くの真の答が集って、一つの調和した全体を形成する。ある人は、それが一つの論理的体系を形成し、その構成要素は互いに他の要素を必然的に伴い、かつ伴われると考える。またある人によれば、その関係は全体にたいする部分の関係である、あるいは最低限に共通のこととして、各要素が他のすべての要素と完全に両立しているという関係がある。

この、しばしば匿されている真理へと至る道筋がいったい何であるかについては、もちろん大きな意見の違いがあった。ある人は、それは聖典の中にあり、その解釈は適当な専門家——聖職者、霊感を得た予言者や予見者、教会の教義と伝統など——によるべきだと信じた。またある人は、別の種類の専門家、例えば哲学者や科学者、それぞれに有利な立場にある観察者に信頼をおいた。彼らはおそらくは特殊な精神的な訓練を経た人々であろうが、逆に素朴な人々、都市の腐敗や洗練とは無縁な農民、子供、「人民」、魂の純粋な人々が信頼されることもあった。さらにまた、賢者ぶった人や意図的に欺そうとしているものに精神を曇らされなければ、これらの真理は万人に理解できるのだと教える人もいた。真理にいたる正しい道についても意見の一致はなかった。ある人は自然に、またある人は啓示に根拠を求めた。ある人は理性に、またある人は信仰や直観や観察、演繹的学問と帰納的学問、仮説と実験等々に根拠を求めた。

もっともよく知られた懐疑論者も、少くともその一部を受け入れていた。ギリシャのソフィストたちは自然と文化を区別し、事情や環境や気質の違いで法律や慣習の多様性を説明できると信じていた。しかしその彼らでさえもが、人間の窮極の目的はどこでも同じだと信じていた。すべての人が自然の欲望の充足を求め、安全と平和、幸福と正義を欲しているからであった。モンテスキューとヒュームは、いかに相対主義的立場をとったとしても、このことは否定しなかった。モンテスキューは自由や正義のような絶対的原理を信じ、ヒュームは自然と慣習を信じたが、ともに同じ結論に達したのである。モラリスト、人類学者、相対主義者、功利主義者、マルクス主義者、これらすべては共通の経験というものがあるという前提に立ち、人間を人間たらしめている共通の目的というものを前提にしていた。このような基準から大きく外れるのは、よほどの臍曲がりか精神病か狂気の故であった。

また、真理を発見できるための条件についても意見はまちまちであった。ある人は、人間は原罪のため、あるいは能力がもともと欠けているため、あるいは自然の障害のためにすべての問題にたいする答を知ることは決してできないし、どの問題についても完全な答は知ることができないと考えた。またある人は、アダムとイヴが原罪を犯す前、あるいはノアの洪水の前、バベルの塔の建立や資本の本源的蓄積とその結果として生じた階級闘争、その他原初の調和の破れなど何らかの災厄が人類に降りかかってくる前には、完全に答を知っていたのだと考えた。また進歩を信じ、黄金時代は過去ではなくて未来にあると考えるものもいた。さらにある人は、人間は有限で、地上では不完全で過ちをおかす運命にあり、墓場の彼方の生活に入ってはじめて真理を知ることができると信じた。あるいは天使だけが、さらには神だけが真理を知っていると信じた。このような違いから深い対立が生じ、破壊的な戦争が起った。他ならぬ永遠の救済という問題がかかっていたからである。しかし、対立する党派のどれ一つとして、これら基本的な問題に原則として答えることができるということを否定したものはなかった。人間の不完全性という観念そのものが完全な生活に達しないでいるという意味である限り、真の答に従って形成される生活は理想社会、黄金時代を構成することになるであろう。このことを否定するものもいなかった。われわれは堕罪の状態にあって完全な生活が何から成っているかは知らないとしても、われわれが生きていく指針としている真理の断片をジグソウ・パズルのように組み合せていくことができたとすれば、その結果として現れてくる全体像は――実際生活に転換されたならば――完全な生活になるだろうということを知っていた。しかし、もし問題が回答不可能なものであったり、同じ問題に一つ以上の答があっていずれも同じように真であったり、さらに悪いことに真の答の中には互いに両立しないものがあったり、価値が衝突して、原則として和解させられなかったとすれば、ことは違ってこざるを得ない。このような事態は、宇宙は結局のところ非合理な性質のものであることを前提にしている。理性と、理性にしたがって生きたいと願う信念は、ともにこの結論を拒否せざるを得なかった。

われわれの知っているすべてのユートピアは、客観的に真の、つまり万人にたいして常にどこでも真である目的が発見可能であり、かつさまざまな目的は調和状態にあるということにもとづいている。これは、プラトンの国家と彼の法律、ゼノンの無政府主義的な世界共同体、イアムブルスの太陽の都市から、トマス・モアとカムパネラ、ベーコンとハリントンとフェヌロンのユートピアにいたるまで、すべての理想の国について当てはまることである。マブリーとモレリーの共産主義社会、サン・シモンの国家資本主義、フーリエのファランステール、オーウェン、ゴドウィン、カベー、ウィリアム・モリス、チェルヌイシェフスキー、ベラミー、ヘルツカ、そしてその他の無政府主義と集団主義を多様に結合したもの(一九世紀には、ユートピアには不足はなかった)は、私のいう西欧の社会的楽観論の三つの柱の上に建てられていた。つまり、人間の中心的な諸問題(massimi problemi)は窮極的に歴史を通じて同じであり、それは原則として解決可能であり、そして解決は調和した一つの全体を形成するという三つの柱である。人間には永遠の関心事があり、それがどのような性質のものであるかは、正しい方法を用いれば確認できるであろう。このような関心事は、人々が現実に追求している目標、あるいは自分で追求していると思っている目標と喰い違うことがあるかもしれない。それは、精神的ないし知的な盲目さ、あるいは怠慢、あるいは私欲を追求する悪党どもの悪辣な策謀によるものであろう。これら悪党ども——国王、聖職者、冒険家、あらゆる種類の権力亡者は、愚かものたちの目に目つぶしをくれ、結局は自分自身の目も見えなくしてしまう。このようにして生れる幻想は、それもまた社会組織——伝統的な階層秩序、分業、資本主義体制——の有害な影響によるものかもしれないし、あるいはこれもまた人間とかかわりない自然の要因、あるいは人間性の意図せざる結果によるのかもしれない。それならば、人間の力で抵抗したり、廃止したりすることもできる。そして、人間の真の関心事を明らかにできるならば、それに必要なことは正しい道徳的指示にもとづく社会組織によって充足していくことができる。その社会組織は技術の進歩を利用するか、あるいは逆にそれを拒否して人類がかつて有していた牧歌的な単純さ、人間がかつて放棄した元の天国に帰ろうとするか、それともやがて来るべき未来の黄金時代に向って進もうとするであろう。ベーコンから現代にいたる思想家たちは、一つの全体的な解決が確実にあると信じ、その確実性を発想の源にしていた。時が満ちたならば、神の意志によるのか人間の努力によるのかはともかく、非合理性、不正、悲惨の支配は終り、人間は解放され、自分の手に負えない諸力——残忍な自然や、自分自身の無知や愚かさや欠点の結果など——にもてあそばれることもなくなるであろう。自然の障害、あるいは人間による障害が克服されたならば、この人間関係における春の季節が到来し、その時人間は互いに戦うのをやめ、団結し協力して自然を人間の必要に適応させるか(エピクロスからマルクスにいたる偉大な唯物論思想家たちが唱えたように)、あるいは人間の必要を自然に適応させる(ストア派と現代の環境論者が力説したように)と、いうのである。これが、ベーコンからコンドルセ、共産党宣言から現代のテクノクラット、共産主義者、無政府主義者、新しい代替社会を求める人々にいたる多種多様の革命的、改革的楽観論に共通する基盤であった。

ソレルの言葉の用法で言えば、まさにこの偉大な神話が一八世紀末以降、攻撃にさらされることになった。先ず最初に、ドイツで疾風怒濤(Sturm und Drang)と呼ばれる運動から、後にはこれまた多様なロマン主義、ナショナリズム、表現主義、情緒主義《エモーティヴィズム》、主意主義《ヴォランタリズム》、そして今日誰もがよく知っているように多くの現代的形態をとって現れた左右両翼からの非合理主義から攻撃を受けた。一九世紀の予言者たちは多くのことを予言した——国際カルテルの支配、社会主義か資本主義かは問わず集団主義的体制の支配、軍事・産業複合体の支配、科学エリートの支配、またそのような支配に先立って危機、戦争、破局(Krise, Kriege, Katastrophen)——戦争とホロコーストが来ると予言した。しかし私の知る限りその中で誰一人として予言しなかったことは、この世紀の最後の三分の一が全世界的なナショナリズムの発展によって支配され、個人ないし階級について「意志」の要素が昂揚し、理性と秩序が精神の牢獄であるとして拒否されるにいたるであろうということであった。どうしてこんなことが始ったのか。

Ⅲ

習慣的に言われていることであるが、一八世紀には合理的な見方、一貫した知的体系の尊重に代って感傷、内省、感情の賞揚が登場してきた。実例としてはブルジョワ的なイギリスの小説、フランスの〔一八世紀の〕お涙劇、ルソーとその弟子たちのいわば中毒化した自己顕示と自己憐憫等が挙げられる。ルソーは、利口ではあるが道徳的には空虚かそれとも腐敗していたパリの知識人を攻撃する。知識人の無神論と打算的な功利主義は、愛の必要性、歪められていない人間の心の自由な自己表現を無視していた。そしてこの攻撃が、時代の空洞化した擬似古典主義の信用を失墜させ、手放しの感情表現に門戸を開いたというのである。このような言い方にはいささかの真理が含まれている。しかし一方で、ルソーは彼の軽蔑の的になった人々と同じく自然と理性を同一視し、たんなる非合理な「情熱」を非難していた。他方で、人間関係と芸術に感情が不在であった訳ではなかった。聖書、ホメロス、ギリシャ悲劇の作者たち、カトゥルス、ヴェルギリウス、ダンテ、フランスの古典悲劇は、深い感情に溢れていた。ヨーロッパ芸術の中心的な伝統の中で無視され、あるいは抑圧されたのは、人間の心、あるいは人間の本性そのものではなかった。形式と構成にたいする関心は依然続いており、規則が強調され、その規則にたいする合理的な正当化が求められていた。哲学や政治と同じく芸術においても、数世紀にわたって意識的に客観的基準に頼ろうとする動きがあり、そのもっとも極端な形式は永遠の原型、不変のプラトン的、ないしキリスト教的なパターンの理論であった。このような型の理論にもとづいて、生活と思想、理論と実践の両方について判断が下されていた。美学における模倣《ミメシス》の理論は古代、中世、ルネサンス期の世界と一八世紀の偉大なスタイル(Great Style)とを統一したが、そこでは普遍的な原則と永遠のパターンが存在しており、それを具体化し「模倣」しなければならないという前提があった。それを覆した(少くとも一時的に)反乱は、退廃した形式主義と勿体ぶった冷たい新古典主義にだけ攻撃を向けたのではなかった。それはさらに先へ進んだ。普遍的真理の実在を否定したからである。知識と創造、学問と芸術と生活が人間の理性と想像力のもっとも高尚な飛翔を代表しているという自らの主張を正当化するには、普遍的真理の永遠のパターンを身にまとわねばならなかったが、それが否定されたのである。科学と経験的方法の登場――ホワイトヘッドがかつて「物の反乱」と呼んだもの――は、ある形式を別の形式で置き換えたにすぎなかった。それは、神学やアリストテレスの形而上学から与えられた先験的な公理や法則にたいする信仰を揺がせ、それに代って経験論的な意味での経験に裏づけられた法則と規則、特にベーコンの計画――つまり自然とそして自然の存在としての人間とを予測し、統制するというプログラム――を実現していく能力が顕著に増大したことに裏づけられた法則と規則を置いた。

「物の反乱」は法則や規則にたいする反抗ではなく、古い理想――理性・幸福・知識の支配――にたいする反抗でもなかった。むしろ逆に、数学と、数学の方法を人間の思想の他の分野に応用することの支配的地位、知識による救済という信念は、啓蒙思想の時代にはかつてなく強かったのである。しかし一八世紀の終り、一九世紀の初めには、規則と形式そのものにたいする激しい軽蔑の動き――結果がどうなろうと集団、運動、個人の自己表現の自由を熱烈に願う動きがあった。ドイツの各大学の理想主義的な学生たちは、ロマン主義の時流にかぶれ、幸福、安全、科学知識、政治的経済的安定、社会の平和などといった目標はまったく心にとめず、むしろそのようなものを軽蔑の目で見た。新しい哲学の門弟たちにとって、苦悩は快楽より高貴であり、失敗は世俗的成功よりも望ましいと考えられた。世俗的成功にはどこか汚れたところ、機会便乗的なところがあり、たしかに自分の一貫性、独立、内なる光、内奥の理想像を犠牲にしてはじめて買い取れるものであった。彼らは、真理を内に有しているのは少数者、とりわけ自らの信念のために苦しんでいる人々であり、愚かな多数者ではないと信じていた。殉教は、どのような主義主張のためかを問わずそれ自体で神聖であり、真摯さ、真実であること、感情の強さ、とりわけ挑戦――それは慣習にたいする、教会と国家と俗物的社会の抑圧的な力にたいする、冷笑主義と商業主義と無関心とにたいする不断の戦いを意味していたが――これらのものは神聖な価値であると信じていた。これらの価値は、主人と奴隷から成るこの堕落した世界にあっては敗北せざるを得ないであろうが、たとえそうであっても、むしろそうであるが故に神聖なのである。戦い、そして必要とあれば死ぬことは、勇敢で正しく名誉あることであり、それにたいして妥協し生き延びることは卑怯で裏切りであった。このような人々は、理性にたいして感情を擁護したのではなく、人間精神のもう一つの能力、個人と集団の双方について一切の生と行動、英雄主義と自己犠牲、高貴さと理想主義の源泉であるもの——つまり誇り高く、不屈で、自由な意志を擁護しようとしたのである。意志の行使が苦悩の原因となり、対立をもたらし、もめごとのない調和した生活と矛盾し、生の充実を求める戦いの喧騒に妨げられない晴朗な芸術的完全さを実現することとは両立し得ないとしても、またオリュンポスの神々にたいするプロメテウスの反乱のために彼が永劫の苦しみを受ける破目になったとしても、悪いのはオリュンポスの方であり、完全さというものにたいするそのような見方である。そこでは完全さは、自由で独立の意志、拘束を受けない想像力、〔ヨハネによる福音書の表現をかりて言えば〕欲するがままに吹く霊感の風を犠牲にして、はじめて買い取れるようである。独立、個人と集団と国民の挑戦、目標を普遍的であるが故に追求するのではなく、それが私の目標、私の人民あるいは私の文化の目標であるが故に追求するという態度——このような見方はドイツ・ロマン主義者の間でも少数派の見方であり、ヨーロッパの他の部分でそれに呼応するものはさらに少かった。にもかかわらず彼らが、彼らの時代とわれわれの時代にその刻印を残したのである。一九世紀の偉大な芸術家、ネーションの指導者は、誰ひとりとして彼らの影響を完全に免れる訳にはいかなかった。フランス大革命以前の歳月にもどって、その根元のいくつかを探ることにしたい。

規律のない熱意、感情の嵐、耽溺(Schwärmerei)――漠然として焦点の定まらない熱情と憧れ――にたいして、イマヌエル・カントほど強く反対した思想家はいない。彼自身が科学の先駆者であり、自然科学の方法について合理的な説明と正当化を行うという仕事に自らとり掛っていた。当然に彼は、自然科学を時代の主要な成果と見なしていた。にもかかわらず道徳哲学においては、彼はパンドラの箱の蓋をあけ、自ら先頭に立って否認し非難したさまざまな傾向を解き放つことになった。ドイツの小学生なら誰もが知っているように、行為の道徳的価値は行為者がそれを自由に選んだかどうかにかかっていると、彼は主張した。もしある人が自分で統制できない、また統制しない原因――それが物理的強制のような外的なものか、本能や欲望や情熱のような内的なものかにかかわりなく――の影響力のもとで行動したならば、その行為は結果がどうであれ、結果が良かれ悪しかれ、人々にとって有利か有害かにかかわりなく、道徳的価値を持たない。その行為は自由に選ばれたのではなく、機械的な原因から生じた結果でしかなく、動物や植物の動きと同じく倫理的観点からの判断はできないという点では、いわば自然界の事象なのである。自然界を支配している決定論――たしかに自然科学全体がこの決定論にもとづいている――が人間主体の行為を決定するならば、その人間は真の主体ではない。行為とはさまざまな選択の道から自由に選べるということだからである。自然界の事例では、自由な意志は幻想でしかあり得ない。カントは、意志の自由は幻想ではなく現実のものだと確信していた。だからこそ彼は、人間の自律性、合理的に選択した目的に自由にかかわっていく人間の能力を大いに強調したのである。カントの言うには、自我は「自然の必然性よりも高いところまで高め」られねばならない。もし人間が物的世界を支配しているのと同じ法則で支配されているならば、「自由を救い出すことはできない」からである。そして自由がなければ、道徳もない。

カントは、人間を動物から区別するのはその肉体的他律性――その身体は、自分自身の内なる自己から発していない自然法則に支配されているからである――に対立するものとしての道徳的自律性であることを、何度も強調した。もちろんこの理論は、大いにルソーに負うものであった。ルソーにとって、一切の品位、一切の誇りは独立ということにもとづいている。人に動かされるのは奴隷化されることである。人が他人の好意を頼りにする世界は、主人と奴隷の世界、一方ではいじめと恩着せがましい態度と庇護、他方には卑屈と隷従、裏切りと怨恨のある世界である。しかし、ルソーは、他人への依存だけが人の品位を落とす、何故なら人は悪意にだけ腹を立て、自然の法則には腹を立てないからと考えたのにたいして、ドイツ人たちはさらに先へ進んだ。カントにとって、非人間的な自然への全面的依存――他律性――は選択、自由、道徳と両立しなかった。これは自然にたいする新しい態度、少くとも古代キリスト教的なそれに対する敵対関係の復活を示している。啓蒙思想家とそれに先行するルネサンス期の思想家(孤立している道徳律廃棄論《アンテノミアン》の神秘家たちを別とすれば)は、自然のことを神的な調和として、あるいは偉大な有機的ないし芸術的統一体として、あるいはいわば神的な時計屋の作った精巧な機械として、あるいは逆に作られたのではなく永遠のものとして、しかし常に人間にとって外れてはならないモデルとして見ていた。人間にとって特に必要なのは、外的な世界と彼自身、事物の図式の中で彼の占める位置を理解することである。彼がこれを把握すれば、彼の本性の必要と矛盾するような矛盾した目標を追求したりはしないであろう。そのような矛盾した目標を追求するのは、彼自身が何であるか、あるいは他の人々ないし外的世界との関係について何か誤った観念を持つからである。このような考えは、ルネサンス期とそれ以降の合理主義者と経験主義者、キリスト教的な自然主義者と異教徒と無神論者――ピコ〔一四六三―一四九四、イタリアの人文主義者・著作家〕とマルシリオ・フィチーノ〔一四三三―一四九九、イタリアの人文学者・哲学者〕、ロックとスピノザ、ライプニッツとガッサンディ〔一五九二―一六五五、フランスの哲学者・科学者〕に同じように当てはまることであった。彼らにとって神は自然であり、自然は神である。自然は、アウグスティヌスやカルヴァンにとってのように、精神――誘惑と堕落の根源――と対立するものではない。このような世界観は、一八世紀フランスの哲学者たち、エルヴェシウスとオルバック、ダランベールとコンドルセの著作の中でもっとも明確な表現に到達している。彼らは自然と科学の味方であり、彼らにとって人間は動物や植物と同じ因果律に従っている。無生物の世界は物理法則に従い、人間の場合にはさらに心理と経済の法則にも従う。そしてこのような法則は、観察と実験、計量と実証によって確立される。不滅の魂、人格的な神、意志の自由のような観念は、彼らにとっては形而上学的な虚構であり幻想である。しかしカントにとってはそうではなかった。

フランスとフランス唯物論にたいするドイツの反乱には、社会的な根だけでなく知的な根がある。一八世紀前半のドイツは、それ以前の一世紀以上、つまりすでに三十年戦争の荒廃よりも以前には、偉大な西欧ルネサンスにほとんど参加していなかった。宗教改革以後のドイツの文化的業績は、一五、六世紀のイタリア人、シェイクスピアとセルヴァンテスの時代のスペインとイギリス、一七世紀のネーデルランド、いわんやフランス、詩人と軍人と政治家と思想家のフランスの業績とは比較にならなかった。一七世紀のフランスは、わずかにイギリスとネーデルランドを競争相手とするだけで、ヨーロッパを文化と政治の双方にわたって支配していた。地方のドイツの宮廷と都市、あるいはハプスブルク帝国の首都ウィーンでさえも、何をヨーロッパに提供できたというのか。

このような相対的後進性の意識、圧倒的な民族的、文化的優越を意識しているフランス人の庇護ないし軽蔑の対象になっているという感覚は、集団的な屈辱感を作り出し、それは後には憤激と敵意に変っていく。それは傷つけられた誇りから発生するものであった。ドイツの反応は、当初はフランスのモデルを模倣することであったが、やがてそれに対立する方向に向っていく。自惚れが強くて神を認めぬフランス人には、彼らの束の間の世界、物的な利得、栄光と奢侈と見栄の追求、パリのサロンとヴェルサイユの卑屈な宮廷の機知にとんだ取りとめのないおしゃべりをさせておくがよい。人間の本性、真の目的、その内的生活、人間のもっとも深い関心事――内なる魂との関係、同胞たちとの関係、何にもまして神との関係――人間の存在と使命という深く苦悶に満ちた問題、このようなことを理解しようともしない無神論者の哲学、人当りのよい世俗的な僧侶たちの哲学に、いったいどんな価値があるというのか。内面に目を向けたドイツの敬虔主義者たちはフランス語、ラテン語を捨てて、彼らの土着の言葉に向っていった。そしてフランス文明の目くるめくような一般理論と、ヴォルテールとその模倣者たちの瀆神的な警句について軽蔑と憎悪をこめて語った。それよりも一層軽蔑すべきは、フランス文化を弱々しく模倣している人々であった。彼らはまさにドイツの小さな領邦国家におけるフランスの習慣と趣味のカリカチュアであった。ドイツの文筆家は、ドイツ社会と、専制的で大抵は愚かで残酷なドイツ諸公と諸公女およびその官僚たちの社会的抑圧と息の詰まるような雰囲気にたいして激しく反抗した。当時のドイツは三〇〇ばかりの宮廷と政府に分裂していたが、官僚たちは生れの卑しい人々、中でも特にもっとも正直で才能のある人々を押しつぶし、あるいは堕落させた。

この憤激の高まりが運動の核心となった。そして運動は、その成員の一人の戯曲の名にならって疾風怒濤と呼ばれた。彼らの戯曲は、絶望ないしは野性の憤激の叫び、怒りあるいは憎しみの壮大な爆発、巨大な破壊的情熱、エリザベス朝劇の暴力の情景さえも小さく思わせるような想像を絶した犯罪に満ちていた。これらの戯曲はいかなる代償、いかなる不利があったとしても情熱、個性、強さ、天才、自己表現を賞揚し、通常は流血と犯罪で幕を閉じる。それは、グロテスクで不快な社会秩序にたいする唯一つの抗議の形式であった。こうしてクリンガー、シューバート、ライゼヴィッツ、レンツ、さらには穏健なカール・フィリップ・モリッツ等の戯曲の中を狂気のように行進していく過激な主人公たち——強い男、強い作家、快男子、強い少年(Kraftmenscher, Kraftschreiben, Kraftkerls, Kraftknaben)——が登場する。遂には現実の生活が芸術を模倣しはじめる。キリストとルソーの後継者を自称するスイス人の冒険家クリストーフ・カウフマンはヘルダー、ゲーテ、ハーマン、ヴィーラント、ラファーターに深い印象を与えたが、一団のぼうぼうに髪をのばした支持者を従えてドイツ諸邦を席捲し、上品な文化を非難し、無政府主義的な自由を称え、粗野で神秘的なやり方で肉体と精神を公然と賞揚することに夢中になっていた。

カントは、このような規律のない想像力を嫌悪しており、感情をこれ見よがしに露出する態度と野蛮な行為はさらに強く嫌っていた。彼はまたフランス百科全書派の機械論的な心理学を道徳を破壊するものとして非難したが、彼の意志の観念は行動する理性という観念なのである。彼は、意志が理性の命令を進んで受ける限りで、そして理性の命令が合理的な人々すべてにたいして拘束力のある一般的規則を生み出していく限りで、意志は真に自由であると主張し、それによって主観主義、さらには非合理主義に陥らずに済んだ。そして理性の概念が曖昧になり(カントは、理性が実践においては何を意味するかを納得のいくように定式化することには遂に成功しなかった)、独立の意志だけが人間を自然から区別できる唯一の人間の所有物として残った時になって、その新しい理論もまた「疾風」の気運に感染していく。カントの弟子で劇作家で詩人のシラーにおいては、自由の観念は理性の大枠を越えて動き始める。自由は、シラーの初期の作品の中心概念である。彼は、「立法者その人、われわれの内なる神」、「高度の悪魔的な自由」、「人間の内なる誇り高き悪魔」について語る。人間は、自然の圧力に抵抗する時、「感情の緊張状態の中で自然法則からの道徳的独立性」を示す時、もっとも崇高である。人間を自然より高く引き上げるのは、意志であって理性ではない。感情でないことは確実である。感情については、人間は動物とも共通に有している。そして自然と悲劇の主人公との間に生じる不調和そのものは完全に嘆かわしいという訳ではない。それは人間に自らの独立性の感覚を目覚めさせるからである。これは、自然と永遠の価値に訴えたルソーからの明確な訣別であり、それぞれの見解は大きく異っているとしてもバークやエルヴェシウスやヒュームからの訣別でもあった。シラーの初期の戯曲で賞揚されているのは、社会的な力か自然の力かはともかく、外的な力にたいする個人の抵抗である。一七六〇年代のドイツ啓蒙思想の指導的擁護者レッシングの価値と、その世紀の八〇年代初期のシラーの価値のように鮮明な対照を示すものは、おそらくまたとあるまい。レッシングは、一七六八年に書いた戯曲『ミンナ・フォン・バルンヘルム』で、無実の罪を問われた誇り高いプロイセン将校を描き出す。この将校は、自分を弁護するのをいさぎよしとせず、自分の権利のために戦うよりも貧乏と不名誉を選ぶ。彼は高潔であるが、強情でもある。彼は誇りが高いために、身を屈して悪口をいう敵と争うことができない。そして手腕と機知と良識を働かして彼をその状態から救い出して名誉回復をさせるのは、愛人のミンナである。主人公のテルハイム少佐は、彼の馬鹿げたユーモア感覚のために、英雄的であるとはされているがいささか滑稽である。彼を救うのは、そして悲劇的な終末となりそうな芝居を受けのよい喜劇に変えたのは、ミンナの世俗的な知恵である。しかし、シラーの『群盗』のカール・モールでは、この同じテルハイムが大いなる悲劇の高みに引き上げられるのである。カールは卑劣な兄弟に裏切られ、父からは相続権を奪われて、自分自身と他の不正の犠牲者のために不快な偽善社会に復讐することを決意する。彼は盗賊団を結成し、略奪し、殺害する。また愛人にたいする愛を押し殺す——自分を犯罪者に変えた憎むべき世界にたいする憎しみを晴らし、それに破壊をもたらすには、自由でなければならないからである。終幕では、彼は警察に自首して罪を受けるが、彼は自らの人格を無視した堕落した社会のはるか上に立った高貴な犯罪者である。そしてシラーは、彼の墓に感動的な墓碑銘を書く。

カール・モールをレッシングのテルハイムから隔てる距離は、わずか一八年である。疾風怒濤という名で知られる反乱が頂点に達するのは、その間のことであった。シラーは、彼の後期の作品では、コールリッジ、ワーズワース、ゲーテと同じく世界と妥協し、反乱よりも政治的諦めを説いた。しかしその後期の局面においても、彼は自然と慣習にたいする純然たる挑戦としての意志という観念に立ち帰る。例えばコルネーユの『メデイア』を論じる時には、彼は次のように言う。メデイアは、かつて自分を捨てたジェーソンに報復するために、彼との間に生れた子供たちを殺したが、彼女は真の悲劇の女主人公である。何故なら彼女は、超人間的な意志の力で周囲の事情と自然の力に反抗し、自然の感情を抑え、情熱のおもむくままにあちこち動かされるたんなる動物になり下がることなく、しかし、まさに彼女の犯罪において自然にたいして勝った自律的人格を示したからである——この自由は、全面的に悪い結果に向っていくことになったとしても。とりわけ、人は働きかけるべきであって、働きかけられてはならない。シラーの言うには、フェートンはアポロの馬を走らせて身を滅ぼすが、しかし自分で走らせたのであって、走らされたのではない。自らの自由を捨てることは自分を捨てること、自らの人間としての資格を失うことだと、言うのである。

ルソーも同じことを言う。しかし彼はやはり啓蒙の子であり、人間の胸には永遠の真理が刻み込まれており、腐敗した文明があってはじめて人間はそれを読みとる能力を奪われたのだと信じていた。シラーもまた、かつては思想と意志と感情の統一があったが――つまり人間はかつては分裂を免れていた――、やがて所有と文化と奢侈が致命的な傷を負わせたのだと考えた。これもまた、人間は自然との間に何か破滅的な断絶をきたして、そのため楽園から追放されるという神話である。ギリシャ人は、われわれよりもその楽園に近かった。シラーもまた、意志、人間の生得の自由、自らの支配者たらねばならないという天命を、自然と歴史の法則と和解させようとしてもがいた。そして遂には、人間の唯一の救済は芸術にある、芸術の中で人間は因果律の足踏み車からの独立を達成できると信じる。カントの言葉で言えば、人間は外からの力を受けてこの因果律の足踏み車で回されているだけなのである。搾取は、人を彼らの目的でない目的のための手段として利用することであるという限りで悪である。しかし、他人を操作する人の目的は、自由な人間をあたかも物、道具として扱うことであり、自由人の人間性を意図的に否定することである。シラーにとって、彼のギリシャでの幼年期には自然は人間と一体であったが、今では自然への讃歌を唄うことと、破壊者としての自然という不吉な感覚との間に動揺している。「自然は人間を、土の中に踏みにじる。重要なものも取るに足らぬものも、高貴なものも卑しいものも。自然はアリの世界を温存する。しかし人間、自然のもっとも輝かしい創造物である人間は、彼女の巨大な腕の中で押しつぶされる、あるふざけ気分の時に。」

まだ半封建的で心底から伝統主義的であった東プロイセンで、ドイツ人の自尊心(amour propre)はもっとも深い傷を負った。フリードリッヒ大王がフランス人官吏を輸入して断行した近代化政策が、東プロイセンほど深い怨恨をかきたてたところはなかった。彼らフランス人は、単純で遅れたプロイセン臣民を短気に、公然たる軽蔑をこめてあしらった。したがって、この地方のもっとも才能がありもっとも感受性のある人々、ハーマン、ヘルダー、そしてカントもまた、外国の方法を敬虔で内省的な文化に押しつけてくるこれらの道徳を知らぬフランス人の地均し作業に特に激しく反対したのも、驚くべきことではなかった。カントとヘルダーは、少くとも西欧の科学の成果を尊敬したが、ハーマンはそれも拒否した。一世紀後のトルストイとドストエフスキーは、まさにこのような精神でもって西欧について書いた。それは、よくあることだが屈辱を体験した人々の反応、「スッパイぶどう」の一形態である。おそらくは昇華された形態のものであろうが、それでもやはり「スッパイぶどう」なのである。つまりは、自分には達成できなかったことは努力する価値のないことだと強がってみせる見栄なのである。このような苦々しい雰囲気の中で、ヘルダーは、「私はここに考えるためにいるのではない、ただあり、感じ、生きるためにいるのだ！」と書く。パリの賢人たちは、知識と生活の両方を人為的な規則の体系に還元する。そこでは人間は、外的な善を追って自らを裏切り、内的な自由、本物らしさを手放してしまう。人間、つまりはドイツ人は、自分自身の本性と記憶と生活様式とは無縁の外国人を模倣――サル真似――するのではなく、自分自身であることを求めねばならない。人間の創造力は、自分自身の故郷で、肉体的にも精神的にも自分に近い人々、同じ言葉を話し、くつろぎを感じ、同じ仲間に属していると感じられる人々の中に生きる時に、はじめて全面的に発揮される。真の文化も同じようにして生れる。それぞれ独自で、人間文明に固有の貢献をし、それぞれのやり方でそれ自身の価値を追求し、一般的なコスモポリタンの大海に没してしまうことがない。コスモポリタンの大海は、すべての土着の文化からそれぞれの固有の実質と色彩、それぞれの国民的な精神と天分を奪い去る。国民的な精神と天分は、それ自身の土壌の上で、共通の過去にまで遠く拡がるそれ自身の根《ルーツ》によってはじめて花開くことができる。文明とは、多様な花、繊細な植物によって豊かに、かつ美しくなっている庭園である。ローマ、ウィーン、ロンドンのような大征服帝国は、それを踏みにじり、死滅させてしまう。

これがナショナリズムの始まり、さらには人民主義の始まりである。ヘルダーは、多様性と自発性の価値を擁護する。それぞれの生き方、感じ方と表現の仕方をもった各国の人民がそれぞれ異った風変りな道を辿ることの価値を擁護する。そしてすべての物を同一の、時間を越えた基準、要するに支配的なフランス文化――自らの価値はすべての時に有効で、普遍的で不変であると主張するフランス文化の基準で測ることを非難する。一つの文化は、決して別の文化への一つのステップではない。ギリシャはローマへの控えの間ではない。シェイクスピアの戯曲は、ラシーヌとヴォルテールの悲劇の初歩的形態ではない。このような見方には、革命的な意味が含まれていた。もし個々の文化がそれ自身の世界像を持ち、それを表現する資格があるとすれば、そしてもしさまざまの社会と生活様式の目標と価値に共通分母がないとすれば、単一の原理などといったものはなく、すべての人と時と場所に適用できる普遍的真理もないということになるであろう。ある文明の価値は他の文明の価値と異り、おそらくはそれと両立しないであろう。もし自由な創造——歴史に鈍感な、価値の調停者を自任するエリートの邪魔や抑圧を受けずに、自らの生れながらの線に沿って自発的に発展することに最高の価値が与えられるべきであるとすれば、また、もし人間にもっとも愛着の深いもの、その言語、制度、習慣、生活形態、人間を人間たらしめている一切のものにたいして劃一性と破壊をもたらさざるを得ない権威、組織、集権化のために、本物であること、多様性を犠牲にしてはならないとすれば、普遍的に認められた合理的原理にもとづいて組織された一つの世界——理想社会——の樹立は容認しがたいということになるであろう。カントの道徳的自由の擁護、文化それぞれの独自性を主張するヘルダーの訴えは、カントが合理的原理をいかに強調し、ヘルダーが国民的な差異は衝突に至るとは限らないと信じていたにせよ、私のいう西欧の主要な伝統の三つの柱を揺がせたのである。人によっては、掘り崩したという人もいるであろう。

この伝統を破壊して、代りに何を支持したのであろうか。感情の支配ではなくて、意志の主張の支配であった。カントにおいては、普遍的に正しいことをするという意志であったが、ヘルダーの場合にはもっと深く切り込んだもの、自分自身の地域、地方の生活を生き、自分に固有の (eigentümlich) 価値を発展させ、自分自身の歌を唄い、自分自身の家で自分自身の法律で統治されたいという意志、すべての人のものであって、したがって誰のものでもない生活形態に同化されたくないという意志である。ヘーゲルがかつて言ったように、自由とは自分のところ《アト・ホーム》にいること (bey sich selbst seyn) である。自分自身のものでないもの、外的な障害の邪魔を受けず、各個人か各文明かを問わず自己実現ができることである。地上の天国、全人類にとっての黄金時代、万人が平和と同胞愛の中で生きる一つの生活等々の理念、つまりプラトンからH・G・ウェルズにいたるまでの思想家の描いたユートピア像は、これとは両立しない。このような一元論《モニズム》の否定はやがて、一方ではバークとメーザーの保守主義へ、他方ではロマン主義的な自己主張、ナショナリズム、英雄と指導者の崇拝、そして遂にはファッシズムと野蛮な非合理主義、少数者の抑圧へといたることになった。しかしそれは後の話である。一八世紀においては、多様性の擁護、普遍主義にたいする反対は、まだ文化的、文学的で、理想主義的、人間的であった。

V

フィヒテは、これをさらに先へ進める。フィヒテは、ヘルダーの影響はそれほど明らかではないが、ともかくカントとヘルダーの両方から発想を受け、フランス革命を賞讃するがテロルには幻滅し、ドイツの非運を恥ずかしく思いながら、理性と調和――この二つの言葉は、今ではもっと弱く把えにくい意味で用いられるようになっているが――を擁護して発言し、まさに真のロマン主義の父であった。とりわけ、穏かで整然とした思想よりも意志を讃美した点でそうであった。人が自分は何であるかを——他者あるいは外の世界にたいして自分自身が何であるかを——意識させられるのは、思想や思索によってではない。何故なら、人の思想は純粋であればあるほど、いわば客体になりきり、主体としては思想を意識しなくなるからである。自己意識は抵抗に出会うことから発生する。私が自分が何であるかを知らされ、私の目的、性質、本質ではないものと対立するものとして私の目的、性質、本質を意識させられるのは、私にとって外的であるものから私に加えられた衝撃、その衝撃に抵抗しようとする努力によっている。そして私は世界の中で一人ではなく、バークが教えたように無数の絆で他の人々と繋がれているから、私の文化、私の国民、私の言語、私の歴史的伝統、私の真の故郷が何であったか、また何であるかを私に理解させるのも、この衝撃である。私は、外の自然から私の必要とするものを切り出す。私の必要、気質、問題、願望という観点から外の自然を見る。「自然が提供するものを私が容認するのは、私がそうしなければならぬというからではない」と、フィヒテは言う。「私がそれを信じるのは、私がそう意志するからである。」

デカルトとロックは明らかに間違っている。精神は、自然が何でも好きなことを彫りつけられるような蠟引きの板ではない。それは客体ではなく、その倫理的要求に応じて自らの世界を形成していく不断の活動なのである。現実の世界についての意識を発生させるのは、活動の必要である。「行動することを求められるが故にわれわれは知る。その逆ではない。」何であるべきかについての私の観念が変化すれば、私の世界が変化するであろう。(これはフィヒテの言ったことではないが）詩人の世界は銀行家の世界とは違っており、富者の世界は貧者の世界ではなく、ファッシストの世界は自由主義者の世界ではない。ドイツ語で考え話す人々の世界は、フランス人の世界ではない。フィヒテはさらに先へ進む。価値、原理、道徳、政治的目標は客観的に与えられるものではない。自然や超越的な神からその担い手に押しつけられるものではない。「私は、私の目的によって規定されていない。目的を規定するのは私である。」食物が餓えを作り出すのではなく、私の餓えがそれを食物にする。これは新しい、革命的なことであった。

　フィヒテの自我の概念は、全体としてあまり明確でない。それは経験的な自我ではあり得ない。経験的自我ならば、物的世界の因果の必然に従うことになるからである。それは時間と空間の外にある永遠の神のような魂《スピリット》であり、経験的自我はそれが一時的に流出したものなのである。フィヒテは別の機会には、超人間的《スーパーパーソナル》な自我としての自我について語っているようにも見える。それは集団――文化、国民、教会など――であり、私はむしろその一要素でしかない。これは、人間を他のものに擬していく政治的擬人主義の始まりであった。国家、国民、進歩、歴史等が超感覚的な主体に転換され、私が私自身、私の意味を理解し、最善の場合に私がなり得るもの、なるべきものに私がなろうとするならば、私はその主体の無制約の意志に私の有限の願望を一体化させねばならない。私は、最善の場合の私のなり得るもの、またなるべきものを、行動を通じてはじめて理解できる。「人は何かであるべきであり、何かをなすべきである」、「われわれは生活のこだま、その付属物ではなく、生活を加速していく源でなければならない。」人間の本質は自由である。理性や調和、合理的に組織された社会にあって一人の目的をもう一人の人の目的と和解させることについて語ることはたやすいが、しかし自由は崇高で、かつ危険なものである。「自然ではなくて自由そのものが、わが種族の最大かつ最悪の無秩序を生み出す。……人は、人間のもっとも残酷な敵である。」自由は両刃の武器である。野蛮人が互いに喰い合うのは、彼らが自由だからである。文明国の国民は自由、平和のうちに生きる自由を有しているが、同時に互いに戦い、戦争をする自由も持っている。「文化は暴力を抑止するのではなく、暴力の道具である。」彼は平和を擁護するが、暴力の可能性を孕んだ自由と、自然力への屈服による平和のいずれを選ぶかということになれば、彼ははっきりと自由を選ぶ――そしてむしろ、選ぶのは避けられないことが人間たるものの本質だと考えている。創造は人間の本質であり、したがって労働の尊厳という彼の理論が生れる。その創始者は事実上フィヒテであった。労働とは、私の内なる自我を表現するための手段であり、まさにこの必要から成立する素材の上に私の創造的人格を刻印することである。国民と文化のための自然の征服と自由の獲得は、意志の自己表現である。「崇高なる生ける意志！　それはいかなる名によっても命名されない、いかなる思想によっても囲い込めない！」

フィヒテの意志は力動的な理性、行動する理性である。しかし、イエーナやベルリンの講義室の聴講者の想像力に感銘を与えたのは、理性ではなくて、力動性、自己主張であったようである。人間の聖なる使命は、自らの不屈の意志によって自分自身と自分の世界を転換させることである。ここには新奇で大胆なところがあった。目的は、二〇〇〇年以上もの間そう考えられてきたように、客観的価値ではない——人間そのものの中に発見できると考えるか、何か特殊な能力によって超越的な世界の中で発見できるかはともかく。目的はそもそも発見されるものではなく、作られるものである。見つかるものではなく創造されるものなのである。後に、一九世紀のあるロシアの作家がこう尋ねた。「私がダンスする以前に、どこにダンスがあったのか。」私が画く前に、どこに絵があるのか。たしかにどこに？　ジョシュア・レノルズ〔一七二七—九二、イギリスの画家〕は、それは永遠のプラトン的形式のどこか超感覚の天空の中にあると考えた。霊感の湧いた芸術家はそれを見つけ出し、彼の働く手段——画布や大理石やブロンズなど——の中にできる限り上手にそれを体現しなければならぬというのである。しかし先のロシア人の問いが暗に意味していたのは、芸術作品が創造される前にはそれはどこにもなかった、創造は無からの創造だということであった。純粋創造の美学であり、フィヒテはそれをこともあろうに倫理の領域に適用する。人間は、たんに事前に存在していたさまざまな要素を合成するだけではない。想像は記憶ではない。それは神が世界を発生させたように、文字通り発生させる。客観的な法則などはない。われわれの作るものがあるだけである。

芸術は、自然にさし出した鏡のようなもの、喜びを与えることを意図した調和や遠近などの法則に従って、対象を作っていくことではない。ヘルダーが教えているように、それはコミュニケーション、個人の魂にとっての自己表現の手段である。問題なのはこの行為の質、それが本物であるかどうかという点である。創造者としての私には私のすることの経験的な結果を左右することはできないから、結果は私の一部ではなく、私の真の世界の一部を構成していない。私に左右できるのは私自身の動機、私の目標、人と物にたいする私の態度だけである。もし誰かが私に害を加えれば、私は肉体的苦痛を感じることになるかもしれない。しかし、もしその誰かを尊敬していなければ、悲しみを味わうことはないであろう。そして精神的苦痛は私の統制下にある。「人間は二つの世界の住人である。」一つの世界、肉体の世界は私は無視できる。もう一つの世界、精神の世界は私の支配下にある。それが、世俗的な失敗は重要でない理由である。世俗的な善——富、安全、成功、名声——は、重要なもの、つまり自由な人間としての私自身にたいする私の尊敬、私の道徳原理、私の芸術的ないし人間的な目標と比べれば取るに足りない。前者のために後者を断念するのは、私の名声と独立、私の真の生活を何かその外にあるもの、経験‐因果律の足踏み車の一部のために危うくすることであり、それは私が真理であると知っているものを偽り、私自身を悪用し、売りに出すことである。それは、フィヒテと彼の支持者にとっては窮極の罪悪であった。

ここからは、バイロンの憂鬱な主人公たちの世界までさして大きな距離はない。彼ら悪魔的な被追放者、誇り高く不屈で、しかも邪悪な人々——マンフレッド、ベッポー、コンラッド、ララ、カイン——は、社会に挑戦し、苦悩し破滅する。世間の基準で見れば、彼らは犯罪者、人類の敵、呪われた魂に数えられるかもしれない。しかし彼らは自由である。彼らは、名門リモン家にあっても膝を屈しなかった。苦悶と憎悪という大きな代価を払いながらも、一貫性を保った。ヨーロッパを席捲したバイロン主義は、半世紀前のゲーテのヴェルテル崇拝と同じく、貪欲と腐敗と愚昧に陥った卑しい、金のままになっている偽善的環境にあって、現実のものか想像上のものかはともかく窒息状態におかれていることにたいする一つの抗議の形態であった。本物であることがすべてであった。「人生の大目的は感動だ」とバイロンがかつて言った、「つまり、われわれが存在していることを感じることだ――たとえ苦痛の中にあっても。」彼の主人公たちは、フィヒテが自分自身をドラマ化したような、孤独な思想家であった。「彼の内には、一切のものにたいする強い軽蔑があった。彼はこの息づいている世界で、他人として立っていた。」束縛し拘束する一切のもの、われわれは大きな機械の一部でそこからは離れられないと思い込ませる一切のもの――われわれがこの牢獄から出られると思うのは幻想にすぎぬというのである――そのようなものにたいする攻撃が、ロマン主義の反乱の共通の基調である。詩人ブレイクが「籠の中のコマドリが／天国全体を怒らせる」と言う時には、その籠はニュートン力学の体系である。ロックとニュートンは悪魔である。「理性を働かせる」ことは「秘やかな殺人」であり、「芸術は生命の樹……科学は死の樹」である。一世代前のハーマンは「知識の樹が……われわれから生命の樹を奪い去った」と言ったが、これをバイロンは文字通りに繰り返している。自由は規則を破ること、おそらくは犯罪を犯すことでもある。このような基調は、先にディドロが奏でた(おそらくはミルトンの悪魔の観念の中で、シェークスピアの『トロイラスとクレシダ』でも)。ディドロは人間を、内なる存在、つまり自然人が外なる存在、文明と慣習の産物の中から脱け出ようとしてもがいている不断の内乱の舞台として把握した。ディドロは犯罪者と天才、孤独な人と野蛮人を互いに似ていると考えた。ともに慣習に挑んでそれを破り、恐ろしい危険を冒す。優美にまた心地よく機知を振りまくが、飼いならされて聖なる火を失った文化人(hommes d'esprit)とは違うのである。「行動――快楽ではなく行動が世界の魂である。……行動がなければ、一切の感情と知識も延期された死に他ならぬ。」さらに言う。「神が空白の上にたたずんだ。そして世界が生れた。」「その場をあけよ！ 破壊せよ！ 何かが生れるであろう！ おお、神のようなこの感情！」これはレンツ(一七五一―九二、詩人・劇作家)、バイロンより半世紀前の疾風怒濤のまさに本物の代表者であったレンツの声である。問題なのは創造の衝動の激しさ、その衝動を生み出す性質の深さ、信念の誠実さ、原理のために生きかつ死ぬ覚悟である。それが信念や原理そのものの有効性よりも重要なのである。

ヴォルテールとカーライルは、ともにムハンマドについて書いた。ヴォルテールの戯曲は、ひたすら蒙昧と不寛容と宗教的熱狂にたいする攻撃であった。彼がムハンマドのことを見境いもなく破壊する野蛮人と言う時には、誰もが知っていたように彼はローマ教会のことを意味していた。彼にとってそれは、正義、幸福、自由、理性――常に万人のもっとも深い要求を満す普遍的な目標――にとっての最大の障害であった。それから一世紀後、カーライルが同じ題材を扱う時には、ムハンマドの人格、彼を作り上げている資質にだけ関心を持ち、その教義やその帰結については何の関心もなかった。彼はムハンマドを、「深く大きな、真の誠実さ」に取りつかれた「自然そのものの偉大な胸から打ち上げられた火のような生命の固まり」と呼ぶ。「心！ 温かさ！ 血！ 人間性！ 生命！」これはヘルダーの言葉である。一八世紀の最後の三分の一には、ドイツ人たちがヴォルテールと、フランスにおける「二流」の浅薄なたわ言にたいする攻撃を開始した。半世紀後、合理的幸福という目標、特にベンサム流のものは、ヨーロッパ大陸の新しいロマン主義世代から軽蔑をこめて拒否されている。彼ら新世代には、快楽とは「舌の上の生ぬるい湯」でしかない。引用句はヘルダーリンの言葉であるが、ミュッセやレールモントフも同じようにその言葉を吐いたことであろう。ゲーテ、ワーズワース、コールリッジ、さらにはさしものシラーも、それぞれに既存の秩序と講和を結んだ。そしてやがてはシェリングとティーク〔一七七六―一八五一、ロマン派の作家〕、フリードリッヒ・シュレーゲルとアルニム〔一七八一―一八三一、作家〕、その他大勢の急進派も講和した。しかしこれらの人々は、初期には自由、創造的自己表現への意志の力を讃美し、それに続く時代の歴史と世界観に運命的な影響を及ぼしたのである。これらの思想の一つに、新しい芸術家像があった。芸術家はその天分だけでなく、自らの内の聖なる映像のために生きかつ死ぬという英雄的な覚悟があるという点で、他の人々よりも高い所におかれた。いかなる犠牲を払っても自由を求めて戦う国民、階級、少数集団という概念に活気を与え、それを転換させていったのも同じ思想であった。それは指導者崇拝というもっと不吉な形態をとった。指導者は、いわば芸術作品としての社会秩序を創造する。作曲家が音を型にはめ、画家が色を型にはめるように、人々――自分の意志の力では立ち上れないような弱い人々を型にはめる。例外的存在、カーライルとフィヒテが讃辞を送った英雄と天才は、他の人々を自分たちだけの努力では到達できないような水準にまで引き上げてやる――たとえそれが、多数の人々の苦しみや死という代価を払ってはじめて実現できるとしても。

二〇〇〇年以上にもわたってヨーロッパには、不変の現実の構造があるという見方が支配していた。そして偉人とは、それぞれの理論か実践でそれを正しく理解した人のことであった。真理を知っていた賢者か、支配者や征服者のような、自分の目標をどうすれば達成できるかを知っていた行動の人であった。ある意味では、偉大さの基準は成功であり、成功は正しい答を出せることにもとづいていた。しかし私が語っている時代においては、英雄はもはや発見者、競争の勝者ではなく創造者である。そしてもし彼が自分の内なる炎で身を滅ぼすことにでもなれば、むしろそれだけに一層、聖者と殉教者——犠牲の生涯の世俗化された姿を帯びることになるであろう。精神の生活においては客観的な原理や価値はない。原理や価値を作るのは、人の、あるいは一国民の世界とその規範を形成する人の意志の固さだからである。行動が思想を決定するのであって、その逆ではない。「知るとは、受動的に記録することではなく、体系を押しつけることである」と、フィヒテは言った。そして、「法は事実から引き出されるのではなく、われわれ自身の自我から引き出される。」人は、意志の命ずるがままに現実を範疇化する。もし経験的事実が手に負えなければ、それを本来あるべき所、原因・結果の機械的足踏み車の中に置かねばならない。因果律は、精神の生活——道徳、宗教、芸術、哲学、手段ではなくて目的の世界——とは無縁なのである。

このような思想家たちにとっては、通常の生活、現実という観念、特に自然科学と実用技術による人為的構築物——経済的、政治的、社会学的なもの——は、常識と呼ばれるものと同じく根拠のない功利主義のデッチ上げたものであった。後にジョルジュ・ソレルが「小さな科学(la petite science)」と呼んだもの、技術者と通常人が自分たちの便利のために発明したものであって、現実そのものではなかった。フリードリッヒ・シュレーゲルとノヴァーリスにとって、ヴァッケンローダー〔一七七三―九八、ドイツの文学者〕とティークとシャミッソー〔一七八一―一八三八、詩人・自然科学者〕、とりわけE・T・A・ホフマン〔一七七六―一八二二、詩人・小説家・作曲家〕にとって、日常生活のきちんとした規則性は真の現実の恐ろしい情景を隠すためのカーテンにすぎない。真の現実には構造はない。それは荒々しい渦巻き、創造的精神の不断のつむじ風(tourbillon)であって、いかなる体系にも取り抑えられるものではない。生活と運動は動かない無生命の概念で表現できるものではなく、無限で無制約のものが有限で固定されたもので表現できるものでもない。完成した芸術作品、体系的な学術論文は、生命の流動しつつある流れを凍結させようとする試みである。むしろ断片、近似、一瞬の間にちらりと見えたものだけが、現実の不断の運動をようやく伝えることができる。疾風怒濤の予言者ハーマンは、実際的な人は夢遊病者だと言った。彼は盲目であるが故に、しっかりと立ち、成功できたのだ。目が見えたなら、彼は発狂するであろう。自然は「野性のダンス」であり、人生の不正規兵たち――ならず者、乞食、浮浪者、夢想家、病人、異常者――の方が、フランスの哲学者、役人、科学者、分別のある人、啓蒙官僚制の柱石たる人々よりもはるかに自然に近いからである。「知識の樹は、われわれから生命の樹を奪い去った。」初期ドイツ・ロマン主義の戯曲と小説の発想の源は、現実概念を暴露すること――冷静な観察者が記述、分類、解剖、予言した現実の安定した知的な構造を、見せかけ、妄想、真実を直視するだけの感受性と勇気のない人々をブルジョワ生活の偽りの秩序の下にある恐ろしい混沌から守るために作られた外見を蔽いかくすだけのカーテンにすぎぬとして暴露しようとすることであった。「宇宙の皮肉が、われわれ皆をもて遊んでいる。身の回りに見えるものは、きらめく色と模様のカーペットのようだ……カーペットの向うは、夢と譫妄の世界である。誰もカーペットを揚げたり、カーテンの向うをのぞこうとしない。」

この文章を書いたティークは、不条理の小説と劇場(the Novel and the Theatre of the Absurd)の創始者であった。『ウィリアム・ローヴェル』では、すべてのものが反対のものに変ってしまう。人が人でないものに変り、生きているものが死せるものに、有機的なものが機械的なものに、現実のものが人為のものに変る。人々は自由を求め、逆にもっとも暗黒の奴隷に転落する。ティークの戯曲には、架空のものと現実のものをわざと混同させようとする試みがある。劇中の人物(あるいは劇中劇の人物)が劇を批評し、筋書と舞台装置に文句をつける。観客の中の誰かがそれをやめさせ、劇全体のもとになっている幻想を持続させるよう要求する。すると劇中の人物が舞台からきびしく返答して、本物の観客に訳の判らぬ思いをさせる。時には音楽の基調と力動的なテムポがお互いに対話しはじめる。『ツェルビーノ王子』では、王子が自分の旅が終りつつあるのにやけになって、芝居がもとに戻るよう命令する。事件が逆の順序で上演され——つまり事件《アンハプン》が起らず、意志が自由に、好きなことを命ずるのである。アルニムの戯曲の一つでは、ある老貴族が自分の足が長くなっていくのに不平を言う。これは退屈の結果であり、老人の内面状態が外在化されているのである。その上、彼の退屈そのものが古いドイツの断末魔の苦痛の象徴である。現代のある炯眼のロシア人批評家が言ったように、それは一世紀後、ワイマール時代に勝利するよりはるか以前の爛熟した表現主義であった。

外見の世界にたいする攻撃は、時としてシュールレアリスムの形式をとる。アルニムの小説の一つでは、主人公は自分が美しい貴婦人の夢の中にさまよい込んでいるのに気付く。彼女が椅子に腰かけるようにすすめる。主人公は自分の夢でない夢から脱出したいと思うが、その椅子にいつまでも誰も坐らないのを見て、大いに安心する。ホフマンは、この客観世界、客観性という観念そのものにたいする闘争を外側のぎりぎりまで推し進める。真鍮のドア・ノッカーに変った老婦人たち、ブランディ・グラスの中に入っていった国家評議員たちが、消えてアルコールの蒸気となり、地球の上を漂い、やがて再凝固して、もとの安楽椅子や部屋着に帰っていく。これは、意志を統制できなくなり、現実の世界が幻想の世界となって、常軌を外れてしまった想像力から生れたもので、たんなる空想力の高まりといったものではない。その後には、次に来るものへの道がはっきりと開かれる。ショーペンハウアーの世界への道が開かれるが、そこでは世界は、盲目で無目的の宇宙的な意志のままにあっちこっちに投げやられる。ドストエフスキーの地下生活者、カフカの明晰な悪夢、ニーチェの呼び出した意志強き人と(Kraftmenschen)への道も開かれている。もともとプラトンの対話——トランマクスあるいはカリクレス——では、自らの権力意志の妨げになるものなら法律や慣習をクモの巣でも払うように破ってよいと考える人々は、非難されていたものであった。またボードレールの「酔え、休みなく」への道も開かれる。「薬や苦痛、夢や悲しみ、ともかく何で酔うにせよ、意志を酔わせよ。」しかし、意志にはその鎖を断たせよ。

ホフマンもティークも、パスカルやキェルケゴールやネルヴァルと同じく、科学の真理を否定しようとはしなかった。それぞれ自分のレヴェル——つまり、医学や技術や商業などの限られた目的のために必要な範疇としては——常識の真理性さえも否定しなかった。それは重要な世界ではないからである。彼らは真の現実をそれとは無関係な、物事の表面とは違ったものとして把握した。それは、内にも外にも境界も障壁もなく、芸術、宗教、形而上学的洞察、人的関係にかかわる一切のものによって形成され表現されている世界であった。意志が最高の地位を占める世界、絶対的価値が和解不能な対立関係の中で衝突する世界、魂の「夜《ノクターナル》の世界」であり、一切の想像力による経験、一切の詩、一切の理解、一切の人間の生きる糧の源なのであった。科学的精神を持った合理主義者がこのレヴェルの経験は自分の概念と範疇で説明できるし、また統制できると主張し、対立や悲劇は事実についての無知、方法の不充分さ、支配者の無能ないし悪意、被支配者が暗黒未開の状態にあるためにだけ生じるのであって、したがって原則として、そのようなことはすべて是正できるし、調和し合理的に組織された社会を樹立できるし、社会の暗い側面は古くてほとんど忘れてしまったくだらぬ悪夢のように消えていくだろうと言い放つ時、まさにその時に詩人と神秘家、そして人間の経験の個性的で組織化や翻訳の不可能な側面に敏感な人々のすべてが反抗をはじめることになるであろう。このような人々は、彼らから見て啓蒙時代の理性の人々(raisonneurs)とその後継者の頭にくる独断論と人当りのよい良識(bon sens)と思えるものに反撥するのである。ヘーゲルとマルクスはともに、人間の生活と思想の緊張、逆説、対立を危機とその解決の連続する新しい綜合の中に——歴史の弁証法ないし理性の狡智(ないしは生産過程の狡智)が理性の窮極の勝利と人間の可能性の実現にむけて進んでいく——統合しようとして華々しい英雄的な努力をしたが、それでも彼ら怒れる批判者たちが注入した疑惑の念は決して静められなかった。

私は、少くともイデオロギーの領域では、このような疑惑は現実に支配的になりはしなかったと思っている。われわれの最初の祖先は幸福で無邪気であった——ローマ神話のサートゥルヌスの治世のように——という信念は大いに弱まったとしても、将来の黄金時代の可能性にたいする信頼はそのまま無傷で残っており、むしろ西欧世界をこえて遠く彼方にまで拡った。自由主義者と社会主義者の双方が、また暴力的手段によるか漸進的手段によるかはともかく基本的な社会的転換を実現する合理的、科学的方法を信頼している多くの人々が、過去一〇〇年、ますます強くこのような楽観的信念を抱いてきた。最後の障害——無知と非合理、疎外と搾取、そのようなものの個人的、社会的根源——が排除されたならば、真の人間の歴史、つまり調和のある普遍的な協力が遂に始まるであろうという確信——それは、人間の明白かつ永遠に必要なものを世俗的形式で表明したものである。しかし、人間のすべての窮極の目的が必ずしも両立しないというのが事実であるならば、そこには最高の原理がないのだから、選択を避けることはできないであろう。その選択のいくつかは、選択の主体にとっても他の人々にとっても、苦痛をもたらすかもしれない。積極的活動の多様性をあまり抑えてはならないとすれば、また対等な立場にある人間の目標をあまり多く不満足の状態に終らせてはならないとすれば、ここから次のような結論にいたるであろう。最低のところ道徳的に耐えがたいような選択は避け、最高の目標としては共同目的を追求するための積極的な連帯を促進していくような社会構造を創出すること、それが人間が実現を期待できる最善のことであるという結論に。

しかし、せいぜいよりよい世界しか希望しないとしても、そこではさまざまな要素が不安定な均衡状態にあって不断の注意と補修を必要としている。そこではかなりの技能と実際的な知性が要求されており、それは大胆で普遍的な、いわば一撃ですべてが解決するような万能薬に憧れている大抵の人々にとって、あまり元気を奮いたたせるような道ではない。人間は何か幸福な結末を保証するもの——天の配慮、自分の目標実現に向って進んでいく精神、匿れた手、理性や歴史の狡智、生産的で創造的な社会階級の狡智——がなければ、あまりにも多くの現実や開かれた未来に直面できないのかもしれない。このことは、最近もっとも強力になったいくつかの社会‐政治理論が立証しているようである。しかし、体系を構築する人々——歴史の荒筋を書く筆者——にたいするロマン主義の攻撃は、全体として効果がなかったというのではない。政治理論家が何を教えてきたにせよ、時代の意識的、無意識的な道徳観を表明している想像力豊かな一九世紀文学、そして二〇世紀文学もまた、(ドストエフスキーやウォルト・ホイットマンが黙示録的になった瞬間を別とすれば)奇妙なまでにユートピア的な夢想に影響を受けなかった。トルストイ、ツルゲーネフ、バルザックやフローベル、ボードレールやカルドゥッチ等には、最終的な完全という観念はない。おそらくマンゾーニは、キリスト教‐自由主義的な楽観的終末論の残光の中にまだ生きている最後の有力作家なのであろう。ドイツのロマン派と直接、間接にその影響を受けた人々、ショーペンハウアー、ニーチェ、ワグナー、イプセン、ジョイス、カフカ、ベケット、それに実存主義者たちは、それぞれどのような夢想を生み出したにせよ、理想世界という神話には執着していない。まったく別の立場に立つフロイトにしてもそうである。彼らすべてがマルクス主義的な批判者から退廃した反動として切り捨てられたのも、さして不思議ではなかった。たしかにそのいく人か、かなりの才能と感受性をもった人々は、退廃した反動と呼ばれて当然であった。その他の人々は、その正反対、つまり人間的で寛大であり、生活を充実させ、新しいとびらを押し開けていく人々であったし、現在もそうなのである。

ロマン主義者は、人間の目的が多数あり、しばしば予見不可能で、その内のいくつかは互いに矛盾していることを明らかにした。そのことによって、次のような命題——外見に反してジグソウ・パズルの明確な解決は少くとも原理的には可能であり、理性に奉仕する権力はそれを実現できるし、合理的組織は個人の自由と社会的平等、自発的な自己表現と組織化され社会的に指導された能率、完全な知識と完全な幸福、個人の生活の要求と党、階級、国民、公共の利益などの要求といった価値と対抗価値の間の完全な統一をもたらすことができるという命題に、致命的な一撃を加えた。このことを認めたとしても、ロマン主義の非合理主義の行き過ぎを賞讃したとか、それを許したとかいうことにはならないであろう。完全に人間的と認められているさまざまな目的が、それぞれに窮極の価値でありながら、しかも同時に互いに両立し得ないとすれば、その時には黄金時代という理念、人間生活のすべての中心問題にたいするすべての正しい回答を綜合した完全な社会という理念は、原理的に一貫していないことが証明されるであろう。これがロマン主義の貢献である。特に道徳は意志によって形成され、目的は作られるのであって発見されるのではないというロマン主義の核心を成す理論が、人類に与えた貢献である。この運動は途方もない偽り――生活は芸術作品であり、あるいは芸術作品にすることができるし、美学のモデルは政治に応用できるし、政治指導者はその最高の瞬間にあっては崇高な芸術家で、彼の創造的なデザインにしたがって人間を形成していくといった偽りを唱えた。またその偽りは、理論においては危険なナンセンス、実践においては野蛮な残虐行為をもたらした。それについては非難されて当然であった。しかし、ロマン主義の功績として次のことを挙げることもできよう。それは、行為の問題については普遍的、客観的真理への信頼感を永遠に揺がした。対立、不正、抑圧がまったくない完全な調和の社会が生れてくる可能性にたいする信頼感もまた、永遠に揺がされることになった。それは偉大な目標であり、もし人間がコルドルセの夢みた「解けることのない鎖」でつながれた真理と幸福と美徳の王国を創出できるものならば、いかなる犠牲も大きすぎるということはないであろう。それは偉大な理想であり、おそらくは人類史上の他のいかなる主義主張のためよりもこの理想のために、現代ではより多くの人々が自分自身と他の人々を生けにえに捧げたのである。

曲げられた小枝
――ナショナリズムの勃興について――

I

一九世紀には歴史研究が稔り豊かな発展を遂げ、人間の起源、成長と発展と時間の重要性についての人々の見方を転換させた。新しい歴史意識の出現の原因は数も多く、また多岐にわたっていた。もっともよく挙げられるのは、ルネサンス以降の自然科学の比類ない進歩によって、新しい技術、特に大規模工業の成長が社会に与えた衝撃によって、西欧における人間の生活と思想が急速かつ深甚の転換を遂げたことである。キリスト教世界の一体性が解体し、新しい国家、階級、社会的・政治的構成体が登場し、人々は起源や系譜、現実の過去か想像上の過去かはともかく、過去とのつながりを求めるようになった。これらすべては、もっとも大きな転換を引き起した事件、つまりフランス大革命の中で絶頂に達した。革命は、人々の暮しのもっとも深く根を下した前提条件、観念のいくつかを粉砕し、少くとも深奥から変革していった。それが人々に変化を鋭く意識させるようになり、変化を支配する法則にたいする関心をかきたてたのである。

以上は当然のことであって、繰り返す必要もない。その当然の論理的帰結、つまり過去の社会的変化を説明できると主張する理論は過去だけに局限しておけない、そして有効な理論である以上は未来についても同じようにうまく適用できる筈だという説も、同じように通説になっている。予言は、これまで宗教の世界、神秘主義者と占星術者の領分に属することであったのが、聖書の終末論諸書——ダニエル書やヨハネ黙示録の四匹の大野獣など——やその他のオカルトの領域から脱け出し、歴史哲学者と社会学の創始者たちの領分となった。歴史の変化という世界にたいして、外的世界の秘密を驚くべきやり方で解いたのと同じ性質の強力な新兵器で対処できると考えるのは、合理的な想定のように思われた。

そしてそれは、まったくのはかない望みという訳でもなかったのである。一八世紀後期と一九世紀の歴史の予言者たちの中のいく人かは、彼らの中の夢想家でさえもが、かつての神学的予言者たちと比べてもっとしっかりと現実を把握していたことが証明された。啓蒙思想家のいく人かは楽観論者であり、またいく人かはそれほど希望に満ちてはいなかった。ヴォルテールとルソーは、それぞれ待望していた非常に異る世界像についてはともに明確であったが、人間の愚かさと悪徳のためにそれが実現できるかどうかについては重苦しい疑いを抱いていた。メルキオール・グリムは、人間の本性を改善するには数世紀を要するだろうと考えていた。テュルゴーとコンドルセはもっとも楽観的であった。コンドルセは数学的方法——特に社会統計学——を社会政策に応用すれば、「解けることのない鎖」で結び合された真理と幸福と美徳との王国に進むことになるであろう、そしてこれまで国王や聖職者やその哀れな手先たちが長期にわたって人類を隷属させてきた残酷、不幸、抑圧の王国を永遠に終らせるだろうと、確信していた。

これらの人々が信じていたのは、馬鹿げたことではなかった。新しい科学的方法は、新しい社会を組織し合理化する方法を知っている人々の手中に強大な新しい力を握らせた。コンドルセが監獄の独房の暗闇の中で頭に描いた明るい新世界は、まさに「詭弁家たち(コンドルセの合理的人間たちのことである――原注)、経済学者たち、打算家たち」の世界のことであった。バークもまたその世界の到来をはっきりと感じており、わずか三年前には著書でそのことを嘆いていた。この大きな突然変異は、たとえその結果がコンドルセの夢見ていたものとは非常に違ったものであったとしても、やがて到来した。コンドルセの弟子のサン・シモンもまた、一九世紀の初頭に応用科学と金融と産業組織の統一体が革命的役割を演じるようになることを正確に予言し、宗教の宣伝に代って世俗の宣伝が登場することをもっと的確に予言した。この世俗の宣伝には、芸術家や詩人がかつて教会の栄光を称えるために働いたのと同じように動員されていくであろうというのである。また彼は、社会的な人間の力、特に自然にたいする力がいまや実現過程にあるという趣旨の、叙情的でしかも的確な予言をこめたいくつかの章を書いた。彼の秘書で協力者であったオーギュスト・コントは、それを実現するには一種の世俗的宗教、合理的ではあるが自由でも民主的でもない理想を目指した権威主義的な教会が必要になるだろうと見ていた。

事態の進行は彼が正しかったことを証明した。今世紀には、さまざまな政治・社会運動が一枚岩の団体に転換し、その支持者にたいしては全体的な規律が課せられた。その規律を施行していくのは精神的にも世俗的にも絶対的な権威を誇る世俗の聖職者集団である。その絶対的権威は、人と物についての独特の科学的知識の名において主張される。しかもそれまで、もっとも熱狂的な体系創出者《システマタイザー》でも想像しなかったような厖大な規模で、この転換が生じたのである。このような成行きは、やがて科学フィクション小説の先駆者ジュール・ヴェルヌとH・G・ウェルズが繰返し語ることになった。ジュール・ヴェルヌは、技術上の発明発見を美事に予言するだけであったが、ウェルズは啓蒙の道徳の最後の説教師であった。彼は、甚だしい無知と迷信、それを体現している経済的、政治的、人種的、性的等々の馬鹿げた抑圧的規則は科学的計画立案者という新しいエリートによって打ち破られるという信念を説いた。このような態度は、カーライルやディズレーリやラスキン等のヴィクトリア時代のロマン主義者には非常に俗悪で、人間味のないものに思われた。それはジョン・スチュアート・ミルのような合理的思想家にさえも警戒心を感じさせた。ミルは一方で科学的方法を信じたいと思いながら、他方でコントの権威主義体制を個人の自由と民主的統治の両方にたいする脅威と感じ、彼自身としては解決のしようのない価値の対立に陥ったのである。

「人にたいする統治に代って、物にたいする管理が現れるであろう」、このサン・シモン派の公式はコントとマルクスにも共通であった。マルクスは、それは一切の社会的変化の真の原動力、社会の生産諸力によってもたらされると確信していた。社会の生産関係は社会関係の外的形態――「上部構造」――を規定する一次的な要因であるが、上部構造によって偽装されているのが普通である。上部構造は法的、社会的制度だけでなく人間の頭の中の理念、つまりイデオロギーまでも含んでいる。イデオロギーは意識的にか無意識的にか、現状を擁護するという課題を果す。つまり支配階級の権力を、支配体制の犠牲者に体現されている歴史的諸力に抗して擁護するという役割を果すのである。マルクスがいかなる過ちをおかしていたにせよ、彼が独自の予測能力を示して見せたことは、今日誰もが否定できない。彼は社会の中に働いている中心的な傾向——資本主義的企業の集中と集権化——、当時まだ萌芽状態であった企業がやがて大企業となりますます巨大化していくという仮借ない傾向、そしてその結果として社会的、政治的対立が尖鋭化していくことを明らかにした。彼はまた、このような対立のもっとも野蛮な表徴とその社会的、知的結果を蔽いかくす保守的、自由主義的、愛国的、人道的、宗教的、倫理的等々の偽装を剝ぎとることに取りかかった。

このような人々は、真に予言的な思想家であった。しかし他の思想家もいた。体系的でなく無定見なバクーニンは、財産を持たない人々の革命がいかなる事情のもとで起ってくるかを彼の最大の論敵マルクスよりも正確に予言した。彼は、革命は経済的進歩の上昇カーヴに乗っているもっとも工業化された社会ではなく、まったく逆に、人々の大多数がぎりぎりの生活水準にあって動乱によって失うものはまったく持っていないようなところで起ると判断した。つまり、絶望的な貧困状態にある原始的な農民たちが住んでいる世界のもっとも後進的地域で、資本主義がきわめて弱いところ——スペインとロシアで起ると考えたのである。後にパルヴス(ヘルファンド)とトロツキーのようなマルクス主義者はこの理論を再定式化して提出してくるが、そのもとは無政府主義者バクーニンの発想にあったことは決して認めなかった。

このような人々は楽観論者であった。しかし一八三〇年代の初めには最初の悲観論者が現れる。詩人ハイネは一八三二年に、フランス人にむかって、次のように警告している。ある日のこと、隣人のドイツ人たちが絶対主義的形而上学、歴史の記憶と怨恨、熱狂主義と野蛮な力と怒りを混ぜ合せた恐るべき力に駆られてフランス人に襲いかかり、西欧文明の偉大なる記念碑を打ち倒していくだろうと、いうのである。「執念深いカント主義者たちは……過去の根を断ち切ろうと斧と刀を揮ってわれわれのヨーロッパ的生活の土壌を根こそぎ覆し……武装したフィヒテ主義者が登場してくる。」彼らは恐れによっても欲によっても抑えることができない。まるで「肉体的な拷問によっても、肉体的な快楽によっても落せなかった原始キリスト教徒」そっくりなのである。中でももっとも恐るべきは、シェリングの弟子の自然哲学者たちであろう。彼らは自分たちだけの強迫観念的な思想で壁を作って立てこもり、まったく近寄りがたいが、「古代ドイツの汎神論という悪魔的な力」という原初の力が自分と一体化していると考えている。これら形而上学に酔った野蛮人たちが動き始めたら、フランス人は用心しなければならぬ。フランス革命でさえも、穏かな牧歌と思えてくるであろうと、いうのであった。

しかしこのフランス人にたいするドイツ人の復讐にしても、現実には作曲家ワグナーがもっとも不吉な気分の時に頭に描いたのよりもはるかに恐ろしい形でやってきたのではなかったか。ハイネから数十年後、ヤコブ・ブルクハルトは軍産複合体が必然的に出現し、西欧の退廃した国々を支配するであろう、ともかくその可能性があると予言している。それを追ってマックス・ウェーバーの憂慮があり、ザミャーチン、オルダス・ハックスレー、オーウェルのブラック・ユートピアのすべてがあり、今日の血も凍るような予言者カサンドラ、半ば諷刺家、半ば予言者たちの長い列が続いている。いくつかの予言は純然たる予言であったが、マルクス主義者の予言やハイネを脅かしたフランス嫌いの異端者たちの予言のような別の予言は、ある程度まで自己実現的〔予言したことによって予言の実現を進めていくような予言〕であった。

以上は、西欧社会の動きつつある方向についての真に成功した分析と予測の実例である。それと並んで、忘れられても当然のユートピアのすべて——プラトンからフーリエ、カベー、ベラミー、ヘルツカにいたる——が、社会主義理論史のもっと厖大な文献の中に香油を塗って祭られている。他方、自由主義的でテクノクラティック、ないし新《ネオ》中世的な夢想があった。それは、前資本主義的、前工業社会的な共同体《ゲマインシャフト》への回帰に頼るか、そうでなければテクノクラットの組織するサン・シモン的な管理の単一世界の建設にもとづいていた。しかし、これら自由な夢想を混えながら綿密に築かれ、統計にも支えられた未来学と並んで、一九世紀の大半を支配した一つの運動が生れた。それが将来重要になるとは誰も予言していなかったが、今日それは万人周知のものとなり、国家の内部でも国家間の関係においても非常に重要になり、それが何の役割も果さなかった世界を頭に描くにはいくらか想像力を駆使しなければならぬほどになっている。その存在とその力は〔特に英語世界の外では〕今日ではきわめて明白であり、現代以前の予言者、さらには現代の予言者でさえもが事実上無視していた現象であるとしてそれに注意を喚起することがかえって奇妙に思えてくるほどである。現代の予言者たちについては、それを無視したことが時として彼ら自身にとって、また彼らを信じた人々にとって命取りの結果をもたらすことになった。この運動こそナショナリズムである。

II

一九世紀の社会・政治思想家の中で時代の支配的な運動としてのナショナリズムに無意識のものは誰もいなかった。にもかかわらず世紀の後半、むしろ第一次大戦にいたるまでは、それは衰えつつあると考えられていた。ナショナルな一体性の意識は、社会意識と同じく古いといってよいであろう。ナショナリズムはよく部族感情や外国嫌いと関連づけられたりするが、それとは同じではない。そして部族感情、外国嫌いとは違うものとしてのナショナリズムは、古代ないし古典時代にはほとんど存在していなかったようである。集団的忠誠心の焦点は別にあった。それは西欧の中世末期、特にフランスで、地方や集団の慣習と特権、やがては国、そしてネーションの特権を、他の何らかの外的な力――ローマ法や法王の権威――の侵蝕にたいして、あるいはそれと関連する普遍主義の諸形態――自然法とその他の超国民的権威の主張――にたいして擁護するという形をとって出現したようである。それが一貫した理論として出現したのは一八世紀の最後の三分の一の時期のドイツであると時と所を定めてよいであろう。もっと細かく言えば、広大な影響力のあった詩人で哲学者のヨハン・ゴットフリート・ヘルダーの著作の中の民族精神と国民精神(Volksgeist, Nationalgeist)という把え方の中に出現した。

その根元は一八世紀初頭、むしろそれが成長し、そこから拡っていった東プロイセンについてはそれ以前の時期にまで遡る。ヘルダーの思想を支配していたのは、食物や生殖や交流の必要性のような人間の基本的必要性の中の一つに、集団帰属の必要性があるという彼の確信であった。彼は、バークよりももっと熱と想像力をこめ、歴史と心理の豊かな例を引きながら、人間の共同体はすべてそれぞれ独自の形とパターンを持つと論じた。その成員は伝統の流れの中で生れる。そして伝統が人間の思想だけでなく、感情と肉体の発展の仕方までも形づくる。むしろ彼にとって、理性、想像力、感情、感覚などの間の区別は大いに人為的なものであった。すべての識別可能な共同体、さらにはもっと深く、彼の時代にはまさにネーションとなっていた単位の生活と活動の特徴となるのは、もっぱら歴史的に発展しつつあるパターンであった。ドイツ人の家庭での暮し方、その公共生活の行い方、ドイツの歌とドイツの法律は、いわば集団的な天才の現れであり、個々の人間の作ったものではない。それが神話と伝説、バラードと年代記を作る。まさにそれは、ルターの聖書の文体、彼自身の時代のドイツ人の芸術と技能、映像と思想の範疇を作ったのと同じものであった。ドイツ人が話し、衣服を身につけ、動きまわるその仕方は、中国やペルーの住人が同じことをする仕方よりも、ドイツ人が大聖堂を建て、市民生活を組織するその仕方の方にはるかに深く共通している。そこにはいわばドイツ的な本質、識別可能なパターンと質があるのである。

人間の慣習、活動、生活形態、芸術、思想が人間にとって価値がある(そして、そうでなければならない）のは、フランスの啓蒙思想家たち（lumières）が教えているように時間を超えた基準、時と所にはかかわりなくすべての人と社会に適用できるような基準の観点からではない。それらに価値があるのは、それらがそれぞれの地方と地域と国の生活をそれ自体で表現しており、その時と所の人々にとっては他の何物にも代えがたいことを伝えるからである。まさにそれ故に亡命した人々が元気を失い、ノスタルジア（「さまざまな苦痛の中でもっとも高貴な苦痛」）が恋い求めるものがそれである。聖書を理解するには、原始時代のユデア地方（死海の西側の山地）の羊飼いの生活の中へ想像力によって入り込まねばならない。北欧神話エッダを理解するには、北方の野蛮人に固有の環境との激烈な闘争の中へ入り込まねばならない。価値のあるものはすべて独自《ユニーク》なのであった。

普遍主義は、あらゆる物をすべての時代のすべての人に適用できる共通分母に還元して、生活と理想からそれ独自の内容を洗い流してしまう。実はその内容こそが問題の点であるのに。こうしてヘルダーは、フランスの普遍主義にたいして容赦ない十字軍の戦いを仕掛け、個々の文化――インド文化、中国文化、古代スカンディナヴィア文化、ヘブライ文化等々――という彼の概念が生れた。もちろん彼はそれを讃美した。またローラーをかけてすべてを均らしてしまう偉大なる水平派、カエサルとシャルルマーニュ、ローマ人、キリスト教騎士、イギリスの帝国建設者と宣教師を憎むことになった。彼らは土着の文化を排除し、その犠牲者たちには歴史的に、それ故に精神的にも無縁で抑圧的な自分たちの文化でもって置きかえたのである。ヘルダーと彼の弟子たちは、多様で多極的な国民的生活様式が平和的に共存できると信じていた。多様であればあるほどよいと考えたのである。しかしヘルダーが本来擁護していた文化的、精神的自立性は、フランス革命戦争とナポレオン戦争で侵略を受け、不機嫌で攻撃的な自己主張に変化していった。

文化的変化とナショナルな態度の起源を確定するのはむずかしい。ナショナリズムとは、普通ならば寛容で平和的であるかもしれない国民意識が火のように燃え上る状態のことである。それは通常、傷――何らかの形態の集団的な屈辱――によって惹起されるようである。それがドイツ諸邦で起ったようであった。多くの邦に分裂していたドイツは、西ヨーロッパに起った偉大なルネサンスの周辺部にあったからである。一六世紀末は、フランス、イギリス、スペイン、ネーデルランドで創造的活動が大きく盛り上った時期であった。それは偉大な創造の時代であり、イタリア文化はそれより一〇〇年前に比類ない高さにまで達していたが、そのイタリアにおいても創造の力はまだ尽きてはいなかった。ドイツの都市と公国は、ウィーンの帝国権力の支配下にあるものもその外にあるものも、いずれも他と比較してひどく田舎っぽかった。優れていたのは建築、それにおそらくはプロテスタント神学だけであった。三十年戦争の恐るべき戦禍が、この差を一層大きくさせたに違いない。誇り高い隣国の人々の軽蔑と見下すような寛容の的となるのは、個人と社会にとってもっとも深い外傷《トラウマ》となる経験である。それにたいするよくある反応の仕方は、現実のものか想像上のものかはともかく自分の美点を病理的なまでに誇張し、誇り高く幸福で成功した人々にたいする憤激と敵意を抱くことである。たしかにそれが、一八世紀ドイツの西欧、特にフランスにたいする感じ方の特徴であった。

フランス人は政治的、文化的、軍事的に西欧世界を支配していた。敗北し屈辱を味わったドイツ人、特に伝統的、宗教的で、経済的には後進的な東プロイセン人は、フリードリッヒ大王が輸入してきたフランス人の上官からいじめられ、詩人シラーの理論でいう曲げられた小枝のようにはね返り、自分たちが劣等だとは認めないという反応を示した。彼らをいじめている人々よりもはるかに優れた美点が自分たちにあることを発見した。自分自身の深い内面の精神生活、自分たちの深い謙虚さ、真の価値——単純で高貴で崇高な——を私心なく追求していることを、金持ちで世俗的で成功した、表面的でかどがなく心のこもらない、道徳的に空虚なフランス人と対照させた。このような気運は、ナポレオンにたいするナショナルな抵抗の時期に熱病的なところにまで達した。そしてたしかに、多くの搾取された、ともかくも見下された後進社会の反応の仕方の最初の実例となった。後進社会は、自らの地位が見かけは低いのに憤激し、現実のものか想像上のものかはともかく過去の勝利と栄光の方向か、それとも自らの国民性ないし文化性に人も羨むような美質があるとする方向かで反応する。何か偉大な政治的、軍事的、経済的な成果や、壮大な芸術や思想の伝統を自慢できないものは、自らの内なる自由で創造的な精神生活、権力や世間ずれという悪徳のためにまだ腐敗させられていない生活が自分たちにはあるという観念の中に慰めと強さを求める。

ドイツのロマン主義者、その後にはロシアのスラヴ主義者、そして東欧、ポーランド、バルカン諸国、アジア、アフリカでナショナルな精神を覚醒させようとした多くの人々の著作の中には、以上に述べたことの多くが含まれている。劣等感に悩まされた諸国民には、現実のものか想像上のものかはともかく豊かな歴史上の過去が価値を持つようになる。それが、おそらくは一層輝かしい未来を約束するからである。もしそのような過去を引き出してこられない場合には、まさにそのような過去がないという事実が楽観論の根拠となる。今日のわれわれは原始的で貧乏、おまけに野蛮かもしれない。しかしわれわれの後進性そのものが若さとまだ使い尽くされていない生命力の現れなのだ。われわれは未来の相続人だ。疲れ果て腐敗した、古い没落しつつある国民は、今日こそ優秀さを誇っているが、もはや未来に希望を持てない。このような救世主的なテーマを、ドイツ人が、次いでポーランド人とロシア人、その後の現代には自分たちは歴史の偉大なドラマの中で本来の役割を果していない(間もなく果すが)と感じている多くの国家と国民が、強く打ち出すようになるのである。

Ⅲ

このような態度は、いわゆる発展途上国ではほとんど普遍的に見られることであり、今日ではたとえ無学の人の目にも明らかなことである。しかし政治的予言の故郷であった一九世紀、歴史学、社会学、哲学の多くの望遠鏡を通して未来の姿が求められた一九世紀には、明らかにそれは少しも明白なことではなかった。巨匠たちはナショナルな誇りが厖大な数で現れてくることを予想していなかった。事実まったく予言していなかった。ヘーゲルは、彼のいわゆる「非歴史的」民族《ネーション》に対立するものとしての「歴史的」民族が果しなく前進する宇宙的精神《ガイスト》を担うことを強調して、西欧北欧の自尊心にへつらい、あるいはドイツないし北欧《ノルディック》の統一と権力を求める人々の野心を募らせたかもしれない。しかし彼は、フランス嫌いで反ユダヤ的な学生たちの粗暴で激烈な情緒的ナショナリズムには、メッテルニヒと同じように反対であった。彼ら学生たちの排外主義と焚書の行事は、彼には野蛮な行き過ぎと思われた。ゲーテも同じように思い、息子にはフランス人と戦うことを禁じた。後代のドイツの著作家たちの激烈なナショナリズムをヘーゲルの著作にまで遡るのは――彼らがヘーゲルを引くと称しているとしても――明らかに不当である。ヤーン〔一七七八―一八五二、体育家〕やアルント〔一七六九―一八六〇、詩人・著述家〕やゲレス〔一七七六―一八四八、作家・歴史学者〕のような初期の熱狂的排外主義者、さらにはフィヒテでさえも――フィヒテは世界におけるドイツの特異な解放の使命を伝える道具であるとして汚れを知らぬドイツ語を讃え上げたことで、この気運に一部の責任を負っていた――、ナショナリズムを将来のヨーロッパ、いわんや人類にとっての支配的な力であると意識的には見ていなかった。彼らはたんに、民族を骨抜きにする王朝、外国、懐疑主義などの影響力から自国を解放しようと戦っているだけであった。ヤーン、アルント、ケルナー〔一七九一―一八一三、愛国詩人〕はドイツの排外主義者であった。しかし彼らはナショナリズムそれ自体の理論家ではなく、ましてやナショナリズムの世界的支配力の予言者でもなかった。むしろ劣等の民族には、理論家や予言者になる資格はなかったのである。

合理主義者に自由主義者、それにもちろん初期社会主義者も、ナショナリズムを事実上無視した。彼らにとってそれは、未成熟さの証拠、野蛮な過去の非合理的な名残り、ないしはそれに帰ろうとする反動的な動きにすぎなかった。メストルのような狂信家や（彼は教権至上主義者であったにもかかわらず、自然な「民族統合主義」を早くに信奉していた）、フリース、ゴビノー、ヒューストン・ステュアート・チェムバレン、ワグナー、あるいはもっと後のモーラス、バレス、ドリュモンは、フランスにブーランジェー事件とドレフュース事件が起るまでは真面目に扱われていない。またこの二つの事件は、敗戦の後に生じた異常な気運による一時的な逸脱現象で、やがては正気と理性と進歩が再び帰ってくるものと考えられていた。これらの思想家は過去に強さを求め、社会的予言者としての役割は果していない。彼らの目から見て、ナショナルな精神は敵――自由主義者、フリーメーソン、科学者、無神論者、懐疑論者、ユダヤ人――によっておそらくは取返しのつかないまでに切り崩されていた。彼らはその悲観論には程度の違いはあっても、それぞれにナショナルな精神を復興しようとする。大きな努力を払えば、まだいくらか救出できるかもしれぬというのである。しかし彼らは、ナショナルな精神を切り崩す他の「破壊的」な諸傾向があり、その脅威は大きく、勢力を強めつつある、そして離れ島のように散在している純潔と力と「完全な《インテグラル》」生活とを保持するにはそれに抵抗しなければならないと信じる。ゴビノーは悲観論者の最たるもので、いずれにしろネーションよりも人種に関心があり、トライチュケはもっとも希望に満ちている。彼らはたしかにそれぞれの国の気運を反映していた。

　マルクスとエンゲルスについては、繰り返すまでもないが、彼らにとって人類史上の社会変化を説明するのは、分業と資本の蓄積によって経済的に規定されたものとしての階級の出現であり、その階級間の闘争である。ナショナリズムは宗教と同様に一時的な現象であり、ブルジョワジーの勃興とともに発生したもので、それ自体がプロレタリアートにたいして身を守る精神的な武器である。よくあることだが、もしそれが大衆に滲透するとすれば、「虚偽意識」の一形態として滲透する。虚偽意識はプロレタリアートにたいして彼らのおかれている真の状態を匿し、その暗黒の状態の中に偽りの慰めを感じるかのような幻想を生み出す。ナショナリズムを生み出した状態――つまりは階級闘争である――が終るとともに、それは宗教と同様、他の政治的には有力であったが歴史的に規定された幻想とともに蒸発してしまうであろう。他の多くの生産力の副産物と同じく、ナショナリズムもそれ自身の独立の力をいくらか持つであろうが、その基本的な源泉である資本主義体制が消滅すれば、あまり長く生き延びることはできない。

このような信念は、マルクス主義各派の教義となった。他の問題点について各派の間にいかに大きな意見の不一致があったとしても、これはエドゥアルド・ベルンシュタインの平和的漸進主義から極左のボルシェヴィキ党員にまでわたる共通の地盤であった。ナショナリズムは反動的なブルジョワ・イデオロギーであるという信念は、それは死滅の運命にあるという信念に等しい。せいぜいのところ、帝国主義的支配国にたいする植民地人民の民族的反乱は歴史的に規定されたもの、真の社会主義革命(そう遠い先のことではない)への途上での戦術的な一歩と考えられる程度であろう。たとえそうであっても、民族的反乱とナショナリズムとは別のものである。このように信じたがために、第一次大戦が勃発した時、交戦諸国の社会党がゼネラル・ストライキ――それによって一九一四年の大戦を阻止すべきであった——を宣告せず、軍旗に従い、お互いに殺し合う戦争へと進んでいったのにたいして、レーニン、カール・リープクネヒト、この二人の支持者に率いられる国際主義左派が大きな失望と憤激を味わうことになったのである。戦後にポーランド人による国民国家が形成されたのにたいして、ローザ・ルクセンブルクが抗議した所以でもあった。ロシア十月革命は、真に反ナショナルな性質のものであったと言ってよいであろう。

レーニンをロシア的感情の真の代弁者として、トロツキーやジノヴィエフやラデックのような人々の「根を失ったコスモポリタニズム」と対比するのは、よく言われることであるが、それには根拠はない。レーニンは、ロシア革命を資本主義の鎖がそのもっとも弱い環のところで切れたことと見なしていた。ロシア革命の価値は世界革命のきっかけとなることにあった。マルクスとエンゲルスが確信していたように、共産主義は一国では生き延びられないからである。事態の進行は他の道を採った。しかし理論そのものは、スターリンのもとでようやく変更されたのである。初期ボルシェヴィキの当初の気運は真に反ナショナリスト的であった。ロシアのボルシェヴィキ的批評家たちが、ナショナルな伝統をもっぱらブルジョワ的な価値として軽蔑しようとして、先を争って自国の国民文学——例えばプーシキン——の名誉をおとしめたほどであった。

続いてハンガリーとドイツのミュンヘンで流産に終った共産主義革命が起ったが、その指導者の間にも同様の気運があった。「民族《ナショナル》排外主義」、「社会排外主義」が罵倒の言葉になり、旧ロシア帝国内のいくつかの非ロシア領で自治運動を弾圧するためのスローガンとなった。しかしその後、真の国際主義的局面は終った。それ以降、すべての革命と政治的昂揚はナショナリズムという要素を含むことになった。マルクス主義理論家は、ファッシズムないし国家《ナショナル》社会主義の興隆を国際社会主義の必然の勝利にたいするイタリア、ドイツの資本主義による最後の極端な絶望的抵抗と解釈した。中欧、東北欧、イベリア半島その他における全体主義的ないし権威主義的なナショナリズム運動の強さとその勝利は体系的に過小評価されたが、それはイデオロギーが原因となって生じた誤算であった。

一九三一年の大恐慌についで現れた自立的経済圏は、もっともらしく資本主義体制の内的矛盾が尖鋭化したものと解釈されたが、それはともかくも強烈な経済的ナショナリズムの一形態であった。それは、その経済的原因とされているものよりも長く生き残り、自由主義的か社会主義的かはともかく理論的解明の進展を甚だしく妨げた。アジア、アフリカの新たに解放された地域で起ったことは、次のような見方を支持しているようである。一九二〇年代以降、社会主義も戦後の他のいかなる政治運動も反帝国主義だけでなく明確なナショナリズムと同盟しないかぎり、成功は望み得ないという見方である。

Ⅳ

ナショナリズムの興隆は今日では世界的な現象であり、新興諸国においては単一の要因としてはもっとも強力な要因であり、いくつかの事例では、古いネーションにおいても少数人口の間では強力な要因である。カナダ、パキスタン（一〇〇年前には、インド・ナショナリズムの指導者たちの間でパキスタン国家の可能性そのものが大いに疑問とされたことであろう）、ウェールズ、ブルターニュ、スコットランド、バスク地方等々で尖鋭なナショナリズムが興隆してくることを、一九世紀には誰が予言したことであろうか。この現象は、外国支配からの解放に伴う自動的な心理的随伴現象であると言うこともできよう。シラーの「曲げられた小枝」理論でいえば、ナショナルな特徴を有する社会が抑圧ないし屈辱を経験したことにたいする自然な反応の仕方であった。大抵の事例では、ナショナルな独立への願望は搾取にたいする社会的抵抗と絡み合っている。この種のナショナリズムは、社会的ないし階級的抵抗の一形態であると同時に純然たるナショナルな自己主張でもある。それはある気運を生み出す。そこでは人々は、外国ないし縁遠い階級や環境からやってきた結局のところ自分たちを見下している有力者の支配下にあるよりも（たとえそれがいかに善意の支配であっても）、自分たちと同じ信仰ないしネーションないし階級の人々によって秩序を与えられること（たとえそれが虐待をともなったとしても）の方を好むのである。

また同じようにして、自分自身の文化的伝統や宗教的ないし人種的特徴を保持している少数集団が、違った物の見方や習性をもった多数集団に支配される少数集団という立場にいつまでも止っていることはないであろう。そして、たしかにそれは、例えばシオン主義やそっくりその対極にあるパレスチナ・アラブの運動、あるいはアメリカ合衆国の黒人、北アイルランド・アルスターのアイルランド人カトリック教徒、インドのナガ人等々の「人種的」少数派をつき動かしている傷つけられた誇りという反応の仕方、あるいは集団的不正の犠牲になっているという感覚を説明するであろう。現代のナショナリズムはたしかに、一九世紀初期のイタリアやポーランドやハンガリーのように純粋でロマン主義的な形態で現れることはほとんどなく、社会的、宗教的、経済的な不満と密接に結びついている。それでも、その中心的な感情がナショナリズムであるという点は否定し得べくもないようである。さらに不吉なことに(一世紀前には、たとえ予見されたとしてもきわめて稀なことであったが)、この種の集団的激情のきわめて強烈な表現形態の核心に人種的な憎悪があるようである。インド、スーダン、ナイジェリア、ブルンジでの大量虐殺ないしはそれに近い虐殺は、そのような爆発的状況に他にどんな要因が介在していたにせよ、常にナショナルないし人種的な核心があって、それに他の要因が加わって事態を悪化させたのであり、他の要因だけで発生したものではない。このナショナルないし人種的な核心がなければ、他の要因だけでは社会的、政治的に危機的な規模には達しなかったであろう。熱情的なナショナリズムは、現代革命の不可欠な条件となったようである。

この現象はそれなりに、公害や人口過剰や核のホロコーストのようなその他の人類の上に蔽いかぶさっている危険と同じように大きな脅威である。しかし、それをどのように説明するにせよ、階級や経済競争と比べれば人種、民族、さらには文化は重要でないとか、あるいは社会学的、経済的要因と比べれば心理的、人類学的要因は重要でないとする一九世紀の観念とナショナリズムの興隆とは両立しない。それにもかかわらず、これら一九世紀の想定のうえに、合理的社会の出現についての予言――その社会が自由主義的個人主義にもとづくか、テクノクラティックな中央集権化にもとづくかはともかく――がかつては依拠していたのである。今日の共産主義社会で、非常に違いながらいずれもナショナリズムの運動が思いがけず暴発したことは――一九五六年のハンガリーの抵抗から、ポーランドにおける、さらにはソ連そのものにおける反ユダヤ主義とナショナリズムとして――、控え目に言ってもマルクス主義の正統理論を弱体化させたようである。[1] このような現象は、それを迷惑に思っている人々から時としてもっと前の時期のイデオロギーのたんなる名残り、生き残りにすぎぬとされているが、明らかにそうとは言えない。ハンガリーのナジもポーランドのモチャールも、その目的においては大きく異ってはいても、いずれもいかなる意味でもブルジョワ・ナショナリストではなかった。

このような事態にたいして、それに対抗する力――階級闘争や社会対立とどう関係しているにせよ、ともかく国境を越えて活動している多国籍企業や、野放しの排外主義にたいする防壁としての国際連合など――を信奉するのは、自由貿易が全世界に発展すればそれ自体でさまざまなネーションの間の平和と調和的協力が保証されるであろうというコブデンの信念とほぼ同じように現実主義的であるように見える(少くとも西欧の外の地域に関する限り)。また、現代資本主義の経済的利益だけによっても大規模な戦争は不可能になったというノーマン・エンジェルの議論も想起されるであろう。この議論は第一次大戦の勃発した一九一四年の少し前に提出されたもので、まだそれにたいする答は出ていないようである。

V

われわれが目にしているのは、私の見るところ、一九世紀の自由主義的合理主義の中心的原理にたいする世界的な反動、もっと古い道徳に帰ろうとする混乱した努力であるようである。一八、一九世紀には、敵味方を分つ線は多少ともはっきり引かれていた。一方には伝統、「自然」のものか歴史によって聖化されたものかはともかく政治的・社会的階層秩序、神の権威かどうかはともかくも超越的な権威への信仰、それにたいする服従を支持する人々がいた。そのような人々は、無制約な理性の働きには限度がなければならない、とりわけ法や慣習や古来の生活様式の有効性に疑いを発してはならないと信じていた。このような手に触れられない、また分析不可能な絆が社会をとりまとめ、それだけが国家と個々人の道徳的な健康を保持しているのだと、いうのである。それは「完全な」共同体という信念であり、懐疑的な知識人の批判的分析は理論的にはその信用を失墜させるだけであり、実践的にはそれを掘り崩し遂には解体させることになるであろう。他方には、ひたむきに理性を擁護し、伝統、直観、権威の超越的源泉への信仰を、非合理性、無知、偏見、理論的真理にたいする恐怖心、愚かさ、不正、抑圧、そして実践においてはベンサムのいう「邪悪なる利益」の腐敗した影響力等々を正当化するための煙幕にすぎないとして拒否する人々がいた。

自由主義と社会主義の双方を含めた進歩の党派は、理性の方法、特に自然科学で用いられている方法に訴えた。誰にせよ合理的な人間は、その方法によって原理の真理性、政策の有効性、あるいはそのような真理性と有効性の根拠になっている証拠の信憑性を実証できるであろう。このような真理性、有効性、信憑性の主張は、誰にも、いつでも、どこでも妥当する技術を用いることによって実証でき、選ばれた少数の人々だけに神秘的に与えられている特殊な能力や神秘的直観――魔術的な知識を得る方法で、そのような知識は不可謬であると主張されることが多い――に訴えかける必要はない。双方が敵は何であるかをよく知っていた。右翼には君主主義者と保守主義者、聖職者と権威主義者、ナショナリストと帝国主義者、つまり敵からは反動主義者、反啓蒙主義者と呼ばれる人々がいた。他方には、多様な色合いの合理主義者、科学的唯物論者、懐疑的知識人、平等主義者、実証主義者がいた。目的や手段について双方の内部にさまざまな意見の違いがあったが、敵味方を分つ主要な線ははっきりと見えた。そして敵と味方は現実に双方が混り合った中間的な立場をとっていたにもかかわらず、それぞれ自分がどちらに属しているか、本来の味方、敵は誰であるかを意識していた。

現代ではバークのいう「詭弁家、経済学者、打算家」、合理主義者、ヴィクトリア期の進歩派などが勝ったというのにも、一理がある。かつてコンドルセは、将来のすべての現実の問題点は功利的な結果についての合理的計算にもとづいて決定できると言った。計算(calculemus)が新しい合言葉、社会問題と個人的な問題双方を解決する鍵になる筈であった。この方法はシステム分析と費用‐効果分析を強調し、統計と数量への還元、組織と専門家の権威と力に頼るという点で、今日では両陣営の共有財産である。人々の生活と生産活動を組織化するのに科学技術の方法を応用することは、政府や産業企業体の、むしろ資本主義国、共産主義国を問わずすべての大規模な経済的(そして文化的)活動の政策である。科学知識と科学組織があってはじめて生物、無生物を含めた自然の秘密を解き明かすのに成功したが、システムを私欲のない専門家に作らせれば、たしかにそれを用いて社会生活を合理化し、ありとあらゆる人間の必要を最大限に充足させることもできるようになるであろう。

　純粋な動機、自ら理性と人類の幸福という大義と見なすものへの熱狂的な献身から、自然と人為、人的と非人的のあらゆる資源を可能な限りの最善のやり方で利用しようという決意を固めた人々は、物理学者と生物学者、地理学者と都市・農村の計画立案者、心理学者と人類学者、数学者と技師(スターリンは作家を「人間の魂の技師」と呼んだが、その技師も含めて)、各種の専門家たちを自分たちのために奉仕させることができるし、またかなりの程度、奉仕させてきた。マルクス主義者や発展途上国の国民は、彼らの利益のためとはいえ内外の階級敵、資本家、「新《ネオ》植民主義者」、帝国主義者がそのような方法を用いることにたいして抗議するかもしれない。しかし彼らはそのような科学技術的な態度そのものには抗議しないし、むしろ自分自身の利益を促進するためにそれを利用し完成させることを求めている。まさにそれに反対して、世界的な抗議が始まったのである。

　この反乱(それは反乱であるように見える)の効果は、それがまだ始ったばかりであるから、予測は難しい。それは、特殊に人間的なものとしての人間、つまり個々に自らの意志、感情、信念、理想、生き方を持ったものとしての人間という感覚に根差した人権が、「地球大」の計算と大規模な未来予測の中で見失われてしまったという感情から発している。そして、このような計算と予測が政府、企業、種々の互いに組み合さったエリートが参画している巨大な事業の中にあって政策立案者や会社重役たちの計画の指針になっているのである。量的な計算では、個々人の特殊な願望や希望、不安や目標を無視せざるを得ない。多数の人々のための政策を立案しなければならない時には常にそうならざるを得ないのであるが、今日ではそれがあまりにも極端なところまで進んでしまった。

今日の若者の間には、自分の将来を科学的にうまく作られた何かのプログラムにはめ込まれていく過程と見るものの数が増えつつある。彼らの平均寿命、能力、利用可能性のデータが、最大多数の最大幸福を生み出す目的に目一杯かなうように分類、計算、分析を受け、そのプログラムに一人一人が組み込まれていくと見るのである。これが国家、地域、世界等の規模での生活組織を決定する。しかも彼ら個々の性格、生活様式、願望、気まぐれ、理想に余計な注意を払わず、またそれに関心を持たずに(課題の達成にはその必要はないからである)決定していくのである。このような見通しが、彼らを憂鬱や怒りや絶望に追いやる。彼らは何らかの独立の存在として、何らかのことを自分ですることを願っており、たんなる受身の存在であること、誰かに代理されることを望んでいない。人間としての品位を認められることを要求している。人的資源に還元され、他人のやっているゲームのコマに還元されることを願っていない。たとえそのゲームが、少くとも一部には個々のコマの利益のためのものであったとしても、コマにはなりたくないと思っている。そして反乱は、あらゆるレヴェルで勃発していく。

反抗する若者たちは、大学、知的活動、組織化された教育から抜けて出ていく。あるいはそれを攻撃する。そのような教育機関をあの巨大な、脱人間化の機構そのものと考えるからである。彼らが知っているかどうかはともかく、彼らの訴えかけているのは一種の自然法、あるいは人間を目的のための手段(その目的がいかに善意から出たものであっても)として扱ってはならぬとしたカントの絶対命題である。彼らの抗議は時には合理的形態をとり、また時には激烈なまでに非合理的形態をとる。大抵の場合、支配権力にたいする自己顕示的でしばしばヒステリカルな挑戦の試み、権力を侮辱し、右に述べたような権力の政策の全体主義的性格——意図されたものかどうかはともかく——を意識させようとする試みである(このような抗議には、搾取と階級支配にたいする非難という真にマルクス主義的な要素は、概して支配的な基調ではない)。彼らは地球大の計画の個人にたいする破壊的な影響にたいして、現実の人間という直接に知覚されたものを数字と図形におき換えようとすることにたいして抗議する。計画は、表面的には現実の人間の利益のためであるが、現実の人間を遠く離れた人が作っている。そして計画立案者は、時にはきわめて野蛮な手段で現実の人間の生活を定めていく。人間を抜きにした統計という不透明な媒体が介在しているために、その手段の野蛮さは計画立案者の目には入ってこない。

工業社会とポスト工業社会においては、抗議は科学的進歩という戦車に引きずられたくはないと思っている個々人や集団の成員の抗議である。科学的進歩は、物的な財とサービス、それを処理するための功利的な制度の蓄積したものと解釈されている。貧しい国々、あるいは旧植民地地域では、かつての支配者と同等の――充分に人間的な存在として――扱いを受けたいという多数者の願いは、しばしばナショナリズムの自己主張という形態をとる。個人としての独立、そしてナショナルな独立を要求する声――他人の干渉や命令を受けず、他人に組織されたくはないという要求――は、人間の品位が踏みにじられたという同じ感覚から発している。ナショナルな独立の運動は、たしかに時としてより大きな単位を生み出し、権力集中化をもたらし、新しいエリートによる自国市民の抑圧にいたることもよくある。人種的、政治的、宗教的等々のさまざまな少数集団にたいする弾圧にいたることもある。また時には逆の理想――人種、地域、宗教等の差異を無視する巨大な非人間的権威を逃れ、人間らしい大きさの「自然の」単位にたいする憧れ――に動かされていることもある。

しかし根元的な衝動、「自分でやりたい(fare da se)」という願望は、いずれの場合にも同じであるように思われる。その「自分(se)」が多様なのである。行動の自由、自分自身の生活の自己決定を求める主体は、大きいこともあり小さいこともあり、地域的であることもあり、言語的であることもある。今日では、その主体は個人的であるよりも集団的で、ナショナルあるいは人種・宗教的である。それは常に希釈化、同化、脱人格化に抵抗する。全世界で科学的合理主義がまさに勝利したこと、迷信と無知、国王と僧侶と寡頭支配者の我欲と貪欲さ、とりわけ自然の諸力の気まぐれからの解放を求めたあの偉大な一八世紀の運動が勝利したことが、奇妙な逆説によって新しいくびきを人類に課することになった。そしてその支配からの独立を求めるあまりにも人間的な叫びを引き起したのである。それは人間に自分の本性、気まぐれ等を実現し、ありとあらゆる教師、主人、いじめっ子、説得者、支配者の命令や強制から自由に生きることができる余地がほしいという叫びである。もちろん、完全にしたいようにすることは自分の隣人を破滅させるだけでなく、自分自身をも破滅させるであろう。自由は多くの価値の中の一つにすぎず、規則や限度がなければ実現できない。しかし反乱の時期にあっては、このことが忘れられるのは避けがたいことである。

Ⅵ

道徳律廃棄論(antinomianism)は決して新しいものではない。兵営の生活——「閉ざされた」社会の窒息状態——にたいする反乱、不正で抑圧的、腐敗し、あるいは人間のもっとも奥深い願望にたいして無関心と感じられている法律や制度にたいする反乱は、長く続いてきた国家や教会や社会秩序の歴史の中でよく起っている。時としてこれらの制度は、公式発表やイデオロギーが何であれ、特定の階級や集団に都合のよいようにできており、意識的かどうかはともかく他の人々を欺し、強制し、同調させ、他の人を犠牲にすると感じられている。その体制はまた時としては、機械的に存続を続け、その存在理由はかつては有効ではあったが、今では無くなっているとも感じられている。その体制の支持者は人々を欺し(そして自らも欺され)、かつて現実の必要に対応して生れた人間的制度が客観的に必要なものであり、自然の法則(少くとも人間の自然にとっての)であるかのように信じ込ませる。このような自然法則を変えようとするのは、無駄なこと、非合理なこととされるのである。ディドロは、各人の内部に戦争があると言った。人工の人からの解放を求める自然の人の戦いがあるというのである。人工の人は、社会の慣習、非合理な圧力、それに支配階級の「利益のための誤り」から成っている。合理的批判はそれらを空高く吹き飛ばしてしまうが、しかし他方でその時々の社会はまさにそれらの上に築かれているのである。

その時々の社会にたいする抗議が、過去にたいするノスタルジアのこもった憧れという形態をとることがある。その過去にあっては、人々は有徳で幸福で自由であった。また未来の黄金時代の夢という形態をとり、あるいはまた単純さ、自発性、自然な人間性、自給自足的な田園経済の復活という形態をとる。この田園経済のもと、人はもはや他人の気まぐれに振り回されることもなく、道徳的(そして肉体的)健康を回復できるというのである。その結果は、いわば永遠の価値の支配である。もはやどうしようもなく腐敗した人でなければ、自分の内奥を見つめさえすれば、何がこの永遠の価値かを簡単に識別できる。ルソーとトルストイ、数多くの平和的無政府主義者と、現代にあってそれを支持する人々が今でも信じているのが、このことである。一九世紀の人民主義《ポピュリスト》運動は、農民、貧しい人々、あるいは自らその地位についた官僚的支配者とは大いに異ったものとしての「真の」ネーションを理想化したが、それもこの種の試みを代表していた。つまり偽りの価値、「本物でない」生活、組織人たちの世界を逃れて、「人民」のもとに帰ろうとする動きである。イプセンやチェーホフの打ち砕かれ、抑圧された人々の世界にあっては、愛と友情、正義と創造的な仕事、楽しみ、好奇心、真理の追求等の人間の可能性は流産させられ、挫折させられているが、この世界から逃れ出ようというのである。その時々の社会を改革によって改善しようと願う人もいる。また、一六世紀の再洗礼派のように、腐敗はあまりにも深く進んでおり、邪悪な人々を根こそぎ殺して、その廃墟に新しい清純な社会が奇蹟のように現れてくるのを希望するしかないと感じる人もいる。

以上の事例は、現在の苦境のもっともそれらしい点を例証するために選んだ極端な事例である。そしてナショナリズムは、この気運、この苦境と結びついている。それはまた、自己防衛的な抵抗の病理的形態でもある。ルソーはこの一般的な反抗のもっとも呪縛力の強い声を代表していたが、彼はポーランド人にむかってロシア人の侵害に抵抗するために彼らのナショナルな制度、衣服、習慣、生活様式に頑固にしがみついて——つまりロシア人に同調せず、同化しないように呼びかけた。普遍的な人間性への要求は、今しばらくは彼らの抵抗の中に骨肉化されているというのであった。一九世紀のロシアの人民主義者の中にも同じような態度がいくらか見られる。また、これまで抑圧されてきた国民、あるいは少数集団——屈辱と抑圧をこうむってきたと感じている人種集団の中にも見られる。彼らにとってナショナリズムは、曲げられた小枝のはね返り、彼らがこれまで決して持つことのなかった自由(これはどこまでも人間の頭の中での考えのことである)の回復、人間性の侮辱にたいする復讐なのである。

長期にわたって政治的独立を亨受してきた社会にあっては、ナショナリズムはさして鋭く感じられていない。概して西欧世界は、認められることへの渇望、承認(Anerkennung)への願望を満してきた。承認への願望については、ヘーゲルの分析が人々の記憶に深く残ることであろう。ナショナリズムの行き過ぎを引き起したのは、他の何ものにもましてこの承認がなかったことのように思われる。西欧の多くの自由主義者、社会主義者にとって、ナショナリズムはたんなる排外主義や帝国主義、まさに体制のイデオロギーの一部――この体制がその犠牲者から生得の権利を奪い去ったのである――のように見える。犠牲者たちが自分たちを貧困と零落に追いやったいまわしい体制のまさにその価値を実現しようとすること、これ以上に逆説的で悲劇的なことがまたとあろうか。これはマルクスの命題――支配階級が被支配階級にたいして犯す最大の過ちの一つは、被支配者が自らの真の利益が何かを判断できないようにすること、あたかも支配者の利益が被支配者の利益と同じであるかのように、支配階級の利益によって定められたイデオロギーを被支配階級に感染させることであるという命題を、もっともよく例証してはいないであろうか。

現実に、ナショナリズムは必ずしも支配階級の都合のよいようにだけ作用してはいない。それは、支配階級にたいする反抗へと駆りたてる。ナショナリズムは、世界のさまざまな文化の中であまり重要とは認められなかった人々の願望が炎症を起した状態だからである。ナショナリズムの行き過ぎで引き裂かれた現代世界にあっては、現代ナショナリズムの野蛮で破壊的な側面を強調する必要はあるまい。それでもナショナリズムを、あるがままのものとして――新たに解放された奴隷たち、「脱植民地人」の側の深くかつ自然の要求にたいする世界的拡がりをもった反応として認めねばならない。それは一九世紀のヨーロッパ中心的な社会では予言されなかった現象である。このような事態の発展の可能性が、どのようにして無視されることになったのか。この疑問については、私はいま進んで答えるつもりはない。

(1)　マルクス主義の二人の創始者、マルクスとエンゲルスのナショナルないし地域的な愛国心、自立運動、小国の自決等々にたいする態度は、疑いの余地なく明白である。彼らの理論が社会の発展にいかなる直接的な意味を持ったかはさておき、シュレッスヴィッヒ‐ホルスタインをめぐってデンマークがプロイセンに抵抗したことにたいする二人の態度、イタリアの統一と独立のための戦いにたいする態度(マルクスの『ニューヨーク・タイムズ』紙への送稿は、親伊的なラッサールとは鮮明に異っていた)、ドイツの覇権にたいして自らの文化を擁護しようとしたチェコ人にたいする態度、さらには普仏戦争の帰結にたいする態度はきわめて明白である。スイスの無政府主義指導者ジェームズ・ギョームが汎ドイツ主義を支持しているとしてマルクスを非難したのは、第一次大戦中の馬鹿げた宣伝の一つにすぎなかった。マルクスは、単一の進歩的な普遍的文明を信じる他の歴史主義者と同じく、ナショナルないし地域的な忠誠心を低い発展段階の非合理な抵抗と見なした。歴史の発展とともに、それはやがて衰退するであろうと考えたのである。この意味ではドイツ文明は(そしてドイツにおける発達した労働者組織は)、例えばデンマーク、ボヘミヤ、他の小国家(Kleinstaaterei)よりも進んだ発展段階(もちろん資本主義発展のことであるが)を代表していた。同じようにして、国際労働者運動の観点から見れば、より優れた労働者組織を持ったドイツ人が戦争に勝つ方が、プルードン主義、バクーニン主義等々にとりつかれたフランス人が勝つよりも望ましいことであった。共産主義、さらにその先への世界的進歩の諸段階についてのマルクスの理解の仕方には、ナショナリズムの痕跡はいささかもない。したがって、マルクス主義理論にもとづく国家創出が強いナショナルな感情を示したのは、それだけ一層重要なことである。一九七二年七月一九日、ルーマニア共産党全国大会で指導者ニコライ・チャウシェスクが行った報告には、このことが特に鋭く表現されている。「ネーションは歴史的に古くなった概念であり、ナショナルな統一とネーションの発展という政策は特に社会主義建設という状態にあってはむしろ誤った政策であり、偏狭なナショナリズムの表現であると考える人がいる。時には、このような政策は社会主義的国際主義に反対するものだとさえ言われている。……社会主義状態にあってのナショナルな問題について、新しい秩序の勝利が真のナショナルな統一を実現し、ネーションを新しい基盤の上で強化発展させていく道を開いていることを、われわれは指摘しなければならない。……(さまざまな)ネーションを結集していく弁証法的な過程は、それぞれのネーションが(自らのネーション性を)力強く肯定することを前提としている。……ナショナルな利害と国際的利害との間には何の矛盾もなく、むしろ逆に完全な弁証法的統一がある。」(ルーマニア共産党中央委員会機関紙『シンテイア』一九七二年七月二〇日号、八頁)

おそらくは共産主義諸国の最近の指導者たちの中でもっともケチのつけようもないレーニン・スターリン主義者であるチャウシェスクが、実際には東西の多くの共産党政権と党の多年にわたる基本線であったことについて理論的な決定を下したという事実は、たしかにいささか重要なことである。マルクス主義学説とナショナリズムの諸力との間の対立は現代共産主義に見られるかなり恒常的な要因であり、むしろ理論と実践の両面でマルクス主義とナショナリズムという大きな話題を提出しているが、これはこれまで以上の詳しい研究に値いする問題である。

■岩波オンデマンドブックス■

バーリン選集 4　理想の追求

1992 年 9 月24日　第 1 刷発行
2017 年 1 月13日　オンデマンド版発行

訳　者　福田《ふくだ》歓一《かんいち》　河合《かわい》秀和《ひでかず》
　　　　田中《たなか》治男《はるお》　松本《まつもと》礼二《れいじ》

発行者　岡 本　厚

発行所　株式会社　岩波書店
〒 101-8002　東京都千代田区一ツ橋 2-5-5
電話案内　03-5210-4000
http://www.iwanami.co.jp/

印刷／製本・法令印刷

ISBN 978-4-00-730554-2　　Printed in Japan

索　　引

ア 行

カ 行

サ 行

タ 行

ナ 行

ハ行

マ 行

ヤ 行

ラ 行

ワ行

〔原著の索引はダグラス・マシューズ氏が作製．本書索引については三沢淑子氏(学習院大学法学部副手)の協力を得た.〕